PEMISCOT COUNTY, MISSOURI MARRIAGE RECORDS
November 1, 1911 – December 6, 1922
Volume 2

Transcribed and Compiled by
Linda L. Green

WILLOW BEND BOOKS
2006

WILLOW BEND BOOKS
AN IMPRINT OF HERITAGE BOOKS, INC.

Books, CDs, and more – Worldwide

For our listing of thousands of titles see our website
at
www.HeritageBooks.com

Published 2006 by
HERITAGE BOOKS, INC.
Publishing Division
65 East Main Street
Westminster, Maryland 21157-5026

Copyright © 2004 Linda L. Green

All rights reserved. No part of this book may be reproduced or transmitted in any form or by any means, electronic or mechanical, including photocopying, recording or by any information storage and retrieval system without written permission from the author, except for the inclusion of brief quotations in a review.

International Standard Book Number: **0-7884-3165-X**

FOREWORD

In transcribing and compiling the marriage records of this county, I found that there were two females authorized to solemnize marriages. These ladies were Jane Lucas and Mrs. Minnie M. Treece. I was not able to determine if they were Ministers of the Gospel or Justices of the Peace as no indication was shown.

Records of the brides and grooms are indexed together by last name, but not the name of the person who solemnized the marriages.

Approximately 99% of the records were legible. One percent was difficult because the writing was very large and curly, overlapping other writing.

In a few instances, J. W. Green, Recorder of Deeds, shows up as a Justice of the Peace (JP), Minister of the Gospel (MG), and Judge of Probate. I have shown this with the following symbol (?).

If an individual was underage, he or she had to have someone's permission to get married. I have shown who consented to the marriage under the names of the bride or groom. Earlier years do not, for the most part, have two dates shown. Then I realized that some of the dates were badly out of sequence and started recording the date the marriage was actually recorded. That date might be required to find the record if a copy of the records is requested.

Counties or states below names indicate county or state from which an individual came. Where no county is shown, that individual was from Pemiscot County, Missouri.

There were a few instances where the solemnized date is after the date recorded. I have also shown this with the following symbol (?). This is an indication that sometimes the records were filled out in advance. Although J. W. Green was Recorder of Deeds, obviously someone else in that office also was recording marriage records. The signature of J. W. Green remained mostly constant, (not that he actually signed every record), but other handwriting varied and so did the spelling of the names of those who solemnized marriages.

In some instances, a first name was not entirely legible. I used an underscore followed by a period to indicate this (__.). I would make an attempt to identify a name, which might have more than one spelling, for example, Jake (John). This means the name could be Jake or it might be John.

Abbreviations used included JP for Justice of the Peace, MG for Minister of the Gospel, and PC (which I was never able to figure out). If PC was for Priest Catholic, earlier entries showed the name of the church. When the use of PC started there was no indication of a church name. So I am not really sure what PC stood for.

Linda L. Green
13950 Ruler Court
Woodbridge, VA 22193

TABLE OF CONTENTS

Marriage Book 7	1
Marriage Book 8	80
Marriage Book 9	161
Marriage Book 10	242
Index	273

PEMISCOT COUNTY MISSOURI
MARRIAGE RECORDS
11-1-1911 to 03-1-1915

BEGINNING OF BOOK 7

GROOM	BRIDE	DATE	SOLEMNIZED BY
Cleveland Scott	Ida Prince	29 Oct 1911	
		01 Nov 1911 filed	P. H. Heathcock, JP
Homer Powell	Lener Heathcock	15 Oct 1911	
		01 Nov 1911 filed	W. E. Moore, MG
Willie Stallons	Florence Thompson	22 Oct 1911	
		01 Nov 1911 filed	P. H. Heathcock, JP
C. O. Stout	Mrs. Della Rice	31 Oct 1911	
		1 Nov 1911 filed	J. C. Burrus, JP
James Heath	Lizzie Pool	01 Nov 1911	
New Madrid Co. MO	New Madrid Co. MO		J. C. Burrus, JP
S.C. Woody	Mary S. Hall	06 Nov 1911	J. C. Burrus, JP
J. H. Bennett	Beulah Brantley	06 Nov 1911	Jos. M. Brasher,
		07 Nov 1911 filed	Judge of Porbate
Sam Kelley	Pearl Roper (mother	04 Nov 1911	
	Lula Morgan consented)	07 Nov 1911 filed	T. L. Hatley, JP
Louis Fountain	Jane Michael	06 Nov 1911	
		07 Nov 1911 filed	B. F. Allen, JP
Henry Lowery	Anna Stephens	07 Nov 1911	
		08 Nov 1911 filed	J. C. Burrus, JP

GROOM	BRIDE	DATE	SOLEMNIZED BY
Charles Moore	Mattie Michie	08 Nov 1911	A. J. Crowe, JP
William L. Limbaugh	Mamie Hale	05 Nov 1911	
		08 Nov 1911 filed	Lewis D. Lowe, MG
Miles B. Lewis	Nelle Thompson	05 Nov 1911	
	New Madrid Co. MO	08 Nov 1911 filed	Jas. T. Evitts, MG
Alonzo Anderson	Lillie Love	14 Oct 1911 (?)	
		15 Oct 1911 filed (?)	Samuel Piggee, MG
Mart Warner	Monie St. Cin	07 Nov 1911	
	Scott Co. MO	09 Nov 1911 filed	J. L. Hale, JP
Martin Mizell	Neicy Hicks	09 Nov 1911	
		13 Nov 1911 filed	P. H. Heathcock, JP
A. Johnson	Bessie M. Griggs	12 Nov 1911	
		13 Nov 1911 filed	E. B. Phillips, JP
Frank Clark	Bessie Jones	15 Nov 1911	Jos. M. Brasher,
Mississippi Co. Ark	Mississippi Co. Ark		Judge of Probate
John Rice	Mary Jones	15 Nov 1911	Jos. M. Brahser,
Mississippi Co. Ark	Mississippi Co. Ark	16 Nov 1911 filed	Judge of Probate
Charlie Huddleston	Beulah Wisdone	16 Nov 1911	
		17 Nov 1911 filed	W. F. Henson, JP
J. F. Seymour	Lucy Burns	19 Nov 1911	
		21 Nov 1911 filed	E. B. Phillips, JP
William Jackson	Cora McDonald	19 Nov 1911	
		23 Nov 1911 filed	J. I. Luccas, MG
Will Odum	Sarah Britten	23 Nov 1911	
		24 Nov 1911 filed	J. W. Stiger, MG
William Moore	Bettie Richardson	05 Nov 1911	
		24 Nov 1911 filed	H. L. Chapmam MG
Marvin Kelley	Claudie Moore	26 Nov 1911	
Alexander Co. IL		27 Nov 1911 filed	J. C. Burrus, JP

GROOM	BRIDE	DATE	SOLEMNIZED BY

Thomas Owens
  Mississippi Co. Ark
	Bettie Strickland
	  Mississippi Co. Ark
		27 Nov 1911	A. J. Crowe, JP

Avery Hunter	Lucile Huckaba (father R. S. Huckaba consented)	26 Nov 1911 29 Nov 1911 filed	T. L. Hatley, JP
J. H. Capshaw	Allie Davis	29 Nov 1911 01 Dec 1911 filed	J. C. Burrus, JP
Joshua Sexton	Maggie Turner	02 Dec 1911	J. C. Burrus, JP
Fred Aldridges	Cora Mohnerdro (mother L. S. Mohnerdro consented)	26 Dec 1911(?) 2 Dec 1911 filed	J. A. Baynes, JP
John E. Bryant	Lillie Nichols	04 Dec 1911	L. D. Lowe, MG
William A. Jones	Effie Tackett	03 Dec 1911 05 Dec 1911 filed	James A. Urquhart, JP
M. H. Crecelius	Lizzie Piland (mother Martha B. Piland consented)	05 Dec 1911	J. C. Burrus, JP
Elmer Proffill	Mary Cross	03 Dec 1911 09 Dec 1911 filed	T. L. Haile, JP
James Crower	Rosa Tycie	09 Dec 1911	A. J. Crowe, JP
B. B. Steele	Ortie May Coleman Los Angeles, CA	09 Dec 1911 11 Dec 1911 filed	Thos. H. Watkins, MG
John Moman	Orpha Marley (father J. M. Marley consented)	02 Dec 1911 11 Dec 1911 filed	J. A. Baynes, JP

Robert Pullem
  Mississippi Co. Ark
	Maggie Williams
	  Mississippi Co. Ark
		11 Dec 1911	Jos. M. Brasher,
			Judge of Probate

Elijah Crews	Ada Vincen	10 Dec 1911 12 Dec 1911 filed	John E. Braswell, JP
George Cunningham	Florence Stewart	10 Dec 1911	J. M. N. Thompson, JP
Carrie Newson	Anger Brown	12 Dec 1911 13 Dec 1911 filed	J. C. Burrus, JP

GROOM	BRIDE	DATE	SOLEMNIZED BY
C. M. Moore	Eva Gregory	03 Dec 1911 15 Dec 1911 filed	H. H. Ratliff, MG

George Motley
  Mississippi Co. Ark
	Janie Booker
	  Mississippi Co. Ark
		18 Dec 1911	A. J. Crowe, JP

Thomas Davis	Lena Watson	18 Dec 1911	J. C. Burrus, JP
Dolph Martin	Leva Green (father A. J. Green consented)	19 Dec 1911 20 Dec 1911 filed	Allen D. Rankin, MG
Archie Wilson	Mary Gines	10 Dec 1911 20 Dec 1911 filed	J. A. Hardmond, MG
A. C. Underhill Dunklin Co. MO	Beulah Smith	14 Dec 1911 15 Dec 1911 filed	J. Q. McCorkle, MG
John Neal	Sallie Maten	10 Nov 1911 21 Dec 1911 filed	H. P. Little, JP
David Goodman	Blanche Carr	08 Dec 1911 21 Dec 1911 filed	H. P. Little, JP
Walton Wolverton	Victoria Jenkins	21 Dec 1911	J. C. Burrus, JP
L. C. Christopher	Kate Drake	02 Dec 1911 23 Dec 1911 filed	A. P. Mitchell, MG
Virgile G. Settle	Camille Fisher (mother Mrs. Fannie Fisher consented)	22 Dec 1911 23 Dec 1911 filed	A. J. Crowe, JP
Robert Warren	Dora Shires	22 Dec 1911 23 Dec 1911 filed	Wm. A. Blake, JP
A. B. Williams	Mary Brown	25 Dec 1911 26 Dec 1911 filed	J. C. Burrus, JP
Bethel Brown	Eva McDowell (guardian W. J. Williams consented)	24 Dec 1911 26 Dec 1911 filed	J. J. Wilson, MG
Charlie Hedge	Carrie Nodine	24 Dec 1911 26 Dec 1911 filed	F. M. Gwin (Givin), JP

GROOM	BRIDE	DATE	SOLEMNIZED BY
Lee Ewing	Lucile Bell (mother Mary Bell consented)	25 Dec 1911 26 Dec 1911 filed	J. C. Burrus, JP
Rolie Ring	Bertha Pentacuff	24 Dec 1911 26 Dec 1911 filed	A. J. Crowe, JP
William Jones	Ruthie Robertson	26 Dec 1911	A. J. Crowe, JP
Joseph Ketchum	Vera Heflier	28 Dec 1911 27 Dec 1911 filed (?)	J. C. Burrus, JP
Willis Lorance	Kelley Dandridge	10 Dec 1911 09 Dec 1911 filed (?)	J. W. Stager, MG
Louis Thompson	Gladys Holmes (father E. M. Holmes consented)	24 Dec 1911 02 Jan 1912 filed	H. P. Little, JP
R. Chaffin	Ida M. Thompson	24 Dec 1911 02 Jan 1912 filed	H. P. Little, JP
J. W. Tull	Maggie Bramblett	02 Jan 1912 03 Jan 1912 filed	J. B. Swanner, MG
William Parker	Tilda Bindon	22 Dec 1911 03 Jan 1912 filed	J. A. Hardman, MG
George Roy	Ruth Tate	15 Jan 1912 04 Jan 1912 filed (?)	Jos. M. Brasher, Judge of Probate
G. H. Spring	Elfonza Montgomery	23 Dec 1911 04 Jan 1912 filed	J. A. Baynes, JP
T. L. Flowers Mississippi Co. Ark	Mrs. Lula Hatcher Mississippi Co. Ark	01 Jan 1912 04 Jan 1912 filed	Jos. M. Brasher, Judge of Probate
D. S. Smith	Mary Rorer	09 Jan 1912 10 Jan 1912 filed	Elmer B. Phillips, JP
Andy Daugherty	Pearl Braswell	03 Jan 1912 05 Jan 1912 filed	L. A. Ruddle, JP
Elmer Stanley	Myrtle McDowell	07 Jan 1912 08 Jan 1912	J. J. Wilson, MG

GROOM	BRIDE	DATE	SOLEMNIZED BY
Will Hampton	Alice McCurry	14 Dec 1911 09 Jan 1912 filed	R. W. Critz, MG

Walter Hogue (mother
  Sallie Martin consented)
	Emma Langford (father
	  Fred Langford consented)
		14 Dec 1911
		09 Jan 1912 filed
			R. W. Critz, MG

Ernest Reeves	Argenty Gardner (father Milton Gardner consented)	31 Dec 1911 09 Jan 1912 filed	Robert W. Critz, MG
Louis Harris	May Foster	05 Jan 1912 09 Jan 1912 filed	R. W. Critz, MG

James Shurburn
  Mississippi Co. Ark
	Mary Evans
	  Mississippi Co. Ark
		08 Jan 1912
		09 Jan 1912 filed
			A. J. Sanders, MG

R. R. Simmons
  New Madrid Co. MO
	Anna Wallace
	  New Madrid Co. MO
		08 Jan 1912
		10 Jan 1912 filed
			B. F. Allen, JP

Rufus Dowell	Lula Welsh	09 Jan 1912 10 Jan 1912 filed	A. J. Crowe, JP
M. H. Holloway	Lula Mott	14 Aug 1911 (?) NOT RECORDED IN CLERK'S OFFICE	J. W. Veasley
J. W. Saulsberry	Emily Stephens	11 Jan 1912 NOT RECORDED IN CLERK'S OFFICE	J. C. Burrus, JP
L. W. Cobb	Bessie Vaughn (father Jas. L. Vaughn consented)	07 Jan 1912 12 Jan 1912 filed	T. L. Hatley, JP
Edwin Baldridge	Margaret C. Cook	31 Dec 1911 12 Jan 1912 filed	A. J. Crowe, JP
G. W. Regan	Mattie Cobb	11 Jan 1912 13 Jan 1913 filed	T. L. Hatley, JP
V. L. Nall (father R. G. Nall consented)	Delia McGee	10 Jan 1912 13 Jan 1912 filed	Samuel Bennett, MG
Edd Harris	Lessie M. Henry	25 Dec 1911 16 Jan 1912 filed	W. S. McDonald, JP

GROOM	BRIDE	DATE	SOLEMNIZED BY
M. Gray	Mary Morgan	07 Jan 1912 17 Jan 1912 filed	Joel Adams, MG
Delmas Hampton	Elsie Hampton	28 Dec 1911 17 Jan 1912 filed	Joel Adams, MG
A. U. Graham	Ora Burton	19 Jan 1912 20 Jan 1912 filed	E. B. Phillips, JP
Granville Huffman	Belle Dean	29 Dec 1911	T. L. Haile, JP
James Allen	Sadie Finley	30 Dec 1911 20 Jan 1912 filed	T. L. Haile, JP
Melvin Lovett	Lizzie Brummett	19 Jan 1912 22 Jan 1912 filed	J. A. Baynes, JP
Robert Hargrove	Myrtle Garner	20 Jan 1912 22 Jan 1912 filed	A. J. Crowe, JP
J. R. Chandler	Clara Coleman (mother Mattie C. Coleman consented)	21 Jan 1912 23 Jan 1912 filed	James A. Jones, JP
Oscar Piland	Pearl Lovett	22 Jan 1912 23 Jan 1912 filed	J. C. Burrus, JP
Willie F. Courtney (father H. H. Courtney consented)	Dixie Oakley	23 Jan 1912 24 Jan 1912 filed	Elmer B. Phillips, JP

Harvey Fisher
  Lake Co. TN
	Ola Pyle
	  Lake Co. TN
		24 Jan 1912	J. C. Burrus, JP

Irvin Bruce (guardian V. Rutledge consented)	Ethel Chandler (father consented)	07 Jan 1912 26 Jan 1912 filed	John N. Ring, JP
Alfred Beck	Zula Stewart (mother Mrs. M. A. Tate consented)	21 Jan 1912 27 Jan 1912 filed	Rev. B. F. Mims, MG
F. C. Conerson	Mary E. Autry	15 Jan 1912 27 Jan 1912 filed	B. F. Mims, MG
J. A. Lesley	Dora Watkins	27 Jan 1912 29 Jan 1912 filed	Elmer B. Phillips, JP

GROOM	BRIDE	DATE	SOLEMNIZED BY
L. L. Williams	Tula Farris	27 Jan 1912 29 Jan 1912 filed	F. M.Givin (Gwin), JP
Edgar Stout	May Bowls	27 Jan 1912 30 Jan 1912 filed	H. P. Little, JP
Frank Freeman	Willie Flippo	28 Jan 1912 30 Jan 1912 filed	T. L. Haile, JP
G. H. Friend	Dollie York	28 Jan 1918 30 Jan 1912 filed	Samuel A. Bennett, MG
Joseph A. Farmer	Gusta Young	29 Jan 1912 30 Jan 1912 filed	A. J. Crowe, JP
Charles Spires	Dollie Farmer (father Joseph A. Farmer consented)	29 Jan 1912 30 Jan 1912 filed	A. J. Crowe, JP

Burr Calvin (father
  Mack Calvin consented)
	Nellie B. Buckley (guardian
	  J. D. King consented)
		29 Jan 1912
		30 Jan 1912 filed
			W. A. Burke, MG

Carl Harris	Margaret Williams	29 Jan 1912 31 Jan 1912 filed	J. C. Burrus, JP
William Thomas	Lannie Lewis	16 Jan 1912 01 Feb 1912 filed	R.W.Critz, MG
R. M. Morgan	Pearl Massey	28 Jan 1912 01 Feb 1912 filed	J. J. Wilson, MG
Barnie Fisher	Ella Hall	31 Jan 1912 03 Feb 1912 filed	L. A. Ruddle, JP
Harry Lewis	Laura Morgan	03 Feb 1912 05 Feb 1912 filed	A. J. Crowe, JP
W. C. Lewis	Opha L. Pemberton (father W. P. Pemberton consented)	03 Feb 1912 05 Feb 1912 filed	B. F. Sheffer
Charles W. Holt	Ida B. Carey	04 Feb 1912 05 Feb 1912 filed	J. B. Swanner, MG

GROOM	BRIDE	DATE	SOLEMNIZED BY
Arthur Birmingham	Lillie Eddington (father H. R. Eddington consented)	04 Feb 1912 06 Feb 1912 filed	D. M. Busby, MG
Ed Turner	Ada Robinson	06 Feb 1912 07 Feb 1912 filed	A. J. Sanders, MG
W. E. Granaman	May Griffith (stepfather S. J. Hanks consented)	06 Feb 1912 08 Feb 1912 filed	J. H. Hickerson, JP
Andrew Buchanan	Carrie Johnson	06 Feb 1912	F. M. Gwin, JP
Hendrick Stivers	Minerva Robbins (father Consented)	07 Feb 1912 09 Feb 1912 filed	T. G. Fallin, MG
C. C. Russell	Ola Fields	10 Feb 1912	W. A. Green, Judge County Court
C. R. Davis Scott Co. MO	Della Brooks	09 Feb 1912 10 Feb 1912 filed	F. M. Gwin, JP
Guss Wood	Lena Beasley	04 Feb 1912 10 Feb 1912 filed	J. W. Stiger, MG
Arthur Jolley	Maggie Cole	16 Jan 1912 10 Feb 1912 filed	W. S. McDonald, JP
W. R. Sutton	Blanche Ring	11 Feb 1912 12 Feb 1912 filed	Joel Adams, MG
Ellister Hinson	Lizzie Fisher	10 Feb 1912 NOT RECORDED IN CLERK'S OFFICE	J. C. Burrus, JP
H. E. Chapman	Effie Martin	10 Feb 1912 12 Feb 1912 filed	A. J. Mitchell, MG
Ben Moore	Annie Manning	03 Feb 1912 14 Feb 1912 filed	John T. Bruce
L. B. Griffith	Mary L. Fite	12 Feb 1912 14 Feb 1912 filed	L. A. Ruddle, JP

J. Baker
  Dunklin Co. MO
	Mrs. Ethel Warren
	  Dunklin Co. MO
		14 Feb 1912	A. J. Crowe, JP

GROOM	BRIDE	DATE	SOLEMNIZED BY

J. Blankenship
  Mississippi Co. Ark
	N. E. Burns
	  Mississippi Co. Ark
		14 Feb 1912	J. C. Burrus, JP

Ross Adkins	Roselle Lumpkins	15 Feb 1912	A. J. Crowe, JP
Edd Olree	Rosa Howe (mother Mrs. Jennie Rowe consented)	14 Feb 1912 16 Feb 1912 filed	J. B. Swanner, MG

Ulysses V. Lester (father
  B. F. Lester consented)
	Levonia Webster (father
	  W. M. Webster consented)
		15 Feb 1912
		16 Feb 1912 filed
			James A. Urquhart, JP

George Brewer	Cora Watson	17 Feb 1912 19 Feb 1912 filed	J. C. Burrus, JP
C. C. Austin	Cora White (mother Docia White consented)	28 Jan 1912 19 Feb 1912 filed	P. H. Heathcock, JP
Charlie Kirk	Birdie Porter	04 Feb 1912 19 Feb 1912 filed	T. L. Haile, JP
Theodore Moss	Ledie Kinley (mother Emma Kinley consented)	17 Feb 1912 19 Feb 1912 filed	P. H. Heathcock, JP
Floyd Hall	Sarah Archer	16 Feb 1912 19 Feb 1912 filed	T. L. Haile, JP
Frank Foster	Artie Gettings	18 Feb 1912 20 Feb 1912 filed	F. M. Gwin, JP

R. W. Whitnell
  Mississippi Co. Ark
	Edna Faulkner
	  Mississippi Co. Ark
		21 Feb 1912	J. C. Burrus, JP

Asa Beck	Lula Ledbetter (mother Mrs. Lucretia Ledbetter consented)	21 Feb 1912	A. J. Crowe, JP
Frank Bird Eastwood	Carrie V. Moffatt	21 Feb 1912 22 Feb 1912 filed	B. F. Sheffer, MG

J. B. Duncan
  New Madrid Co. MO
	Emma Adcock
	  New Madrid Co. MO
		20 Feb 1912
		22 Feb 1912 filed
			J. M. N. Thompson, JP

Morris Kreitner
  New Madrid Co. MO
	Maggie Burkstaller
	  New Madrid Co. Mo married in Scott Co
		21 Feb 1912
		24 Feb 1912 filed
			J. C. Lescher, JP

GROOM	BRIDE	DATE	SOLEMNIZED BY
Cleve Scott	Lillie Devine	22 Feb 1912 24 Feb 1912 filed	W. S. McDonald, JP
Elden Barnhart	Minnie Hayes	24 Feb 1912 26 Feb 1912 filed	James A. Urquhart, JP
Fate Nunnery (mother Mrs. Mary Nunnery consented)	Ella Lankford	24 Feb 1912 26 Feb 1912 filed	James A. Urquhart, JP
Clifton Watkins	Stella Lee	26 Feb 1912 27 Feb 1912 filed	E. B. Phillips, JP
D. W. Dillard	Ruth Stanton	24 Feb 1912 28 Feb 1912 filed	J. H. Hickerson, JP
Walter Byrd	Carrie Vaughn (father W. J. Vaughn consented)	28 Feb 1912	J. C. Burrus, JP

J. F. McDaniel
  Mississippi Co. Ark
	Mrs. Sallie Worthy
	  Mississippi Co. Ark
		29 Feb 1912	J. C. Burrus, JP

L. B. Cowen	Ida E. Wallace	01 Mar 1912 04 Mar 1912 filed	W. A. Burke, MG
J. W. Markin	Sallie E. Wiggins Louisiana	03 Mar 1912 04 Mar 1912 filed	J. C. Burrus, JP

Hugo Neal (father
  Wyat Neal consented)
	Vera Cole (mother
	  H. E. Cole consented)
		02 Mar 1912
		04 Mar 1912 filed
			A. J. Crowe, JP

Charles Done
  Tunica Co. MS
	Matilda Harris
	  Tunica Co. MS
		04 Mar 1912	A. J. Crowe, JP

T. M. Traughber	Gracie Fowler	04 Mar 1912 05 Mar 1912 filed	Samuel A. Bennett, MG
Roy Shipman	Ada Wells (father Ed Wells consented)	01 Mar 1912 05 Mar 1912 filed	J. H. Hickerson, JP
W. H. Terrell	Dollie Turner	03 Mar 1912 06 Mar 1912 filed	A. E. Barrett, MG

GROOM	BRIDE	DATE	SOLEMNIZED BY
Whitson Lair	Maudie Lane	04 Mar 1912	
		07 Mar 1912 filed	T. L. Hatley, JP
Ross Walker	Eva M. Mitchell	03 Mar 1912	
		07 Mar 1912 filed	J. W. Lyons, MG
Bert Williams	Mary Washington	08 Mar 1912	J. C. Burrus, JP
Jessie Masterson	Hallie Hayes (mother Ella Carter consented)	24 Feb 1912 09 Mar 1912 filed	B. F. Sheffer, MG
Oliver Fisher	Gracie Stallion (guardian Gertie Young consented)	07 Mar 1912	A. J. Crowe, JP
W. H. Norman	Inez Winfrey	07 Mar 1912 09 Mar 1912 filed	T. L. Haile, JP
Horace Capell	Freddie Hollingsworth	06 Mar 1912 09 Mar 1912 filed	T. L. Haile, JP
Everett Trantham	May Lane	04 Mar 1912 11 Mar 1912 filed	John N. Ring, JP
William Kyle	Florence Paul	09 Mar 1912 11 Mar 1912 filed	J. C. Burrus, JP
W.J. Miller New Madrid Co. MO	Ida Grace	12 Apr 1912 (?) 12 Mar 1912 (?)	A. J. Crowe, JP
James Bradshaw (father E. L. Bradshaw consented)	Alice Gatewood (father J. D. Gatewood consented)	13 Feb 1912 13 Mar 1912 filed	A. F. Parker, JP
William Thomas Denton	Nettie Lackey	10 Mar 1912 12 Mar 1912 filed	P. H. Heathcock, JP
Charles Davis	Inis McGraw (father Drew McGraw consented)	07 Jan 1912 13 Mar 1912 filed	A. F. Parker, JP
Robert Calwell	Susie Cantrell	14 Mar 1912 15 Mar 1912 filed	Jos. M. Brasher, Judge of Probate
Harry Baker Lake Co. TN	Ada Sam Lake Co. TN	07 ___ 1912 15 Mar 1912 filed	J. C. Burrus, JP

GROOM	BRIDE	DATE	SOLEMNIZED BY

Frank Horton
  Mississippi Co. Ark
	Gertrude Johnson
	  Mississippi Co. Ark
		16 Mar 1912	J. C. Burrus, JP

William Connover	Polly Simpson	18 Mar 1912	J. C. Burrus, JP

Henry Herman
  Mississippi Co. Ark
	Fannie Kelsey
	  Mississippi Co. Ark
		18 Mar 1912	Jos. M. Brasher,
			Judge of Probate

J. W. Babb	Stella Cook	17 Mar 1912 18 Mar 1912 filed	E. B. Phillips, JP
S.T. Gill	Florence Curry	16 Mar 1912 18 Mar 1912 filed	H. F. Wright, MG
L. Davis	Magola Burns	13 Mar 1912 19 Mar 1912 filed	Joseph B. Lyle, MG
William Helm	Mona Lee Juden	16 Mar 1912 19 Mar 1912 filed	Joseph Barton Lyle, MG
Williamson Curtner	Minnie Ethel Long	07 Mar 1912 19 Mar 1912 filed	Thomas H. Watkins, MG
Will Smith	Grace Pulley	25 Mar 1912 26 Mar 1912 filed	P. H. Heathcock, JP
James Canady	Emma Britton	24 Mar 1912 30 Mar 1912 filed	T. L. Haile, JP
John W. Cole	Mrs. Ethel Turner	26 Mar 1912 30 Mar 1912 filed	Thomas H. Watkins, MG
George Travis	Mrs. May Eldridge	30 Mar 1912 01 Apr 1912 filed	Van Stoves, JP
T. O. Baugh	Sallie Nail	31 Mar 1912 04 Apr 1912 filed	John N. Ring, JP
Sherman Graham	Beadie Baker	08 Apr 1912 09 Apr 1912 filed	J. C. Burrus, JP

Phil C. Coppade
  Mississippi Co. Ark
	Ada Stone
	  New Madrid Co. MO
		15 Apr 1912 filed	Jas. T. Evitt, MG

GROOM	BRIDE	DATE	SOLEMNIZED BY
S. M. Huckaba	Lavadia Glode	10 Apr 1912 16 Apr 1912 filed	T. L. Haile, JP
S. W. Warhurst	Ara Murphey	10 Apr 1912 16 Apr 1912 filed	A. J. Crowe, JP
Robert W. Brooks	Clara Wallis (mother Mrs Lizzie Wallis consented)	15 Apr 1912 18 Apr 1912 filed	F. M. Gwin, JP
Lee Lane(Love) (father J. M. Lane (Love) consented)	Fannie Kirkman (father John Kirkman consented)	14 Apr 1912 18 Apr 1912 filed	T. L. Hatley, JP
Joseph Davis	Ruth Severn	20 Apr 1912	J. C. Burrus, JP
John Easterwood	Dora Carroll	24 Apr 1912 26 Apr 1912 filed	S. Piggee, MG
J.B. Lyle	Eva F. Fehley	25 Apr 1912 27 Apr 1912 filed	J. B. Swanner, MG
Quincy T. Davis	Lena Chandler	28 Apr 1912 29 Apr 1912 filed	J. C. Burrus, JP
Elmer Adams	Ollie Lackey	29 Apr 1912 30 Apr 1912 filed	P. H. Heathcock, JP
Luther Palmer	May Walker	17 Apr 1912 30 Apr 1912 filed	J. E. Braswell, JP
John S. Ward Mississippi Co. Ark	Kate Eison	28 Apr 1912 01 May 1912 filed	Thos. H. Watkins, MG
Lawson Cole	Manie (Marie) Lane	01 May 1912 03 May 1912 filed	T. L. Hatley, JP
J. P. Slaughter Cape Girardeau Co. MO	Addie Dixon	01 May 1912 03 May 1912	J. B. Swanner, MG
T. F. Weaver	W. C. Rains (father V. N. Rains consented)	06 Apr 1912 03 May 1912 filed	W. M. Duncan, MG
Albert Ureseld	Mary Coon	04 May 1912 07 May 1912 filed	E. H. Orear, MG

GROOM	BRIDE	DATE	SOLEMNIZED BY
C. W. Owens	Mrs. J. K. Wilson	09 May 1912 10 May 1912 filed	B. F. Allen, JP
William Owens	Ethel Truss	11 May 1912	Jos. M. Brasher, Judge of Probate
J. C. Swims	Gracie Holt (stepfather Will Carroll consented)	13 May 1912	J. C. Burrus, JP
William Carey	Susie Sheckles	11 May 1912 14 May 1912 filed	Thos. H. Watkins, MG
E. C. Wagner	Mary L. Jennings	07 May 1912 14 May 1912 filed	H. P. Little, JP
Charlie Bell	Mary Wilson	17 May 1912	J. C. Burrus, JP
William Pierce	Maud Sikes	24 May 1912 (?) 15 May 1912 (?)	U. S. Gower, MG
James Flanigan	Melia Morris	12 May 1912 17 May 1912 filed	J. J. Wilson, MG
Charlie Strong Mississippi Co. Ark	Ella A. Rucker Mississippi Co. Ark	20 May 1912	J. C. Burrus, JP
J. W. Cohon	Emma Ellis	20 May 1912	J.C. Burrus, JP
Erron Whitaker	Pattie B. Davis (mother Pris Mayes consented)	22 May 1912 (?) 21 May 1912 (?)	A. J. Crowe, JP
Manual Marrs	Lou E. Spivey	25 May 1912	A. J. Crowe, JP
Edd Walker Mississippi Co. Ark	Dora Eavens Mississippi Co. Ark	28 May 1912 29 May 1912 filed	A. J. Crowe, JP
Charles Smith	Anna Rogers	14 May 1912 27 May 1912 filed	J. A. Hardman, MG
George Hill	Myrtle L. Lamar	26 May 1912 27 May 1912 filed	Van Stover, JP
W. C. Garner (father R. L. Garner consented)	Allie Biggs	29 Jun 1912 02 Jul 1912 filed	P. H. Heathcock, JP

GROOM	BRIDE	DATE	SOLEMNIZED BY
Charlie Chenoweth	Myrtle Berry	04 Jul 1912	
		05 Jul 1912 filed	Rev. Albert N. Burris, JP (?)
Thomas C. Harralson New Madrid Co. MO	Mrs. Sarah Habauk New Madrid Co. MO	05 Jul 1912 06 Jul 1912 filed	W. J. Crowe, JP (?)
J. A. Atwood	Ophelia Cheek (guardian G. W. Bradshaw consented)	05 Jul 1912 10 Jul 1912 filed	J. H. Hickerson, JP
Claud Greggory	Lessie Ayers	13 Jul 1912	Jos. M. Brasher, Judge of Probate
E. J. Arnold	Rose Patterson	15 Jul 1912	Patrick Lyons, Cath. Priest
J. T. Wright	Hattie Smith	07 Jul 1912 19 Jul 1912 filed	S. H. White, JP
Henry Hartsfield	Anna Green (father H. G. Green consented)	03 Jul 1912 20 Jul 1912 filed	J. O. Willett, MG
Thomas Drzier	Flora (Hora) Mays	20 Jul 1912	Thomas H. Watkins, MG
E. A. Callahan Obion Co. TN	Eva Moore Dunklin Co. MO	22 Jul 1912 23 Jul 1912 filed	A. J. Crowe, JP
Teague Brogden	Lourena Knight	23 Jul 1912 25 Jul 1912 filed	J. J. Wilson, MG
R. M. Tyrus	Blanch Beard (mother Malissa Beard consented)	25 Jul 1912 26 Jul 1912 filed	J. W. Stiger, MG
O. G. Prince	Ida Martin	25 Jul 1912 27 Jul 1912 filed	P. H. Heathcock, JP
Sidney Finney	Anna Burton (mother Mrs. F. K. Burton consented)	14 Jul 1912 29 Jul 1912 filed	H. L. Chapman
Jean Shekell	Readie Mohnerdro	30 Jul 1912 01 Aug 1912 filed	J. M. Ball, JP
A. N. Johnson	Mrs. Nora Russell	02 Aug 1912 03 Aug 1912 filed	Elmer B. Phillips, JP

GROOM	BRIDE	DATE	SOLEMNIZED BY
G. W. Conrad	Mary Pipes	16 May 1912	
		03 Aug 1912 filed	W. S. McDonald, JP
H. M. Thompson　Scott Co. MO	Mrs. Katie Jordan　Scott Co. MO	02 Aug 1912　03 Aug 1912 filed	Thos. H. Watkins, MG
T. J. Crim　Dunklin Co. MO	Emma Forest　Dunklin Co. MO	05 Aug 1912	Jos. M. Brasher,　Judge of Probate
Raymond Carroll	Claudie M. Edwards (father　S. H. Edwards consented)	04 Aug 1912 (?)　03 Aug 1912 (?)	Thos. H. Watkins, MG
Elmer B. Phillips	Miss Jonnie Kelly	04 Aug 1912　07 Aug 1912 filed	Allen D. Rankin, MG
T. J. Swift	Gerald Lynn	06 Aug 1912　07 Aug 1912 filed	J. C. Burrus, JP
Ernest Craig	Ella Beasley	09 Aug 1912	John E. Braswell, JP
Arthur Henning (father　Wiley Henning consented)	Cordelia Clark (father　William Clark consented)	28 Jul 1912　13 Aug 1912 filed	H. P. Little, JP
Leo A Will　St. Louis, MO	Roberta Pullen	12 Aug 1912　15 Aug 1912 filed	E. H. Orear, MG
William W. McElvain	Gertrude Behrens　St. Louis, MO	15 Aug 1912　16 Aug 1912 filed	Chauncey J. Kmeger, JP
Thomas Hill	Belle Rivers	17 Aug 1912	J. C. Burrus, JP
Pevey Jackson	Della Richardson	16 Aug 1912　17 Aug 1912 filed	E. A. McKinney, MG
John Burton	Lillie Maple	15 Aug 1912　19 Aug 1912 filed	Jos. M. Brasher,　Judge of Probate
W. E. Taylor	Joy Speer	19 Aug 1912	H. Patterson, MG
Thomas L. Frank	Sirena Funderburk	19 Aug 1912	Jos. M. Brasher,　Judge of Probate
Gideon Gibson	Myra Stivers	20 Aug 1912　21 Aug 1912 filed	A. P. Mitchell, MG

GROOM	BRIDE	DATE	SOLEMNIZED BY
George Sandage (stepfather Jerome Hardesty consented)	Addie E. Stowe (father S. Stowe consented)	22 Aug 1912	A.J. Crowe, JP
Edgar Turner	Jessie Morrow	27 Aug 1912 (?) 24 Aug 1912 (?)	J. C. Burrus, JP
Henry Jackson (mother Mrs. M. A. Jackson consented)	Eva Turberville	08 Aug 1912 24 Aug 1912 filed	J. A. Bishop, JP
John Phelps Mississippi Co. Ark	Janie Pullems Mississippi Co. Ark	24 Aug 1912	Jos. M. Brasher, Judge of Probate
Charlie Grambling	Violet Edsalle	11 Aug 1912 27 Aug 1912 filed	H. F. Wright, MG
H. Pullam	Nora West	24 Aug 1912 28 Aug 1912 filed	F. M. Gwin (Givens), JP
John Williams	Georgia Walker	30 Nov 1912 (?) 28 Aug 1912 (?)	J. C. Burrus, JP
Fate Knott	Maudy Hail (mother Mrs. S. A. Sullivan consented)	30 Aug 1912 31 Aug 1912 filed	A. J. Crowe, JP
Frank Jones Mississippi Co. Ark	Maggie Michell Mississippi Co. Ark	03 Sep 1912	J. C. Burrus, JP
W. W. White	Lula Thomas	27 Aug 1912	J. A. Hardman, MG
Watley W. Jenkins	Mrs. Clevie Smith	07 Sep 1912 09 Sep 1912 filed	J. C. Burrus, JP
Leonard Little	Carrie Pounds	07 Sep 1912 09 Sep 1912 filed	James A. Jones, JP
Frank Gentry	Mary Champ	06 Sep 1912 09 Sep 1912 filed	P. H. Heathcock, JP
Rufus Falkner	Sweeda H. Thompson	10 Sep 1912	J. C. Burris. JP
Fred Meatte	Alice Wilson (father George Wilson consented)	08 Sep 1912 10 Sep 1912 filed	Wm. A. Blake, JP

GROOM	BRIDE	DATE	SOLEMNIZED BY

J. M. Aldridge
  Dunklin Co. MO
	Myrtle Sutten
	  Dunklin Co. MO
		12 Sep 1912	J. C. Burrus, JP

Will Hope	Mattie Willett	11 Sep 1912 12 Sep 1912 filed	J. C. Burrus, JP
R. C. Thompson	Lilliam M. Teel	14 Sep 1912	J. C. Burrus, JP

Samuel Rankins
  New Madrid Co. MO
	Lena Williams
	  New Madrid Co. MO
		14 Sep 1912	A. J. Crowe, JP

Dennis Miller	America Robertson	31 Aug 1912 14 Sep 1912 filed	J. W. Stiger, MG
J. E. Burton	Annie Young	18 Aug 1912 14 Sep 1912 filed	John N. Ring, JP
Fred Thompson	Hattie Bracey	12 Sept 1912 14 Sep 1912 filed	Wm. A. Blake, JP
Grover Baity	Clara Heard	13 Sep 1912 14 Sep 1912 filed	James A. Jones, JP
Lewis Reid	Neel Russell	12 Sep 1912 16 Sep 1912 filed	T. G. Fallin, MG

Rig Wiggs
  Dunklin Co. MO
	Myrtle Curtis
	  Dunklin Co. MO
		16 Sep 1912	Jos. M. Brasher,
			Judge of Probate

W. J. Sehlling	Nellie Baynes	15 Sep 1912 16 Sep 1912 filed	B. F. Allen, JP
A. P. Jones	Ida Rachels	08 Sep 1912 18 Sep 1912 filed	S. E. Redman, JP

J. A. Simer
  Dunklin Co. MO
	Sarah J. Roark
	  Dunklin Co. MO
		23 Sep 1912	Jos. M. Brasher,
			Judge of Probate

Montrose Ward	Levenia Biggs (father C. M. Biggs consented)	20 Sep 1912 24 Sep 1912 filed	T. L. Hatley, JP
Curtis Long	Sallie May Bray (mother Ella Bray consented)	21 Sep 1912 24 Sep 1912 filed	T. L. Hatley, JP

GROOM	BRIDE	DATE	SOLEMNIZED BY
James Shepard	Lula Johnson	28 Sep 1912	J. C. Burrus, JP
D. W. Cecil	Nora Glass	28 Sep 1912	E. P. Phillips, JP
Albert Stowe	Delia Gilliland (mother Margarett Dodd consented)	03 Oct 1912 05 Oct 1912 filed	T. G. Fallin, MG

George Dixon
  Mississippi Co. Ark
	Lucy Eastwood
	  Mississippi Co. Ark
		05 Oct 1912	Thos. H. Watkins, MG

Wm. N. Porter	Sarah Isabella Buck	05 Oct 1912 07 Oct 1912 filed	Van Stover, JP
Edward Little Lake Co. TN	Annie Davis	07 Oct 1912	A. J. Crowe, JP
Harry Hines	Lee Lewis	29 Sep 1912 07 Oct 1912 filed	J. A. Hardman, MG
Adam Fard (Ford)	Eva Elliot	06 Oct 1912 08 Oct 1912 filed	L. A. Ruddle, JP
William Russell	Artimissie Farris (father R. L. Farris consented)	06 Oct 1912 08 Oct 1912 filed	P. H. Heathcock, JP

States Skipper
  Dunklin Co. MO
	Myrtle Brown
	  Scott Co. MO
		07 Oct 1912
		09 Oct 1912 filed
			J. O. Willett, MG

A. B. Pounds Mississippi Co. Ark	Elba Yarbrough	15 Sep 1912 09 Oct 1912 filed	W. O. Willett, MG (?)
James S. Vanausdalle	Gussie Martin	14 Aug 1912 09 Oct 1912 filed	J. O. Willett, MG
Emery B. Willis (father M. V. Willis consented)	Lula Ellis (father J. W. Ellis consented)	14 Oct 1912 15 Oct 1912 filed	J. O. Willett, MG
James Lawson	Clyde Short	15 Oct 1912 16 Oct 1912 filed	A. J. Crowe, JP
L. Gillen	Bertha Z. Beeching (father A. M. Beeching consented)	29 Sep 1912 18 Oct 1912 filed	John T. Bruce

GROOM	BRIDE	DATE	SOLEMNIZED BY

George Adams
  Dunklin Co. MO
	Anna Goins
	  Butler Co. MO
		17 Oct 1912
		18 Oct 1912 filed
			J. C. Burrus, JP

William Thomas
  Mississippi Co. Ark
	Eliza Harris
	  Mississippi Co. Ark
		21 Oct 1912	J. C. Burrus, JP

Wilson Waldrop	Dora Faircloth	16 Oct 1912 21 Oct 1912 filed	T. L. Hatley, JP
Robert Alexander	Mrs. Ella Bray	18 Oct 1912 21 Oct 1912 filed	S. H. White, JP
Andrew Tailor	Blanch Caraway (guardian Myrtle Hickerson consented)	20 Oct 1912 22 Oct 1912 filed	J. H. Hickerson, JP
James Walker	Virgie Neal (father J. M. Neal consented)	22 Oct 1912 23 Oct 1912 filed	J. C. Burrus, JP
Samuel Hogan	Nora Welch (father J. W. Welch consented)	22 Oct 1912 26 Oct 1912 filed	Wm. A. Blake, JP
Duskie Harding	Vernie E. Hall (father W. J. Hall consented)	28 Oct 1912	W. O. Willett, MG (?)
Jesse McCoy	Lucinda Jones	26 Oct 1912 28 Oct 1912 filed	J. C. Burrus, JP
Asa Pankey	Grace Pool (father W. T. Pool consented)	02 Oct 1912 28 Oct 1912 filed	H. L. Chapman, JP
G. W. Skelton	Mrs. Lizzie Martin	28 Oct 1912	J. C. Burrus, JP
Hector McIntire	Ethel Hawks	27 Oct 1912 29 Oct 1912 filed	L. A. Ruddle, JP

Clinton Coleman (mother
  Mrs. M. E. Coleman consented)
	Georgie Russell (father
	  John Russell consented)
		25 Oct 1912
		29 Oct 1912 filed
			James A. Jones, JP

Lee Page	Nora Poe	13 Oct 1912 29 Oct 1912 filed	J. M. Ball, JP

Roy L. Kirksey	Mamie Frazier (father
	  W. M. Frazier consented)
		29 Oct 1912
		01 Nov 1912 filed
			P. Lyons,
			  Cath. Priest

GROOM	BRIDE	DATE	SOLEMNIZED BY
Henry Morgan	Sadie Kullman	27 Oct 1912 01 Nov 1912 filed	P. Lyons, Cath. Priest
John H. Dunmire Dunklin Co. MO	Maggie Quartermous Dunklin Co. MO	25 Oct 1912 01 Nov 1912 filed	Joseph Benton Lyle, MG
Patrick Ledwedge Crittenden Co. Ark	Katie Lemon (Lemore)	05 Sep 1912 01 Nov 1912 filed	P. Lyons, Cath. Priest
Thomas Bruce	Mary Hamblen	01 Nov 1912 02 Nov 1912 filed	J. C. Burrus, JP
J. B. Rufus	Mary A. Reeves	01 Nov 1912 02 Nov 1912 filed	E. A. McKinney, MG
C. R. Bradshaw New Madrid Co. MO	Myrtle Dean	02 Nov 1912 05 Nov 1912 filed	John E. Braswell, JP
J. H. Tant	Anna Hobson	05 Nov 1912 06 Nov 1912 filed	H. Patterson, MG
John Tinsley	Mary Cunningham	06 Nov 1912	Jos. M. Brasher, Judge of Probate
D. L. Collins Dunklin Co. MO	Pearl Dunlap	07 Nov 1912	Jos. M. Brasher, Judge of Probate
William Rushton	Anna Neiduss	07 Nov 1912 08 Nov 1912 filed	J. C. Burrus, JP
Dr. W. C. Rowen	Perna Johnson	07 Nov 1912 08 Nov 1912 filed	J. W. Stiger, MG
J. J. Sweet Mississippi Co. Ark	L. B. Wysing Mississippi Co. Ark	12 Oct 1912 08 Nov 1912 filed	H. P. Little, JP
W. L. Wyatt	Sarah Wyatt	03 Nov 1912 08 Nov 1912 filed	L. A. Ruddle, JP
Bennett Nance	Mollie McDane	11 Nov 1912	Jos. M. Brasher, Judge of Probate

GROOM	BRIDE	DATE	SOLEMNIZED BY
J. C. Willingham	Ivy Lawrence	09 Nov 1912	
White Co. Ark		12 Nov 1912 filed	H. W. King, MG
Joseph R. Stephens	Dono Dross	14 Nov 1912	A. J. Crowe, JP
Will Hollis	Irma Stokes (father	15 Nov 1912	
	Horden Stokes consented)		A J. Crowe, JP
B. W. Walker	Clara McDamon	16 Nov 1912	
Mississippi Co. Ark	Mississippi Co. Ark		J. C. Burrus, JP
Charlie Tucker (father	Margie Wilson (father	19 Nov 1912	
Alex Tucker consented)	George Wilson consented)		J. C. Burrus, JP
T. J. Rogers	Mary Bills	19 Nov 1912	
Clay Co. Ark			H. N. King, JP
C. M. Martin	Hattie Wilson	20 Nov 1912	
Dunklin Co. MO	Dunklin Co. MO		J. C. Burrus, JP
Robert Moore	Mary Mayes	19 Nov 1912	
Crittenden Co. Ark	Crittenden Co. Ark	20 Nov 1912 filed	S. H. Steele, JP
Elehue Donnell	Ethel Trantham (father	17 Nov 1912	
	T. H. Trantham consented)	21 Nov 1912 filed	John N. Ring, JP
Harvy Trantham	Mary A. Barham	17 Nov 1912(?)	
		16 Nov 1912 filed (?)	John N. Ring, JP
J. P. McAnaley	A. L. Tynes	21 Nov 1912	J. C. Burrus, JP
J. L. Ring	Ethel Dotson (guardian	17 Nov 192	
	W. J. Gore consented)	22 Nov 1912 filed	J. O. Willett, MG
Arthur Hubbard	Della Hubbard	02 Sep 1912	
Dunklin Co. MO	Dunklin Co. MO	23 Nov 1912 filed	A. J. Crowe, JP
Earl Cowell (father	Dillie Lester (father	20 Nov 1912	
E. W. Cowell consented)	A. C. Lester consented)	23 Nov 1912 filed	A. N. Burris, MG
Robert Kirkman	Janette Prince	20 Nov 1912	
Dunklin Co. MO	Dunklin Co. MO	23 Nov 1912 filed	A. M. Burris, MG(?)

GROOM	BRIDE	DATE	SOLEMNIZED BY
T. H. Harris	Nettie Watson	04 Nov 1912	
		25 Nov 1912 filed	J. A. Dennis
Vernal Everett	Mashrie Johnson	24 Nov 1912	
		25 Nov 1912 filed	H. Patterson, MG
Joseph White	Hessie Hardison	25 Nov 1912	
Arkansas Co. Ark	Arkansas Co. Ark		J. C. Burrus, JP
Mack Northam	Mary Burchett	25 Nov 1912	
Mississippi Co. Ark	Mississippi Co. Ark		J. C. Burrus, JP
E. A. Trambly	Ruth Neyman	26 Nov 1912	
Bond Co. IL	Bond Co. IL		A. J. Crowe, JP
B. B. Huckaba	Robbie Fisher	24 Nov 1912	
		26 Nov 1912 filed	T. L. Hatley, JP
P. E. Passert	Mrs. Laura Baker	23 Nov 1912	
		26 Nov 1912 filed	Wm. A. Blake, JP
L. C. Curtis	Frank Joblin	24 Nov 1912	
		26 Nov 1912 filed	James A. Jones, JP
Noah Robertson	Carrie Wyatt	27 Nov 1912	
Lake Co. TN			J. C. Burrus, JP
J. E. Morris	Louisa Hicks	24 Nov 1912	
		27 Nov 1912 filed	R. M. Ownley, MG
Hugh Terry	Cora Guy	27 Nov 1912	
Mississippi Co. Ark	Mississippi Co. Ark		J. C. Burrus, JP
William A. Powell	Luna B. Owens	28 Nov 1912	
		29 Nov 1912 filed	A. J. Crowe, JP
Allen H. Revelle	Letha E. Barger	24 Nov 1912	
Madison Co. MO		30 Nov 1912 filed	H. W. King, MG
Olie Stiles	Pearl Saulsberry	30 Nov 1912	J. C. Burrus, JP
John Fowler	Ella Brown	30 Nov 1912	J. C. Burrus, JP

GROOM	BRIDE	DATE	SOLEMNIZED BY
Cleave Chinn	Eva Miller	29 Nov 1912	
		07 Dec 1912 filed	J. H. Hickerson, JP
Arthur Balen	Belle Esters	06 Oct 1912	A. F. Parker, JP
Jas. (Jos.) W. Walker	Lula Mitchell	07 Dec 1912	E. A. McKinney, MG
Thomas Pullam	Mattie Morgan	07 Dec 1912	
		09 Dec 1912 filed	A. J. Crowe, JP
Frank Johnson	Lovenia Bolens	06 Dec 1912	
		07 Dec 1912 filed	A. J. Sanders, MG
William Minor	Rosa Claybrooks	08 Dec 1912	
		09 Dec 1912 filed	E. A. McKinney, MG
E. M. Pate (father S. S. Pate consented)	Ola Weaver	13 Dec 1912	
		20 Dec 1912 filed	E. H. Orear, MG
Jestus Brown	Georgie Bachaus	19 Dec 1912	
		20 Dec 1912 filed	J. C. Burrus, JP
Frank Miller	Dora _. Higher	09 Dec 1912	
		20 Dec 1912 filed	R. _. Palmer, JP
Mathew Smith Mississippi Co. Ark	Mary Bennett Mississippi Co. Ark	21 Dec 1912	J. C. Burrus, JP
Lee Young	Lizzie Johnson	10 Dec 1912	Jos. M. Brasher, Judge of Probate
Homer Roddy Craighead Co. Ark	Willie A. Hall	07 Dec 1912 11 Dec 1912 filed	A. J. Sanders, MG
Samuel Bell	Lou O'Kean		
		12 Dec 1912 filed	T. L. Haile, JP
Frank Hayes	Ann Nunnery	10 Dec 1912	P. H. Heathcock
	Not Filed in Clerk's Office		
J. W. Moody	Missouri Barnes	09 Dec 1912	
		16 Dec 1912 filed	W. S. McDonald, JP
L. S. McDowell	Maggie Jones	14 Dec 1912	A. J. Crowe, JP

GROOM	BRIDE	DATE	SOLEMNIZED BY
William E. Dawning	Willie M. Straud	15 Dec 1912	
		16 Dec 1912 filed	J. C. Burrus, JP
Albert A. Kelley	Bonnie V. McArthur (father J. F. McArthur consented)	18 Dec 1912	E. B. Phillips, JP
J. C. Hampton	Fannie Ursery	18 Dec 1912	J. C. Burrus, JP
Page Cole	Lillian Goodman	22 Dec 1912	Joseph Burton, MG
	Not Filed in Clerk's Office		
Jonce Joe	Beadie Powell	01 Dec 1912	
		23 Dec 1912 filed	E. D. Twines, MG
Robert Joe	Lee Spellings	01 Dec 1912	
		23 Dec 1912 filed	E. D. Twines, MG
Ed Braswell (parents of both parties consented)	Milvina Miller	22 Dec 1912 24 Dec 1912 filed	L. A. Ruddle, JP
Edward Smith	Matilda Duvall	24 Dec 1912	J. C. Burrus, JP
W. B. Greenway Dunklin Co. MO	Maude E. Allen	23 Dec 1912 24 Dec 1912 filed	H. E. Chapman, MG
Orville Jeffers Dunklin Co. MO	Maggie Haley Dunklin Co. MO	20 Dec 1912	Jos. M. Brasher, Judge of Probate
Allie Stills	Bessie Frakes (mother Mary E. Frakes consented)	05 Dec 1912 30 Dec 1912 filed	A. P. Mitchell, MG
Coy Humes	Edna Myers	25 Dec 1912 27 Dec 1912 filed	T. L. Hatley, JP
L. Lair	Addie Bowen	25 Dec 1912 27 Dec 1912 filed	S. H. White, JP
Louis Stone	Margaret McMullen	24 Dec 1912 30 Dec 1912 filed	A. J. Crowe, JP
I. N. Whitwell	Mrs. Fannie Bird	25 Dec 1912 31 Dec 1912 filed	J. J. Wilson, MG
J. W. Mayner	Ella Allison	31 Dec 1912	J. C. Burrus, JP

GROOM	BRIDE	DATE	SOLEMNIZED BY
John Sikes	Nettie Porter	28 Dec 1912	
		31 Dec 1912 filed	J. C. Burrus, JP
George Danwood	Mattie Nelson	02 Dec 1912	
Mississippi Co. Ark	Mississippi Co. Ark	02 Dec 1912 filed	J. C. Burrus, JP
Tom Dozier	Dora Mayo (father	03 Dec 1912	Jos. M. Brasher,
	J. B. Mayo consented)		Judge of Probate
Robert Wicker	Leslie McCallum	25 Nov 1912	
		03 Dec 1912 filed	D. M. Busby, MG
S. N. Miles	Iza Welch	03 Dec 1912	Jos. M. Brasher,
			Judge of Probate
George Bell	Floidie Banks	08 Oct 1912	
		04 Dec 1912 filed	J. W. Veasley, MG
George Lockabell	Lavenia Figgins	02 Dec 1912	J. C. Burrus, JP
J. E. Jones (father	Manervy Samford (father	04 Dec 1912	
E. G. Jones consented)	R. Samford consented)		J. C. Burrus, JP
William Smith	Elnora Conell	01 Jan 1913	
Mississippi Co. Ark	Mississippi Co. Ark		J. C. Burrus, JP
Nick Fiderick	Anna Le___	31 Dec 1912	P. Lyons,
		01 Jan 1912 filed	Cath. Priest
Harrison Prince	Edna Cole	01 Jan 1912	A. J. Crowe, JP
Asa Green	Bessie Bradford (mother	01 Jan 1912	
	Mrs. Lee Moore consented)	02 Jan 1913 filed	P. H. Heathcock, JP
James M. Martin	Mary Alice Williams	25 Dec 1912	Frank Klingensmith, JP
	Not Filed in Clerk's Office		
Ed Freeman	Lula Mitchell	29 Dec 1912	
		02 Jan 1913 filed	H. P. Little, JP
James Bray	Mary E. Lester	27 Dec 1912	
		03 Jan 1913 filed	T. L. Olmstead, JP

GROOM	BRIDE	DATE	SOLEMNIZED BY
J. M. Robinson	Lelar Darnall (father G. W. Darnall consented)	03 Jan 1913	A. J. Crowe, JP
George Locke Mississippi Co. Ark	Mary Jordan Mississippi Co. Ark	04 Jan 1913	A. J. Crowe, JP
Pearl Cates	Mary Pullam	04 Jan 1913	A. J. Crowe, JP
J. H. Ellis New Madrid Co. MO	Effie Jackson New Madrid Co. MO	02 Jan 1913 06 Jan 1913 filed	W. W. Ellis, MG
V. H. Burch	Clorice Gaines (father J. W. Gaines consented)	05 Jan 1913 06 Jan 1913 filed	J. C. Burrus, JP
Francis H. Write Cape Girardeau Co. MO	Mellie M. Boswell Dunklin Co. MO	28 Dec 1912 07 Jan 1913 filed	J. O. Willett, MG
Frank Turner	Maggie Huddleston	05 Jan 1913 07 Jan 1913 filed	Van Stover, JP
M. D. Brooks	Martha Weaver	05 Jan 1913 08 Jan 1913 filed	H. W. King, MG
J. A. McCants	Willie Robinson	08 Jan 1913	A. J. Crowe, JP
Chas. A. Powell (mother Mrs. Julia A. Sanders consented)	Mrs. Myrtle Boh___	09 Jan 1913 10 Jan 1913 filed	Thos. L. Olmstead, JP
H. M. Zimmerman Johnston Co. OK	Addie May Ballard	24 Dec 1912 Not Filed in Clerk's Office	E. H. Orear, MG
S. O. Douglass	Anna Horner	12 Jan 1913 13 Jan 1913 filed	J. C. Burrus, JP
James Johnson	Mary Brown	15 Jan 1913 16 Jan 1913 filed	A. J. Crowe, JP
Hart Grove New Madrid Co. MO	Cora Johnson New Madrid Co. MO	15 Jan 1913 21 Jan 1913 filed	R. K. Miller, JP
Sherman Marshall	Fannie M. Back (father S. S. Back consented)	21 Jan 1912	H. P. Little, JP

GROOM	BRIDE	DATE	SOLEMNIZED BY

Grover Petty
  Dunklin Co. MO
	Mamie Faris (father
	  J. A. Farris consented)
		19 Jan 1913
		21 Jan 1913 filed
			H. Patterson, MG

E. D. Spires
  New Madrid Co. MO
	Francis McCants (father
	  Frank McCants consented)
		19 Jan 1913
		21 Jan 1913 filed
			B. F. Allen, JP

Taylor Horton (guardian W. J. Green consented)	Evan Davis	22 Jan 1913	J. C. Burrus, JP
Clarence Cecil (father W. F.Cecil consented)	Ora Lee Johnson	22 Jan 1913	J. C. Burrus, JP
Norman Wilkins	Ruthie Sutton	19 Jan 1913 23 Jan 1913 filed	John E. Braswell, JP

Floyd Hargett
  Mississippi Co. Ark
	Martha Lock
	  Mississippi Co. Ark
		25 Jan 1913	A. J. Crowe, JP

Luther Hayes	Flishey Sharp	26 Jan 1913 29 Jan 1913 filed	A. N. Burris, MG
Galaus Duncan	Grace G. Jackson (mother Mrs. Mary Jackson consented)	28 Jan 1913 30 Jan 1913 filed	Van Stover, JP
Clyde Frakes	Lula Stivers (father B. B. Stivers consented)	21 Jan 1913 31 Jan 1913 filed	A. P. Mitchell, MG
Milbrin Sisk	Julia Riley (mother Fannie Lovett consented)	01 Feb 1913	J. C. Burrus, JP

Thomas E. Austin
  Vandeberg Co. IN
	Emma W. Mayes
	  Dewitt Co. IL
		28 Jan 1913
		01 Feb 1913 filed
			R. M. Ownby, MG

George M. McElyea
  New Madrid Co. MO
	Hattie Knight
	  New Madrid Co. MO
		29 Jan 1913
		01 Feb 1913 filed
			H. Patterson, MG

Herbert Gallaher	Bonnie Long	02 Feb 1913 03 Feb 1913 filed	H. F.Wright, MG
W. W. Ray	Bertha Lee Wallace (father E. B. Wallace consented)	30 Jan 1913 03 Feb 1913	A. L. Hall, JP

GROOM	BRIDE	DATE	SOLEMNIZED BY
Edd Burrus	Minnie Powell	03 Feb 1913 04 Feb 1913 filed	A. J. Crowe, JP
A. E. Clanton	Mattie Holt	06 Feb 1913	A. J. Crowe, JP
Sidney McDaniel	Sallie Lett	05 Feb 1913 06 Feb 1913 filed	Van Stover, JP
James M. Thompson	Rosa Hearn	26 Jan 1913	H. T. Chapman, MG
C. A. Huckaba	Dessie Foster (mother Mrs. May A. Wilson consented)	07 Feb 1913 11 Feb 1913 filed	J. C. Burrus, JP
Walter Hurst	Christina Stowe	09 Feb 1912 11 Feb 1913 filed	James A. Jones, JP
Sam Bridges	Manda Allen	05 Jan 1913 12 Feb 1913 filed	K. T. Thompson,
Moses Warren	Bulah O'Daniel	18 Feb 1913	J. W. Lyons, MG
Alex Griffin	Ernestine Hicks	17 Feb 1913 18 Feb 1913 filed	J. W. Lyons, MG

E. L. Whitenton
  Shelby Co. TN
	Ruth McCuthen
	  Perry Co. MO
		19 Feb 1913	A. J. Crowe, JP

Earl M. Coppage	Dorothy Collins	16 Feb 1913 19 Feb 1913 filed	E. H. Orear, MG
Lilburn Gilbon (Gilbow) (father W. N. Gilbon consented)	Edith E. Morefield	02 Feb 1913 19 Feb 1913 filed	W. J. Richardson, MG
Henry S. Barger New Madrid Co. MO	Hattie Mathis	14 Feb 1913 20 Feb 1913 filed	Joel Adams, MG
Leroy Quinn	Alice P. Hutching	20 Feb 1913 21 Feb 1913 filed	A. J. Crowe, JP

A. N. Horton
  Mississippi Co. Ark
	Jeanna Woody
	  Mississippi Co. Ark
		22 Feb 1913	Jos. M. Brasher,
			Judge of Probate

Edward B. Earls (father A. L. Earls consented)	Dimple Rose	16 Feb 1913 22 Feb 1913 filed	James A. Jones, JP

GROOM	BRIDE	DATE	SOLEMNIZED BY
Payton Tipton	Allie L. Sides (father	24 Feb 1913	
Shelby Co. TN	W. P. Sides consented)	25 Feb 1913 filed	J. C. Burrus, JP
Robert L. Certain	Anna Mills (father	23 Feb 1913	
	J. W. Mills consented)	25 Feb 1913 filed	H. Patterson, MG
John Pierson	Nannie Thomas	23 Feb 1913	
		27 Feb 1913 filed	J. A. Hardman, MG
Van Horton	Sarah Sawyer	27 Feb 1913	
Mississippi Co. Ark	Mississippi Co. Ark		A. J. Crowe, JP
Joseph N. Brigance	Maud Cole	29 Jan 1913	
(verbal assent of John Hughes father of Frances Hughes-this was written on the wrong record)		01 Mar 1913 filed	H. P. Little, JP
John Everwright	Frances Hughes	28 Feb 1913	
		01 Mar 1913 filed	T. L. Hatley, JP
J. W. Hollis	Nora Wilhelm	28 Feb 1913	
		01 Mar 1913 filed	J. C. Burrus, JP
Geo. Adams	Janie Dismore	01 Mar 1913	
New Madrid Co. MO	New Madrid Co. MO	03 Mar 1913 filed	J. C. Burrus, JP
Terrell Thompson	Ethel Tant	01 Mar 1913	
Cape Girardeau Co. MO		04 Mar 1913 filed	I. W. Simons
Albert Young	Martha Leester	06 Mar 1913	
New Madrid Co. MO	New Madrid Co. MO		J. C. Burrus, JP
Vergil Humphrey	Pearlie Davis	01 Mar 1913	
		06 Mar 1913 filed	T. L. Haile, JP
Adam Johnson	Sallie Alexander	08 Mar 1913	
		10 Mar 1913 filed	J. C. Burrus, JP
John R. Stanley	Nettie Powell	10 Mar 1913	G. M. Brooks, MG
L. D. Coon	Hattie Collins	10 Mar 1913	G. M. Brooks, MG
Ernest Hamilton	Maggie Moore (mother Mrs.	11 Mar 1913	
	Mattie Moore consented)		J. C. Burrus, JP

GROOM	BRIDE	DATE	SOLEMNIZED BY
Maley Bonham	Myrtle Anderson	09 Mar 1913	
		11 Mar 1913 filed	J. O. Willett, MG
John W. Green (Greer)	Connie S. Barham	4 Feb 1913	
	Dunklin Co. MO	11 Mar 1913 filed	J. O. Willett, MG
Joseph Denson	Carrie Malone	22 Feb 1913	
		14 Mar 1913 filed	Jas. H. Dennis, MG
James Chamberlin	Mildred Smith	07 Feb 1913	
		14 Mar 1913 filed	Jas.H. Dennis, MG
Moses Bowman	Bertha Shaw	24 Feb 1913	
Mississippi Co. Ark	Mississippi Co. Ark	20 Mar 1913 filed	K. T. Thompson, MG
T. F. Lander	Mamie Whitaker	19 Feb 1913	
		20 Mar 1913 filed	K. T. Thompson, MG
J. P. Pitts	Leatha Ledbetter (father	18 Mar 1913	
	Don Ledbetter consented)	22 Mar 1913 filed	J. C. Burrus, JP
J. W. Albin	Anna B. Cantley	20 Mar 1913	A.J. Crowe, JP
J. A. Foster	Maudie Joiner	22 Mar 1913	J. C. Burrus, JP
Willie Henningen	Birdie Jackson	22 Mar 1913	A. J. Crowe, JP
Fred Taylor	Beulah Covington	22 Mar 1913	
Williamson Co. IL	Williamson Co. IL	25 Mar 1913 filed	A. J. Crowe, JP
Matthew Rainbalt	Essie Potter	26 Mar 1913	
	Scott Co. MO		A. J. Crowe, JP
John W. Baynes	Vicie Adams	09 Mar 1913	
		27 Mar 1913 filed	W. W. Ellis, MG
Albert W. Jordan (father	Eula Limbaugh (father	26 Mar 1913	
J. M. Jordan consented)	C. C. Limbaugh consented)	28 Mar 1913 filed	H. W. King, MG
J. R. Runner	T. P. Potts	27 Mar 1913	
Mississippi Co. Ark		29 Mar 1913 filed	S. H. White, JP
Frank Davis	Mandy Davis	28 Mar 1913	
		29 Mar 1913 filed	J. C. Burrus, JP

GROOM	BRIDE	DATE	SOLEMNIZED BY
Roger Gibson	Maud Curtis (father G. W. Curtis consented)	30 Mar 1913 31 Mar 1913 filed	E. B. Phillips, JP
Richmond Hendricks	Minnie Ivory	07 Oct 1912 31 Mar 1913 filed	R. W. Critz, MG
Benjamin Williams	May Campbell	30 Mar 1913 31 Mar 1913 filed	J. C. Burrus, JP
Johnie Dawes (mother Mrs. Dawes consented)	Lillie Titus (father consented)	02 Mar 1913 31 Mar 1913 filed	A. J. Crowe, JP
Charlie Gregory (father Louis Gregory consented)	Lettie La Daws	28 Mar 1913 01 Apr 1913 filed	H. P. Little, JP
L. M. Murphey	Carrie Rohen	30 Mar 1913 01 Apr 1913 filed	L. A. Ruddle, JP
George Motley Mississippi Co. Ark	Georgie Lewis Mississippi Co. Ark	01 Apr 1913 03 Apr 1913 filed	A. J. Sanders, MG
S. W. Davidson Dunklin Co. MO	Maud M. Hill Dunklin Co. MO	05 Apr 1913	J. C. Burrus, JP
Acton Young	Cora Gooch	05 Apr 1913 07 Apr 1913 filed	A. J. Crowe, JP
Buster Jones	Martha Brooks	06 Apr 1913 08 Apr 1913 filed	S. Piggee, MG
Charlie Brooks	Edie Jones	06 Apr 1913 08 Apr 1913 filed	S. Piggee, MG
Ora Jones	Rosa Davis (Not Recorded in Clerk's Office)	06 Apr 1913	S. Piggee, MG
Frank H. Powell Lake Co. TN	Ethel Foster	08 Apr 1913	J. C. Burrus, JP
George M. Turner	Eunice Taylor (father (John T. Taylor consented)	06 Apr 1913 10 Apr 1913 filed	James A. Jones, JP

GROOM	BRIDE	DATE	SOLEMNIZED BY
Sterling Lowery	Rubie Chandler	22 Mar 1913	
		11 Apr 1913 filed	W. A. Burke, MG
Charlie W. Lipscomb	Lena Biggart	09 Apr 1913	
		12 Apr 1913 filed	E. B. Phillips, JP
Will Moore	Lulu Mack	13 Feb 1913	
		14 Feb 1913 filed	E. A. McKinney, MG
	(This Record is Greatly out of sequence)		
W. E. Butler	Lew Taylor	16 Apr 1913	A. J. Crowe, JP
Gilbert Gilliland	Bessie M. Jolley (father C. Jolley consented)	12 Apr 1913 17 Apr 1913 filed	John T. Bruce, MG
Jack Slate	Josie Gardner	18 Apr 1913	J. C. Burrus, JP
F. G. Walton	Fannie Arterberry	22 Apr 1913	J. C. Burrus, JP
	(Not Recorded in Clerk's Office)		
Mose Sandifer	Late E. Johnson (father C. E. Johnson consented)	19 Apr 1913 22 Apr 1913 filed	C. E. Johnson, MG
Reps Gardner Lake Co. TN	Mattie York Lake Co. TN	23 Apr 1913	J. C. Burrus, JP
D. M. Crawford	Callie Baynes	19 Apr 1913 23 Apr 1913 filed	J. M. N. Thompson, JP
C. T. Acklin	Bell Martin	23 Apr 1913	A. J. Crowe, JP
W. W. Henning	Anna M. Gilbert	26 Apr 1913	W. A. Green, Judge County Court
Joseph Myers Mississippi Co. Ark	Willie May Lomax	28 Apr 1913	A. J. Crowe, JP
Morgan Kimbrough Mississippi Co. Ark	Jessie Waters Mississippi Co. Ark	28 Apr 1913	A. J.Crowe, JP
Ira Bauer	Hattie Huckaba	27 Apr 1913 28 Apr 1913 filed	S. H. White, JP

GROOM	BRIDE	DATE	SOLEMNIZED BY

W. H. Aubuchon	Essie Mohr
	  Stoddard Co. MO
	    (Married in Dunklin Co. MO)
		27 Apr 1913
		  29 Apr 1913 filed
			M. Barnard,
			  Cath. Priest

Robert Craig (father
  Henry Craig consented)
	Bessie Fite (mother
	  Mellie Griffith consented)
		27 Apr 1913
		  29 Apr 1913 filed
			L. A. Ruddle, JP

David F. Swinney
  Mississippi Co. Ark
	Carrie M. Markel
	  Mississippi Co. Ark
		29 Apr 1913	J. C. Burrus, JP

William Caldwell	Mary Mathenia	19 Apr 1913 30 Apr 1913 filed	W. M. Duncan, MG
Charley Dickerson Carlisle Co. KY	Claudia Mason	30 Apr 1913	J. C. Burrus, JP
James L. Overton	Ada Randell	03 May 1913	J. C. Burrus, JP

Walter Kiertz
  Alexander Co. IL
	Ethel Gary (father
	  J. F. Gary consented)
	  Alexander Co. IL
		05 May 1913	J. C. Burrus, JP

Joseph Brown	Mary Brown	27 Apr 1913 05 May 1913 filed	K. T. Thompson, MG
John Alsup	Dicea Mitchell	06 May 1913 07 May 1913 filed	T. L. Haile, JP
Grant Anderson	Floida Blanch	17 Apr 1913 07 May 1913 filed	T. L. Haile, JP

Cecil Slider	Maggie Sutton (father
	  J. F. Sutton consented)
		05 May 1913
		  07 May 1913 filed
			L. A. Ruddle, JP

W. L. Hall	Cora Swift	06 May 1913 08 May 1913 filed	Jas. T. Evitts
J. L. Wallace	Mertie Jennings	28 Apr 1913 10 May 1913 filed	W. A. Burk, MG
John B. Sanders	Willie Terrell (mother B. M. Terrell consented)	08 May 1913	F. Klingensmith, JP

GROOM	BRIDE	DATE	SOLEMNIZED BY

T. D. Reeves
  Clay Co. Ark
	Hazel Smith (mother
	  Mrs. May F. Jones consented)
	  Clay Co. Ark
		11 May 1913	J. C. Burrus, JP

Charlie Jones	Verty Henry (father
	  George Henry consented)
		14 May 1913
		  15 May 1913 filed
			A. J. Crowe, JP

George T. Adams	Carrie Peterson	17 May 1913 19 May 1913 filed	W. H. Hudson, JP

R. P. Payne
  Clay Co. Ark
	Vernie Busby
	  Clay Co. Ark
		22 May 1913	Jos. M. Brasher,
			  Judge of Probate

W. H. Maples	Hattie Hinkle	22 May 1913 24 May 1913 filed	A. J. Crowe, JP
Robert Hubbard	Artie Collins	21 May 1913 24 May 1913 filed	P. H. Heathcock, JP
Andrew Simpson	Rosa Martin	24 May 1913 26 May 1913 filed	J. C. Burrus, JP
Henry C. Nunnery	Minnie Overturf	24 May 1913 27 May 1913 filed	P, H. Heathcock, JP
Herseil Barnett	Nora Acres (parents consented)	2 May 1913 27 May 1913 filed	W. S. McDonald, JP
W. F. Johnson	Trudie Allen	09 May 1913 30 May 1913 filed	A. L. Hall, JP
Walter Downs	Laura Morgan	15 May 1913 30 May 1913 filed	A. L. Hall, JP

William T. Walker	Jessie Lett (grandfather
	  W. F. Moore consented)
		01 Jun 1913
		  02 Jun 1913 filed
			W. F. Henson, JP

J. C. Culbertson
  Dunklin Co. MO
	Georgie Richardson
	  Dunklin Co. MO
		02 Jun 1913
		  03 Jun 1913 filed
			A. J. Crowe, JP

Walter Brown	Ozeen Wright	13 Jun 1913 (?) 31 May 1913 filed (?)	M. H. Thompson, MG

GROOM	BRIDE	DATE	SOLEMNIZED BY
Cullen Downing	Lulu Belle Smith (guardian Mrs. Lulie Smith consented)	29 May 1913 04 Jun 1913 filed	Jas. T. Evitts, MG
Charlie Taylor	Viole Houston	01 Jun 1913 04 Jun 1913 filed	M. H. Thompson, MG
William E. Bittle	Pearlie May McIlvey (father J. N. McIlvey consented)	07 Jun 1913	J. C. Burrus, JP
E. N. Estridge Mississippi Co. Ark	Grace Simmons	08 Jun 1913	E. N. Orear, MG
Everett Duncan (father Charlie Duncan consented)	Myrtle Hill (father C. L. Hill consented)	07 Jun 1913 09 Jun 1913 filed	J. C. Burrus, JP

Fred Wyatt
  New Madrid Co. MO
	Lena Ezell
	  New Madrid Co. MO
		29 May 1913
		09 Jun 1913 filed
			W. J. Richardson, MG

A. J. Mitchell	Josella Robinson Tipton Co. TN	09 Jun 1913 10 Jun 1913 filed	A. J. Crowe, JP

J. D. Hunt
  Mississippi Co. Ark
	Eliza Cox
	  Mississippi Co. Ark
		10 Jun 1913	J. C. Burrus, JP

Clyde D. Martin	Bessie Madden (father W. F. Madden consented)	08 Jun 1913 10 Jun 1913 filed	G. M. Brooks, MG
Whatly F. Nash	Minnie Pullun (guardian H. L. Knapp consented)	10 Jun 1913 12 Jun 1913 filed	W. F. Henson, JP

Lewis L. Dean
  New Madrid Co. MO
(Consent of parents of both parties)
(Not Recorded in Clerk's Office)
	Clara E. Penrod
	  New Madrid Co. MO
		10 Jun 1913	J. M. Thompson, JP

T. W. Lovin
  Dunklin Co. MO
	Eulah Pelts
	  Dunklin Co. MO
		14 Jun 1913	A. J. Crowe, JP

Green White	Othel Adams	16 Jun 1913	Sam Piggee, MG

Charlie Nicholas
  New Madrid Co. MO
	Anna Wells
	  New Madrid Co. MO
		15 Jun 1913
		17 Jun 1913 filed
			J. M. Thompson, JP

GROOM	BRIDE	DATE	SOLEMNIZED BY
Fannie Childers	Lena Brandon (father J. P. Brandon consented)	08 Jun 1913 17 Jun 1913 filed	W. M. Cooper, MG
Henry Murry	Pearl Brandon	08 Jun 1913 17 Jun 1913 filed	W. M. Cooper, MG

W. O. Vinson
  New Madrid Co. MO
	Ethel Midgett
	  New Madrid Co. MO
		16 Jun 1913
		17 Jun 1913 filed
			Jos. M. Brasher,
			  Judge of Probate

Frank Robertson	Carrie Ellison	14 Jun 1913 18 Jun 1913 filed	N. F. Wright, MG

John Wesley
  Mississippi Co. Ark
	Lula Wells
	  Mississippi Co. Ark
		16 Jun 1913
		18 Jun 1913 filed
			John T. Bruce, MG

Mack Brewer	Mary Hailey	08 Jun 1913 19 Jun 1913 filed	T. L. Haile, JP
Joe Isler	Emma Martin	21 Jun 1913	Jos. M. Brasher, Judge of Probate
William Deal	Lena Jones	21 Jun 1913	J. C. Burrus, JP
James Reeves	Susie Johnson	09 Jun 1913 23 Jun 1913 filed	A. R. Hicks, JP
C. H. Buckley	Frankie Story	21 Jun 1913 23 Jun 1913 filed	A. J. Crowe, JP
Fred Fleming	Goldie Wilkey	14 Jun 1913 24 Jun 1913 filed	R. M. Ownby, MG

Sam Jacobs
  Mississippi Co. Ark
	Minnie Owens
	  Mississippi Co. Ark
		24 Jun 1913	J. C. Burrus, JP

J. A. Hossick Livingston Co. KY	Pearl Burnett	24 Jun 1913	J. C. Burrus, JP

Will Jackson
  Mississippi Co. Ark
	Elizabeth Adams
	  Mississippi Co. Ark
		26 Jun 1913	J. C. Burrus, JP

J. P. Potts Mississippi Co. Ark	Bonnie Lynn	28 May 1913 30 Jun 1913	E. N. Orear, MG

GROOM	BRIDE	DATE	SOLEMNIZED BY
Cleave Pender	Gladys Suooks (mother Mary Nichols consented)	30 Jun 1913 01 Jul 1913 filed	A. J. Crowe, JP

D. H. Muse
  New Madrid Co. MO
	Sallie Williams
	  New Madrid Co. MO
		19 May 1913
		01 Jul 1913 filed
			J. L. Cannon, MG

Charley Posey	Susie Christopher	12 Apr 1913 03 Jul 1913 filed	H. P. Little, JP

C. E. Gilliland (father
  J. N. Gilliland consented)
	Bertha Haile (father
	  T. L. Haile consented)
		29 Jun 1913
		03 Jul 1913 filed
			H. P. Little, JP

Bucy Hill
  Mississippi Co. Ark
	Dora Brown
	  Mississippi Co. Ark
		07 Jul 1913	A. J. Crowe, JP

Earl Thomas	Dollie McAnally	04 Jul 1913 07 Jul 1913 filed	Joseph B. Lyle, MG
A. W. Corn	Ora Fisher	04 Jul 1913 08 Jul 1913 filed	H. W. King, MG

Mark S. McKnight
  Green Co. MO
	Bettina Stoll
	  Madison Co. IN
		01 Jul 1913
		10 Jul 1913 filed
			J. O. Willett, MG

T. N. Brigance	May B. Harris	03 Jul 1913 10 Jul 1913 filed	J. O. Willett, MG
William O. Long Scott Co. MO	Henrietta F. Kilgore	07 Jul 1913 10 Jul 1913 filed	J. O. Willett, MG
J. B. Bates	Anna Roberts	29 Jun 1913 10 Jul 1913 filed	G. M. Brooks, MG
James Lowery Mississippi Co. Ark	Florence Wilson	13 Jul 1913 14 Jul 1913 filed	J. C. Burrus, JP
Thomas W. Neely	Lillie C. Barber	11 Jul 1913 14 Jul 1913 filed	G. M. Brooks, MG
George Gaston	Annie Harris	06 Jul 1913 14 Jul 1913 filed	J. A. Hardman, MG

GROOM	BRIDE	DATE	SOLEMNIZED BY
Guy Holdman (father John Holdman consented)	Mary B. Huckaba (father W. N. Huckaba consented)	29 Jun 1913 14 Jul 1913 filed	W. A. Burke, MG
William Hutson	Jessie A. Sims	12 July 1913 15 Jul 1913 filed	A. L. Hall, JP
Clifford Cooper (father A. G. Cooper consented)	Altie Hall	16 Jul 1913	J. C. Burrus, JP
Ben Person	Bay Crecelius (father Will Crecelius consented)	18 Jul 1913	J. C. Burrus, JP
Barney Wilwourth	Bettie Wright	19 Jul 1913 21 Jul 1913 filed	J. C. Burrus, JP
Shirley McLain	Bevie Mizell (father W. S. Mizell consented)	05 Jul 1913 21 Jul 1913 filed	James A. Jones, JP
D. G. Taylor Dyer Co. TN	Dott Carter Dyer Co. TN	21 Jul 1913 22 Jul 1913 filed	A. J. Crowe, JP
George Johnson	Emily Green	26 Jul 1913	J. C. Burrus, JP
Green L. Poplin	Mrs. Nannie Dyer	26 Jul 1913	A. J. Crowe, JP
Benjamin Hodges	Mary Barnett	26 Jul 1913	J. C. Burrus, JP
Rufus Parker Mississippi Co. Ark	Nellie Farmer Mississippi Co. Ark	28 Jul 1913	Jos. M. Brasher, Judge of Probate
William Whitfield	May Taylor	26 Jul 1913 28 Jul 1913 filed	J. C. Burrus, JP
J. F. Pollard	May Jackson (mother Mrs. M. B. Jackson consented)	27 Jul 1913 29 Jul 1913 filed	J. J. Wilson, MG
Louis Harris Mississippi Co. Ark	Maggie Clark Mississippi Co. Ark	29 Jul 1913	J. C. Burrus, JP
J. M. McIntire Mississippi Co. Ark	Amanda Farmer	21 Jul 1913 29 Jul 1913 filed	J. M. Ball, JP
James Burton	Eula Chatman	26 Jul 1913 30 Jul 1913 filed	W. W. Ellis, MG

GROOM	BRIDE	DATE	SOLEMNIZED BY
W. T. Perry Mississippi Co. Ark	Clara Walker	02 Aug 1913	A. J. Crowe, JP

Dutch Walton
  Dyer Co. TN
	Lulu Willis
	  Dyer Co. TN
		04 Aug 1913	A. J. Crowe, JP

Larimore Lasley
  Gibson Co. TN
	Delia Webb
	  Mississippi Co. Ark
		04 Aug 1913	J. C. Burrus, JP

Cecil Cole (mother
  Mrs. Perdelia Cole consented)
	Mattie Darnall (mother
	  Mrs. Gertrude Darnall consented)
		04 Aug 1913	Jos. M. Brasher,
			Judge of Probate

William E. Hughes	Alpha Oxford (guardian John Hughes consented)	06 Aug 1913	J. C. Burrus, JP
W. S. Putman	Fay Stokes	07 Aug 1913	A. J. Crowe, JP

John Patrick	Annie Casey (father
	  Sherman Casey consented)
		12 Jul 1913
		  09 Aug 1913 filed
			G. M. Brooks, MG

Ethel Diviney	Ethel Casey	10 Aug 1913 11 Aug 1913 filed	J. C. Burrus, JP
William Burris	Eva Bomes	06 Aug 1913 11 Aug 1913 filed	J. C. Burrus, JP

J. B. Rolan (father
  T. N. Rolan consented)
	Ora Byers	03 Aug 1913
		  11 Aug 1913 filed
			T. L. Cannon, MG

Fred Watkins	Edna Whitaker	12 Aug 1913	A. J. Crowe, JP
Oscar Etters	M. Shower	26 Jul 1913 14 Aug 1913 filed	J. A. Bishop, Judge County Court

Walter Maples (father
  W. N. Maples consented)
	Mamie West (father
	  G. W. West consented)
		13 Aug 1913
		  14 Aug 1913 filed
			B. F. Allen, JP

Samuel Darnall	Fannie B. Richard (father
	  P. M. Richard consented)
		14 Jul 1913
		  15 Aug 1913 filed
			W. A. Burke, MG

P. C. Pleasant	Dora Barton	15 Aug 1913 18 Aug 1913 filed	E. B. Phillips, JP

GROOM	BRIDE	DATE	SOLEMNIZED BY
Ab Joe	Ledora Hinson	16 Aug 1913	
		18 Aug 1913 filed	J. C. Burrus, JP

Lee Rose
  Lake Co. TN
	Myrtle Pyles
	  Lake Co. TN
		18 Aug 1913	J. C. Burrus, JP

E. J. Cook	Bessie G. King	15 Aug 1913	
		19 Aug 1913 filed	James A. Jones, JP
A. J. Steele	Mrs. Mary Nunnery	17 Aug 1913	
		19 Aug 1913 filed	P. H. Heathcock, JP
John R. Smith	Mrs. Hattie Mitchell	17 Aug 1913	
		19 Aug 1913 filed	Joseph B. Lyle, MG
P. W. Ray	Artie McDaniel (father B. G. McDaniel consented)	20 Aug 1913 21 Aug 1913 filed	J. C. Burrus, JP
John B. Coteur	Mary Myrtle McClure (father consented) (Not Recorded in Clerk's Office)	17 Aug 1913	H. W. King, MG

Boney Roberts
  Lake Co. TN
	Lillie Rose
	  Lake Co. TN
		23 Aug 1913	J. C. Burrus, JP

J. _. Edwards	Emma Myrtle Jackson (father E. D. Jackson consented)	17 Aug 1913 (?) 25 May 1913 (?)	Joel Adams, MG
Ralph McElvain	Wilma Bryant	25 Aug 1913	
		26 Aug 1913 filed	J. C. Burrus, JP

J. T. Manness
  Dunklin Co. MO
	Ethelyne Fowler
	  Dunklin Co. MO
		28 Aug 1913
		29 Aug 1913 filed
			B. F. Allen, JP

William Stanley	Josie Ledbetter	24 Aug 1913	
		29 Aug 1913 filed	J. J. Wilson, MG
Esley Bennett	Hattie Ward (father E. B. Ward consented)	30 Aug 1913 01 Sep 1913 filed	J. C. Burrus, JP
Peter Ring (father J. N. Ring consented)	Rosa Fowler	31 Aug 1913 07 Sep 1913 filed	G. M. Brooks, MG

GROOM	BRIDE	DATE	SOLEMNIZED BY
J. S. Harris	E. L. Jones	04 Sep 1913	Jos. M. Brasher, Judge of Probate
Buck Rawlston	Isona Stokes	30 Aug 1913 / 04 Sep 1913 filed	G. M. Brooks, MG
Noah Page (guardian C. R. Pierce consented)	Dovie L. Driver (father J. N. Driver consented)	31 Aug 1913 / 06 Sep 1913 filed	J. N. Ring, JP
Andrew Jones	Mattie Garrett	04 Sep 1913 / 08 Sep 1913 filed	W. S. Moore, MG
James Clark	Clara Drake	06 Sep 1913 / 08 Sep 1913	J. C. Burrus, JP
J. W. Foster	Dorothy Roach	06 Sep 1913 / 08 Sep 1913 filed	J. C. Burrus, JP
George Swift	Nora Magers (father R. A. Magers consented)	06 Sep 1913 / 09 Sep 1913 filed	Jas. T. Evitts, MG
J. T. Wyatt New Madrid Co. MO	Susie Harris New Madrid Co. MO	04 Sep 1913 / 09 Sep 1913 filed	L. A. Ruddle, JP
Eugene Jones	Lorena B. Chandler	17 Aug 1913 / 12 Sep 1913 filed	J. A. Bishop, Judge County Court
Daniel Neal	Laura Tuberville	10 Sep 1913 / 12 Sep 1913 fled	J. A. Bishop, Judge County Court
Harry Kamp	Mrs. Nina Grant (Not Recorded in Clerk's Office)	11 Sep 1913	B. F. Palmer, JP
George Davis	Ella Jackson	13 Sep 1913	Jos. M. Brasher, Judge of Probate
Elias F. Barger	Eura L. Wilson	14 Sep 1913 / 15 Sep 1913 filed	A. J. Crowe, JP
Chester Swain Crittenden Co. Ark	R. Z. Nelson Scott Co. MO	14 Sep 1913 / 15 Sep 1913 filed	G. M. Brooks, MG

GROOM	BRIDE	DATE	SOLEMNIZED BY

Freeman Firoy	Carrie Lee Corgan
	  New Madrid Co. MO
		15 Sep 1913
		  16 Sep 1913 filed
			Joel Adams, MG

W. M. Mauncy	Eliza Strothers	15 Sep 1913 16 Sep 1913 filed	A. J. Crowe, JP
Luther White	Lulu Metcalf	16 Sep 1913 17 Sep 1913 filed	A. J. Crowe, JP

Garfield Milligan
  New Madrid Co. MO
	Alice Ward	08 Sep 1913
		  17 Sep 1913 filed
			J. C. Burrus, JP

George _. Setter
  Mississippi Co. Ark
	Lydia Washer
	  Mississippi Co. Ark
		17 Sep 1913	J. C. Burrus, JP

J. M. Holt	Evie Hicks (father R. Hicks consented)	17 Sep 1913	J. C. Burrus, JP
Felet A. Secoy	Lorine Moseley	17 Sep 1913 18 Sep 1913 filed	W. F. Hudson, MG
Walter W. Phillips	Mattie Davis	17 Sep 1913 19 Sep 1913 filed	R. M. Ownby, MG

Arthur Utley (mother
  N. J. Utley consented)
	Effie Moore (grandfather
	  David Caldwell consented)
		19 Jul 1913
		  19 Sep 1913 filed
			A. L. Hall, JP

Joseph Hooker
  Mississippi Co. Ark
	Ora Mitchell
	  Mississippi Co. Ark
		19 Sep 1913	A. J. Crowe, JP

R. D. Knight	Nannie Hall	20 Sep 1913 22 Sep 1913 filed	E. H. Orear, MG
Albert Winn	Willie E. Hampton	18 Sep 1913 20 Sep 1913 filed	John E. Braswell, JP
Oliver Williams	Louisa Hicks	21 Sep 1913 23 Sep 1913 filed	R. M. Ownby, MG
Benjamin Scott	Ofie Lockard	21 Sep 1913 23 Sep 1913 filed	Thos. L. Olmstead

GROOM	BRIDE	DATE	SOLEMNIZED BY
David S. Nelson	Nellie Pairda	16 Sep 1913	
St. Louis MO	McCrackin Co. KY	24 Sep 1913 filed	J. O. Willett, MG
James Clark	Mattie Branch	20 Sep 1913	J. N. Hill, MG
	(Not Recorded in Clerk's Office)		
J. L. Bush	Fannie Pitts	24 Sep 1913	
		26 Sep 1913 filed	J. J. Wilson, MG
Thomas J. Blackwell	Florence Ezell	25 Sep 1913	
New Madrid Co. MO	New Madrid Co. MO	27 Sep 1913 filed	Stephen Zook, JP
Adam Greenwell	Lillie Metcalf	26 Sep 1913	
		19 Sep 1913 filed	F. M. Gwin, JP
Henry Allen (father	Thelma Allen (mother	27 Sep 1913	
C. S. Allen consented)	Janette Potts consented)	29 Sep 1913 filed	A. L. Hall, JP
T.C. Harralson	Mrs. Dollie Ward	29 Sep 1913	
New Madrid Co. MO	New Madrid Co. MO		A. J. Crowe, JP
Ross Sears	Blanche Corley (Conley)	29 Sep 1913	
		30 Sep 1913 filed	J. C. Burrus, JP
Hicks Lewis	Lulu Hatcher	30 Sep 1913	
Mississippi Co. Ark	Mississippi Co. Ark	02 Oct 1913 filed	J. C. Burrus, JP
Carl Peal	Georgie Harrison (father	02 Oct 1913	
	W. A. Harrison consented)	04 Oct 1913 filed	Thos. L. Olmstead, JP
John Gray	Nettie Huff	06 Oct 1913	J. C. Burrus, JP
Frank Smith	Audrey May	04 Oct 1913	
		06 Oct 1913 filed	A. J. Crowe, JP
R. W. Willard	Ethel Mosier	08 Oct 1913	
		09 Oct 1913 filed	A. J. Crowe, JP
J. W. Cribbs	Myrtie White	05 Oct 1913	
		09 Oct 1913 filed	J. C. Horton, MG
George Jarrett	Margie Slayton (father	28 Sep 1913	
	W. T. Slayton consented)	10 Oct 1913 filed	H. W. King, MG

GROOM	BRIDE	DATE	SOLEMNIZED BY

Herman Ward
  New Madrid Co. MO
	Viola Hill
	  New Madrid Co. MO
	(Not Recorded in Clerk's Office)
		07 Oct 1913	Joel Adams, MG

Joe Bauerschmidt	Anna Jordan	09 Oct 1913 10 Oct 1913 filed	B. F. Allen, JP
John B. Ward	Viola Solomon	11 Oct 1913	A. J. Crowe, JP
Albert Howard	Rosa Johnson	13 Oct 1913	J. C. Burrus, JP
J. M. Goodman Jr.	Nellie Morton	12 Oct 1913 13 Oct 1913 filed	E. B. Phillips, JP
J. W. Lee	Clara Bonds	13 Oct 1913 14 Oct 1913 filed	A. J. Crowe, JP
E. D. Tole	Mattie Taylor	12 Oct 1913 14 Oct 1913 filed	James A. Jones, JP
Joseph Shelby	Maud Delashmutt	15 Oct 1913 18 Oct 1913 filed	Allen D. Rankin, MG
Horace Payne	Willie May Blythe	18 Oct 1913	J. C. Burrus, JP
W. A. Ware	Elsie Wheeler	18 Oct 1913	J. C. Burrus, JP

Willie Shelton	Annie Nellion	15 Oct 1913
		  18 Oct 1913 filed
			Jos. M. Brasher,
			  Judge of Probate

Thomas Bain	Jinebra Crider (father A. W. Crider consented)	18 Oct 1912	J. C. Burrus, JP
Jesse Franks	Lillie Frazier	18 Oct 1913	Jos. M. Brasher, Judge of Probate
C. W. Jones	Alice Adams	15 Oct 1913	A. J. Crowe, JP

James E. Sciver
  (father A. E. Sciver consented)
  New Madrid Co. MO
	Dora D. Phillips
	  New Madrid Co. MO
		15 Oct 1913
		
		20 Oct 1913 filed
			Joel Adams, MG

John Lackand
  Mississippi Co. Ark
	Charlotte Neely
	  Mississippi Co. Ark
		19 Oct 1913
		20 Oct 1913 filed
			A. J. Crowe, JP

GROOM	BRIDE	DATE	SOLEMNIZED BY
J. S. Long	Kettie Pullman	25 Oct 1913	J. C. Burrus, JP
Burwood Ruby	Rosa Flietz	21 Oct 1913	Jos. M. Brasher, Judge of Probate
Everett McDaniel	Vera Ray (father B. G. Ray consented)	21 Oct 1913	J. C. Burrus, JP
Charley Carter Mississippi Co. Ark	Mary Dillard Mississippi Co. Ark	21 Oct 1913	Jos. M. Brasher, Judge of Porbate
Henry Murphey	Dora Laster	21 Oct 1913	J. C. Burrus, JP
Ed Fite	Minnie Steward	26 Oct 1913 28 Oct 1913 filed	L. A. Ruddle, JP
Hugh Adams	Etta McLemore	25 Oct 1913 28 Oct 1913 filed	W. F. Hudson, MG
Clyd Lloyd (father M. W. Lloyd consented) Dunklin Co. MO	Lucile Harrison	26 Oct 1913 28 Oct 1913 filed	E. N. Orear, MG
Enoch Hammond	Pricilla Wright	26 Oct 1913 (?) 25 Oct 1913 (?)	R. W. Critz, MG
J. F. Barger (mother Mrs. L. E. Barger consented)	Sallie Huey	12 Oct 1913 23 Oct 1913 filed	James A. Jones, JP
J. C. McFall	W. N. Lawrence	02 Nov 1913 03 Nov 1913 filed	James A. Jones, JP
Richard Alexander	Bertha Morgan	17 Aug 1913 05 Nov 1913 filed	W. D. Hudgens, JP
William R. Samford	Beulah Jones	02 Nov 1913 05 Nov 1913 filed	J. C. Horton, MG
Samuel Youngblood Dunklin Co. MO	Florence Patton	05 Nov 1913	Jos. M. Brasher, Judge of Probate
M. E. Drake	Zettie Bradford	04 Nov 1913 06 Nov 1913 filed	E. B. Phillips, JP

GROOM	BRIDE	DATE	SOLEMNIZED BY
Charlie Holmes	Ida Parker	08 Nov 1913	J. C. Burrus, JP
Blaine Blackwell	Pearl Wyatt	08 Nov 1913	J. C. Burrus, JP
J. W. Chains New Madrid Co. MO	Lula B. Smith	07 Nov 1913 10 Nov 1913 filed	J. K. Werkman, MG
Henry Johnson	Hattie Cooper	08 Nov 1913 10 Nov 1913 filed	A. J. Crowe, JP
Walter Kirk	Isabella Walker	10 Nov 1913 11 Nov 1913 filed	W. F. Hudson, MG
Hugh Hopkins	Mattie Potts (NOT RECORDED IN CLERK'S OFFICE)	13 Nov 1913	H. L. Champan
F. H. Rushing	Ella Kuykendall	08 Nov 1913 14 Nov 1913 filed	James A. Jones, JP
R. T. Lovitt	Pauline Newcomb	15 Nov 1913	J. C. Burrus, JP

Beverly Westbrook
  Mississippi Co. Ark
	Fannie Reeves
	  Shelby Co. TN
		17 Nov 1913	J. C. Burrus, JP

Dave Letgrate
  Dunklin Co. MO
	Mary Huggins
	  Dunklin Co. MO
		18 Nov 1913	A. J. Crowe, JP

William R. Russell	Ira Howard	18 Nov 1913 19 Nov 1913 filed	A. J. Crowe, JP
James H. Wilson	Georgie Bowens	18 Nov 1913 19 Nov 1913 filed	R. W. Critz, MG
Arthur Harkey	Ida McFarland	17 Oct 1913 21 Nov 1913 filed	T. L. Haile JP
Charles Smothers	Clara James	20 Nov 1913 21 Nov 1913 filed	J. C. Burrus, JP
Henry Shott	Sweda Famwell (father G. W. Famwell consented)	15 Nov 1913 21 Nov 1913 filed	Thos. L. Olmstead, JP
William Benthal	Ethel Barron	22 Nov 1913	J. C. Burrus, JP

GROOM	BRIDE	DATE	SOLEMNIZED BY
J. N. Love	Anna Moore	22 Nov 1913	
Mississippi Co. Ark	Mississippi Co. Ark		J. C. Burrus, JP
L. C. Christopher	Emma Leurllson	24 Nov 1913	
	Mississippi Co. Ark		J. C. Burrus, JP
James Nervill	Lena Buchanan	24 Nov 1913	
Mississippi Co. Ark	Mississippi Co. Ark		J. C. Burrus, JP
Willie Jackson	Rachell Woody	24 Nov 1913	A. J. Crowe, JP
Ollie Chism	Bertha A. George (father M. E. George consented) (NOT RECORDED IN CLERK'S OFFICE)	23 Nov 1913	H. Patterson, MG
Richard Elew (Elen)	Lucile Fritzgerald	25 Nov 1913	
Mississippi Co. Ark	Mississippi Co. Ark		J. C. Burrus, JP
Herbert Dixon	Mattie Gains	25 Nov 1913	Jos. M. Brasher, Judge of Probate
John Norvell	Hattie Beard	26 Nov 1913	
Mississippi Co. Ark	Mississippi Co. MO (?)		J. C. Burrus, JP
A. L. White	Arry Short	20 Nov 1913 26 Nov 1913 filed	W. M. Duncan, MG
W. Roy Settle	Edith Harris (guardian W. A. Green consented)	27 Nov 1913	Jos. M. Brasher, Judge of Probate
Oscar F. Bradley	Mary C. Murray	27 Nov 1913	J. C. Burrus, JP
Benj. F. Robbins	Sallie Thomas	26 Nov 1913	
New Madrid Co. MO	New Madrid Co. MO	28 Nov 1913 filed	C. D. Bray, JP
D. H. Bowman	Hannah Fitzgerald	29 Nov 1913	
Mississippi Co. Ark	Mississippi Co. Ark		A. J. Crowe, JP
E. N. Johnson	Madge Trainor	18 Nov 1913 01 Dec 1913 filed	Allen D. Rankin, MG
Henry Wagoner (mother Mrs. Emma Lester consented)	Josephine Swinford (father W. F. Swinford consented)	30 Nov 1913 01 Dec 1913 filed	J. A. Baynes, JP

GROOM	BRIDE	DATE	SOLEMNIZED BY
James H. Ratliff Scott Co. MO	Lillie M. Ellis	30 Nov 1913 02 Dec 1913 filed	L. A. Ruddle, JP
Frank Prim	Etta Hall (father Ben Hall consented)	30 Nov 1913 02 Dec 1913 filed	P. H. Heathcock, JP
William Murry	Nannie Thomas	29 Nov 1913 03 Dec 1913 filed	R. W. Critz, MG
Joseph B. Cunningham (father G. G. Cunningham consented)	Maudie Reed	01 Nov 1913 01 Dec 1913 filed	P. H. Heathcock, JP
L. C. Tidwell	Susan Ann Fisher	02 Dec 1913 03 Dec 1913 filed	A. J. Crowe, JP
V. L. Funderburk	Rosa Geff	30 Nov 1913 04 Dec 1913 filed	H. W. King, MG
Paul Mereck	Ethel Austin	30 Nov 1913 04 Dec 1913 filed	E. H. Orear, MG
Marshall Thompson	Carrie Burton	27 Oct 1913 05 Dec 1913 filed	Jos. H. Dennis, MG
Eli Hope	Gertrude Thomas (NOT RECORDED IN CLERK'S OFFICE)	05 Dec 1913	J. C. Burrus, JP
Emmett Warren	Emma Thompson	05 Dec 1913	J. C. Burrus, JP
William Powell	Elsie Gill	06 Dec 1913	J. C. Burrus, JP
Ed Wright	Martha Lake	08 Dec 1913	J. C. Burrus, JP
Robert _. Kirkpatrick	Anna L. Henson	22 Nov 1913 08 Dec 1913 filed	Thos. H. Watkins, MG
John Lowry	Lucile Jones	24 Nov 1913 08 Dec 1913 filed	R. W. Critz, MG
Alonzo Phipps	N. F. Henderson (father C. F. Henderson consented)	07 Dec 1913 10 Dec 1913 filed	W. F. Hudson, MG
Harry E. Hester	Leta May	08 Dec 1913 10 Dec 1913 filed	A. J. Crowe, JP

GROOM	BRIDE	DATE	SOLEMNIZED BY
William Gowen (guardian J. W. Heathcock consented)	Artie Jones	10 Dec 1913	Jos. M. Brasher, Judge of Probate
Charlie Banks	Sarah Jones	07 Dec 1913	T. L. Haile, JP
(NOT RECORDED IN CLERK'S OFFICE)			
B. H. Virgin	Minnie Vail	13 Dec 1913	J. C. Burrus, JP
Frank Bray	Nora Webb	07 Dec 1913 13 Dec 1913 filed	T. L. Hatley, JP
Joseph James	Lizzie Barnett	08 Dec 1913 13 Dec 1913 filed	Stephen Zook, JP
J. H. Caldwell Dunklin Co. MO	Emma Dennis Dunklin Co. MO	18 Dec 1913	Thos. F. Watkins, MG
Earl Myres Dunklin Co. MO	Tennie Jennings Dunklin Co. MO	28 Oct 1913	J. C. Burrus, JP
Frank Thomas	Blanch Farmer	25 Oct 1913 30 Oct 1913 filed	A. J. Crowe, JP
Green Hardeman	Elista Williams	18 Dec 1913 19 Dec 1913 filed	A. J. Sanders, MG
Walton Jordan	Nellie May Farris (father R. L. Farris consented)	18 Dec 1913 20 Dec 1913 filed	A. L. Hall, JP
Simon Clark	Annie Ford	20 Dec 1913	J. C. Burrus, JP
Willie Hankins	Lizzie Morefield (father A. N. Morefield consented)	14 Dec 1913 22 Dec 1913 filed	Joel Adams, MG
Henry Bradley	Lylie Summers	20 Dc 1913 22 Dec 1913 filed	J. C. Burrus, JP
William H. Barnes	Minnie Leanrue	14 Dec 1913 23 Dec 1913 filed	W. M. Cooper MG
F. H. Hundhaus	Daisy M. Manney	23 Dec 1913	Jos. M. Brasher, Judge of Probate

GROOM	BRIDE	DATE	SOLEMNIZED BY
William Napier	Lizzie Morgan	21 Dec 1913 24 Dec 1913 filed	W. D. Hudgens, JP
Franklin Cox	Tennie Holt (stepfather S. M. Dennis consented)	24 Dec 1913	Jos. M. Brasher, Judge of Probate
David Elder	Mrs. Kalie Wilson	24 Dec 1913	Jos. M. Brasher, Judge of Probate
John Queens	Ollie Nelson Dunklin Co. MO	24 Dec 1913	Jos. M. Brasher, Judge of Probate
David Stephens	Malissa Simons (father T. R. Simons consented)	24 Dec 1913 26 Dec 1913 filed	W. D. Hudgens, JP
Fay Harris	Sallie Lafferty	24 Dec 1913 27 Dec 1913 filed	L. A. Ruddle, JP
Paris Cole	Fannie Shell	25 Dec 1913 27 Dec 1913 filed	S. H. White, JP
Walter Hughes	Beulah Hart	25 Dec 1913 27 Dec 1913 filed	W. W. Ellis, MG
Elgie Macklin	Paralee Grady	24 Dec 1913	J. C. Burrus, JP
G. H. Bennett	Beulah Cushman	24 Dec 1913 26 Dec 1913 filed	J. C. Burrus, JP
Leslie C. Hobson	Lexa Myrtle Snow	27 Dec 1913 29 Dec 1913 filed	S. H. White, JP
Julia McDonald	Daisy Rozell	27 Dec 1913 29 Dec 1913 filed	J. C. Burrus, JP
T. E. Hopper	Ora Ann Rogers	20 Dec 1913 30 Dec 1913 filed	M. E. Dunnavant, JP
G. F. Reeder	Lelia Twitty	27 Dec 1913 30 Dec 1913 filed	A. J. Crowe, JP
Dan Lacewell	Virgie Walker (stepfather J. M. Neal consented)	30 Dec 1913	J. C. Burrus, JP

GROOM	BRIDE	DATE	SOLEMNIZED BY
Ernest Wilks	Nelie Bebsub	29 Dec 1913	E. H. Orear, MG
		30 Dec 1913 filed	
Ervan Norton	Susie Wyatt	31 Dec 1913	J. C. Burrus, JP
Goah Folks	Ruth E. Morefield	25 Dec 1913	
New Madrid Co. MO		01 Jan 1914 filed	W. J. Richardson, MG
John Mitchell	Lena Wilbanks	29 Dec 1913	
		03 Jan 1914 filed	John N. Ring, JP
Virgil Lee Ward	Lena Westmoreland	03 Jan 1914	J. C. Burrus, JP
Claud Howard	Mary Colbert	13 Dec 1913	
Dyer Co. TN	Dyer Co. TN	03 Jan 1913 filed	T. L. Haile, JP
S. B McGriery	Dora McRae	04 Jan 1914	
		06 Jan 1914 filed	S. H. White, JP
Ferd Johnson	Elgie Wade	01 Jan 1914	
		06 Jan 1914 filed	R. Clinton, MG
C. A. Andrews	Ethel Henderson	07 Jan 1914	
Mississippi Co. Ark	Mississippi Co. Ark	08 Jan 1914 filed	J. C. Burrus. JP
John Stubbs	Bessie Gaither	07 Jan 1914	
		10 Jan 1914 filed	E. H. Orear, MG
Edgar Joe	Carrie Fuller	04 Jun 1914	
		10 Jan 1914 filed	J. C. Burrus, JP
O. C. Hanks	Pearl Williamson	10 Jan 1914	
Izzard Co. Ark			J. C. Burrus, JP
J. D. McTheurey (McThaney)	Allie Dixon	31 Dec 1913	
		10 Jan 1914 filed	W. M. Duncan, MG
C. M. Biggs	Elizabeth Lester	15 Nov 1913	
		12 Jan 1914 filed	H. P. Little, JP
Robert Morgan	Amanda Williams	29 Dec 1913	
		12 Jan 1914 filed	H. L. Chapman, MG

GROOM	BRIDE	DATE	SOLEMNIZED BY

Saur Chism
  Mississippi Co. Ark
	Nellie Cummings
	  Mississippi Co. Ark
		30Dec 1913
		  12 Jan 1914 filed
			H. L. Chapman, MG

A. O. Brock	Cecil Davis	10 Jan 1914 12 Jan 1914 filed	B. F. Allen, JP
Ben K. Barkevitz	Rosa Kohn	11 Jan 1914 12 Jan 1914 filed	B. F. Allen, JP

William Bibbs
  Alexander Co. IL
	Katie Chapman
	  Fulton Co. KY
		12 Jan 1914	Jos. M. Brasher,
			  Judge of Probate

Mitchell Jackson
  Mississippi Co. Ark
	Rosa Porter
	  Mississippi Co. Ark
		12 Jan 1914	Jos. M. Brasher,
			  Judge of Probate

Edward Biggs	Mrs. J. E. Edrington	12 Jan 1914 13 Jan 1914 filed	T. L. Hatley, JP
Freeman R. Cole	Debra Deloris Jeffres	10 Jan 1914 15 Jan 1914 filed	E. H. Orear, MG
J. M. Glasscock	Arma Maddex	15 Jan 1914 16 Jan 1914 filed	Thos. H. Watkins, MG
Caleb R. Coleman	Flora L. Little	15 Jan 1914 16 Jan 1914 filed	Thos. H. Watkins, MG
Roy Smith	Bettie Brooks	15 Jan 1914 16 Jan 1914 filed	W. F. Hudson, MG
Fran__ Magee	Minnie Willis (father M. V. Willis consented)	17 Jan 1914	J. C. Burrus, JP

John Victory
  Mississippi Co. Ark
	Addie Coushenaule
	  Mississippi Co. Ark
		17 Jan 1914	J. C. Burrus, JP

James Wingate	Mary Robertson	20 Jan 1914 21 Jan 1914 filed	A. J. Crowe, JP
Gus McAllister	Irene Burch	17 Jan 1914 23 Jan 1914 filed	Thomas H. Watkins, MG

GROOM	BRIDE	DATE	SOLEMNIZED BY
Preston Emerson	Ella Brown (mother Susie Brown consented)	17 Jan 1914 24 Jan 1914 filed	S. C. Rodgers, MG
Stony Young	Willie Bowen	26 Jan 1914	Jos. M. Brasher, Judge of Probate
John Armstong	Ona Knight	26 Jan 1914	Jos. M. Brasher, Judge of Probate
Charles Prinson	Bertie Permenter	24 Jan 1914 27 Jan 1914 filed	A. J. Crowe, JP
Marion Bilbrey	Mattie Warren	18 Jan 1914 27 Jan 1914 filed	John T. Bruce, MG
Ellie Prewitt	Mary Snow (father I. F. Snow consented)	27 Jan 1914	J. C. Burrus, JP
Pleas Jarred	Agnes Cook (father W. A. Cook consented)	25 Jan 1914 29 Jan 1914 filed	W. T. Hudson, JP
Alvin Hester Dunklin Co. MO	Hattie Johnson Dyer Co. TN	31 Jan 1914	A. J. Crowe, JP
James Lyles Mississippi Co. Ark	Cornelia Jones Mississippi Co. Ark	26 Jan 914 31 Jan 1914 filed	J. W. Lyons, MG
L. C. Cunningham	Virgie Beard	25 Jan 1914 31 Jan 1914 filed	J. A Hardeman, MG
John Franks	Lizzie Constance	31 Jan 1914	Jos. M. Brasher, Judge of Probate
Willis Matheny Mississippi Co. Ark	Lizzie Tate Mississippi Co. Ark	02 Feb 1914	J. C. Burrus, JP
E. F. Lyon	Myrtle Farrell	31 Jan 1914 03 Feb 1914 filed	W. M. Randolph, MG
Louis Yeates New Madrid Co. MO	Blanch Simpson (mother Gertie Simpson consented)	03 Feb 1914 05 Feb 1914 filed	J. M. Thompson, JP

GROOM	BRIDE	DATE	SOLEMNIZED BY
Orvill Toon (father G. W. Toon consented)	Grace Cooper	10 Nov 1913 06 Feb 1914 filed	P. Lyons, Cath. Priest
Carl Coleman	Elva Limbaugh	06 Feb 1914 07 Feb 1914 filed	Chas. H. Wilkins, MG
J. E. McFall	Lula Davis	09 Feb 1914 10 Feb 1914 filed	A. J. Crowe, JP
Raymond Roundtree	Flora Brantley McCracken Co. KY	09 Feb 1914 11 Feb 1914 filed	J. H. Hickerson, JP
Arch Richards	May London	11 Feb 1914	J. C. Burrus, JP
Green Hamilton	Mrs. Lou Dunn	02 Feb 1914	B. F. Palmer, JP
R. L. James	Delia Crowell	14 Feb 1914	J. C. Burrus, JP
Ernest Fowlks	Mamie Brown	16 Feb 1914	P. C. Johnson, MG
John Jones	Clara Peston	18 Feb 1914	J. C. Burrus, JP
Albert Belch	Docia Richardson Craighead Co. MO (?)	15 Feb 1914 21 Feb 1914 filed	John N. Ring, JP
A. C. Lester	Callie Henderson	22 Feb 1914 23 Feb 1914 filed	Thos. H. Watkins, MG
T. C. Chamberlain Lake Co. TN	Phoeba Tate Lake Co. TN	21 Feb 1914 24 Feb 1914 filed	A. J. Crowe, JP
John Robertson	Bertha Williams	23 Feb 1914 24 Feb 1914 filed	A. J. Crowe, JP
Burrell Donalson	Georgie Nicholson	23 Feb 1914 26 Feb 1914 filed	Sam Piggee, MG
Erva Williams	Cordie Abbott (father J. K. Abbott consented)	25 Feb 1914 27 Feb 1914 filed	S. H. White, JP
W. T. Teroy	Katie McIntosh	25 Feb 1914 27 Feb 1914 filed	E. H. Orear, MG
Joseph Haynie Mississippi Co. Ark	Alice Young Mississippi Co. Ark	28 Feb 1914	J. C. Burrus, JP

GROOM	BRIDE	DATE	SOLEMNIZED BY
E. Jefferson Green (father W. Green consented)	Allie A. Peirce (father Chas. Peirce consented)	01 Mar 1914 02 Mar 1914 filed	W. M. Randolph, MG
Wade Tucker New Madrid Co. MO	Cora Bizzell New Madrid Co. MO	28 Feb 1914 02 Mar 1914 filed	J. C. Burrus, JP
John Hall (father G. W. Hall consented)	Mary McMullens	28 Feb 1914 02 Mar 1914 filed	R. L. Story, MG
Frank Talley	Ella James (father Oscar James consented)	14 Mar 1914 (?) 02 Mar 1914 (?) filed	J. E. Evans, MG
Norman Hicks	Allie Donley	01 Mar 1914 03 Mar 1914 filed	James A. Jones, MG
Dustin Wilks	Fessie Bridgwood	17 Feb 1914 09 Mar 1914 filed	P. C. Lyons, Cath. Priest
Seth Rudy	Rose Eason	07 Mar 1914 09 Mar 1914 filed	A. J. Crowe, JP
Cale Taylor	Gertrude Slayton (mother Mrs. Lura Allison consented)	01 Mar 1914 10 Mar 1914 filed	Thos. L. Olmstead, JP
Mark Fentman	Dora Ingle	07 Mar 1914 09 Mar 1914 filed	J. J. Wilson, MG
Will Porter Mississippi Co. Ark	Ola Brown Mississippi Co. Ark	09 Mar 1914 10 Mar 1914 filed	Jos. M. Brasher, Judge of Probate
Sidney Ellis Mississippi Co. Ark	Katie Dyson Mississippi Co. Ark	09 Mar 1914 10 Mar 1914 filed	Jos. M. Brasher Judge of Probate
Richard Hall	Meekie Kelson	11 Mar 1914 12 Mar 1914 filed	J. C. Burrus, JP
Will Woodward	Georgie McGoy	08 Mar 1914 13 Mar 1914 filed	Richard Clinton, MG
Walter Hatley	Maggie Vail	12 Mar 1914 14 Mar 1914 filed	T. L. Hatley, JP

GROOM	BRIDE	DATE	SOLEMNIZED BY
O. M. Kelley	Brooksie Gordon	15 Mar 1914 16 Mar 1914 filed	Jos. M. Brasher, Judge of Probate
William Rye	Della Chambers	07 Mar 1914 14 Mar 1914 filed	H. C. Chapman, MG
Coleman Slarings	Hettie Sledge	15 Mar 1914 18 Mar 1914 filed	W. D. Hudgens, JP
Frank Crawford	Aussellah Sands	18 Mar 1914	J. C. Burrus, JP
Nelson Chappel	Corinne Johnson	13 Mar 1914 20 Mar 1914 fled	A. L. Hall, JP

Charlie Richardson
  Mississippi Co. MO
	Ella May Ash (father
	  J. P. Ash consented)
		18 Mar 1914
		19 Mar 1914 filed
			T. L. Hatley, JP

George Sims	Mary Cox	20 Mar 1914 21 Mar 1914 filed	B. F. Allen, JP
James A. Brown	Dell Phina Holly	26 Mar 1914 28 Mar 1914 filed	E. B. Phillips, JP

Martin Hobbs
  Dunklin Co. MO
	Sallie Wallace
	  Dunklin Co. MO
		28 Mar 1914	A. J. Crowe, JP

Claud Fisher
  Lake Co. TN
	Mattie Ward
	  Lake Co. TN
		28 Mar 1914
		30 Mar 1914 filed
			J. C. Burrus, JP

Henry Williams	Lula Broom (NOT RECORDED IN CLERK'S OFFICE)	28 Mar 1914	J. C. Burrus, JP
E. B. Crenshaw	Ella Evans	01 Apr 1914	J. C. Burrus, JP

Lewis McCory
  Scott Co. MO
	Maude Davis
	  Scott Co. MO
		31 Mar 1914
		01 Apr 1914 filed
			Thos. Watkins, MG

Thos. H. Bloomer
  St. Louis. MO
	Mrs. Mary Batchelder
	  St. Louis, MO
		03 Apr 1914	Jos. M. Brasher,
			Judge of Probate

Oscar Phoenix	Maggie Patrick (stepfather A. K. Keen consented)	04 Apr 1914 06 Apr 1914 filed	W. D. Hudgens, JP

GROOM	BRIDE	DATE	SOLEMNIZED BY
William Green	Maggie Green	06 Apr 1914	E. A. McKinney, MG
T. M. Parker	Ella Barger	07 Apr 1914	
		08 Apr 1914 filed	Thos. H. Watkins, MG
Ross V. Frayser	Millie Belford	08 Apr 1914	
Hardin Co. IL	Pope Co. IL	09 Apr 1914 filed	Thos. H. Watkins, MG
Henry Collins	Oma Copus	11 Apr 1914	J. C. Burrus, JP
Earl Crecelius	Lelia Merick	05 Apr 1914	
		11 Apr 1914 filed	A. N. Burrus, MG
Lanshion Robinson	Lottie Fishback	11 Apr 1914	Jos. M. Brasher,
Mississippi Co. Ark	Mississippi Co. Ark		Judge of Probate
William H. Toley	Minnie Watts	11 Apr 1914	J. C. Burrus, JP
Dan Powell	Dora Cunningham	13 Apr 1914	J. C. Burrus, JP
W. C. Edwards	Willie Harkey	12 Apr 1914	
	Dunklin Co. MO	14 Apr 1914 filed	W. F. Hudson, MG
Edwin R. Humphrey	Neva C. Brown (father	12 Apr 1914	
	Clark Brown consented)	15 Apr 1914 filed	W. M. Randolph, MG
Andrew Mathis	Ad Jackson	04 Apr 1914	
		17 Apr 1914 filed	S. C. Rogers, MG
Frank Gestrig	Virgie Wells	18 Apr 1914	Jos. M. Brasher,
			Judge of Probate
Purl Baird	Anna Wheeler	18 Apr 1914	Jos. M. Brasher,
			Judge of Probate
Walter Northcut	Ona Long	18 Apr 1914	Jos. M. Brasher
			Judge of Probate
Harry Higgins	Modena Wright	18 Apr 1914	Jos. M. Brasher,
			Judge of Probate
Mose Leek (Luk)	Carrie Buthey	20 Apr 1914	Jos. M. Brasher
Mississippi Co. Ark	Mississippi Co. Ark		Judge of Probate

GROOM	BRIDE	DATE	SOLEMNIZED BY

Clyde Smith
  New Madrid Co. MO
	Bertha Meadows
	  New Madrid Co. MO
		20 Apr 1914	Jos. M. Brasher,
			  Judge of Probate

John H. Everett	Hannah Bell Bantes	05 Apr 1914 20 Apr 1914 filed	T. L. Haile, JP
Joe L. Bailey	Oma Carr	18 Apr 1914 21 Apr 1914 filed	A. J. Crowe, JP
Cecil C. Ashley	Birdie L. Smith	22 Apr 1914 23 Apr 1914 filed	A. J. Crowe, JP
Walter A. Barnes	Ora Meredith	22 Apr 1914 24 Apr 1914 filed	P. H. Heathcock, JP
Roy Marshall	Roma Hastings	25 Apr 1914	Jos. M. Brasher, Judge of Probate

Henry Clark
  Mississippi Co. Ark
	Nina Thomas
	  Mississippi Co. Ark
		27 Apr 1914	J. C. Burrus, JP

Netler Henson	Caroline Kemper	27 Apr 1914	A. J. Crowe, JP

Ike Salinger
  Craighead Co. Ark
	Minnie Ponder
	  Craighead Co. Ark
		29 Apr 1914
		  30 Apr 1914 filed
			W. A. Green, Presiding
			  Judge County Court

Lirt Loyd
  Stoddard Co. MO
	Agesess Rupple
	  Stoddard Co. MO
		30 Apr 1914	J. C. Burrus, JP

Mark Faught
  Mississippi Co. Ark
	Mamie Allman
	  Mississippi Co. Ark
		30 Apr 1914
		  04 May 1914 filed
			Jos. M. Brasher,
			  Judge of Probate

Henry Harvey	Medie Caroway
	  Mississippi Co. Ark
		03 May 1914
		  04 May 1914 filed
			J. C. Burrus, JP

Charlie Baker	Myrtle Hicks	28 Apr 1914 05 May 1914 filed	J. A. Hardeman, MG
Nathan Bailey	Mattie Campbell	29 Apr 1914 07 May 1914 filed	S. C. Rodgers, MG

GROOM	BRIDE	DATE	SOLEMNIZED BY
Henry Minger	Anna Nose	02 May 1914	
		07 May 1914 filed	S. C. Rodgers, MG
Charley Fisher	Annie Stubbs	09 May 1914	J. C. Burrus, JP
Mike Morris	Lillian Fins	12 May 1914	
		14 May 1914 filed	T. L. Haile, JP
Lucy Poplin	Johnnie Furr	16 May 1914	
		18 May 1914 filed	A. J. Crowe, JP
James Lancaster	Myrtle Williams	16 May 1914	
New Madrid Co. MO		18 May 1914 filed	J. C. Burrus, JP
George Lester	Camilla Fedder	16 May 1914	
		18 May 1914 filed	J. C. Burrus, JP
George Mitchell	Janie Taytlor	22 May 1914	
Mississippi Co. Ark	Mississippi Co. Ark		J. C. Burrus, JP
Finis Walker	Zola Shaw	23 May 1914	
Lake Co. TN	Lake Co. TN		J. C. Burrus, JP
James Bradshaw	Emma Paisley	25 May 1914	A. J. Crowe, JP
Abraham Taylor	Daily Miller	27 May 1914	J. C. Burrus, JP
Clyde Reeves	Nettie Gaither	28 May 1914	
		29 May 1914 filed	Allen D. Ranken, MG
Willie Trantham	Mamie Caloway	10 May 1914	
		30 May 1914 filed	J. M. Stromire, MG
W. W. Gordon	Jessie Morris	30 May 1914	
		01 Jun 1914 filed	J. C. Burrus, JP
J. L. Bates	Eva Cox	01 Jun 1914	
Mississippi Co. Ark	Mississippi Co. Ark		J. C. Burrus, JP
Ernest Crockett	Maggie Drake	31 May 1914	
		02 Jun 1914 filed	H. Patterson, MG
C. R. Thickson	M. L. Johnson	02 Jun 1914	
Champaign Co. IL			J. C. Burrus, JP

GROOM	BRIDE	DATE	SOLEMNIZED BY

Neah Frazer
  Randolph Co. IL
	Della Rice (stepfather
	  Fred Crowder consented)
		01 Jun 1914
		03 Jun 1914 filed
			H. A. Showmaker, MG

B. D. Robinson	Georgie Shoptaugh	31 May 1914 03 Jun 1914 filed	E. H. Orear, MG
W. L. Ward Mississippi Co. Ark	Nesuia Crenshaw	03 Jun 1914	J. C. Burrus, JP
John R. Mead	Mrs. Kate Lawrence	28 May 1914 03 Jun 1914 filed	E. H. Orear, MG

M. L. Lindsey
  Dunklin Co. MO
	Mary E. Pruett
	  Dunklin Co. MO
		06 Jun 1914
		08 Jun 1914 filed
			Jos. M. Brasher,
			  Judge of Probate

Luther S. Rose	Alice Corbett	08 Jun 1914	J. C. Burrus, JP
A. L. Thurston	Edith W. McCawley	08 Jun 1914	Jos. M. Brasher, Judge of Probate
T. B. Lipscomb	L. A. Webb	05 Jun 1914 09 Jun 1914 filed	James A. Jones, JP
Geo. Lyon Scott Co. MO	Ida Baker	07 Jun 1914 12 Jun 1914 filed	W. F. Judson, MG
Reubin G. Bettis (Bates)	May C. Harris Lake Co. IL (?)	13 Jun 1914 15 Jun 1914 filed	W.M. Randolph, MG

Richard M. Newcomb
  Dunklin Co. MO
	Etta A. Harris
	  Dunklin Co. MO
	(NOT RECORDED/FILED IN CLERK'S OFFICE)
		15 Jun 1914	J. C. Burrus, JP

William Kirkland	Rachel Bradford	15 Jun 1914	J. C. Burrus, JP
Thurman Duncan	Neoma Freece (Treece) (father I. A. Treece consented)	13 Jun 1914 16 Jun 1914 filed	John E. Braswell, JP
William J. Fitzmaurice	Martha B. Russell	25 May 1914 16 Jun 1914 filed	W. Schulte, Cath. Priest
John Green	Carrie Smith	16 Jun 1914	E. A. McKinney, MG

GROOM	BRIDE	DATE	SOLEMNIZED BY
N. Evans (mother Mrs. P. C. Evans consented)	Myrtle L. Bass (father E. O. Bass consented)	16 Jun 1914 17 Jun 1914 filed	J. C. Burrus, JP
Ira Cullum Dunklin Co. MO	Ora Dacus New Madrid Co. MO	16 Jun 1914 (?) 15 Jun 1914 (?) filed	H. Patterson, MG
James Edwards Clay Co. Ark	Ella Robertson Clay Co. Ark	20 Jun 1914	J. C. Burrus, JP
James Nevels	Bessie Elmo	16 Jun 1914 20 Jun 1914 filed	Willie James Gray, MG
Don E. Shoemaker	Maggie Malissa Bunting	19 Jun 1914 20 Jun 1914 filed	B. F. Allen, JP
A. V. Eachus Scott Co. MO (Married in Scott Co. MO)	Amanda McDonaugh Scott Co. MO	17 Jun 1914 20 Jun 1914 filed	J. B. Swanner, MG
Henry Stokeley	Bertha Plumlee (Plumble)	02 Jun 1914 20 Jun 1914 filed	R. L. Story, MG
Sam Hampton	Lillie Swift (father J. Swift consented)	20 Jun 1914 23 Jun 1914 filed	J. L. Wolverton, MG
Archie Adair	Beulah Kelley (father T. J. Kelley consented)	24 Jun 1914	Jos. M. Brasher, Judge of Probate
Sam Dillender Scott Co. MO	Agnes E. Barnhart (mother Sarah M. Barnhart consented)	25 Jun 1914	Jos. M. Brasher, Judge of Probate
John Elledge	Alice Sutton	24 Jun 1914 25 Jun 1914 filed	F. M. Gwin, JP
Frank Geary	Susan Bady (Bader)	07 Jun 1914 25 Jun 1914 filed	John T. Bruce, MG
Clarence Daugherty Dunklin Co. MO	Anna Dodson Dunklin Co. MO	30 Jun 1914	J. C. Burrus, JP
H. C. Schick	Stella Milenourth	09 Jan 1914	J. C. Burrus, JP

GROOM	BRIDE	DATE	SOLEMNIZED BY
A. L. Jordan	Nannie B. Joslin (father T. A. Joslin consented	12 Apr 1914 01 Jul 1914 filed	James A. Jones, JP
B. E. Jenkins	Freena M. Morgan (father F. H. Morgan consented)	28 Jun 1914 01 Jul 1914 filed	R. M. Ownly, MG
C. E. Cole	Louise Denning	28 Jun 1914 01 Jul 1914 filed	R. M. Owney, MG
Ambrus Jones	Cornelis Hobbs	03 Jul 1914	J. C. Burrus, JP
George A. Klinkhardt	Fannie B. Anglin (father J. N. Anglin consented)	02 Jul 1914 04 Jul 1914 filed	F. M. Gwin, JP
Wade H. Wease Dunklin Co. MO	Lela Tuckle Dunklin Co. MO	04 Jul 1914 06 Jul 1914 filed	Thos. Watkins, MG
Towney Curry	Ella Hill	03 Jul 1914 06 Jul 1914 filed	W. F. Hudson, MG
William Rose	Caroline Duke	20 Jun 1914 06 Jul 1914 filed	E. D. Hill, MG
J. Lair Mississippi Co. Ark	Mellie C. Mathews Mississippi Co. Ark	04 Jul 1914 07 Jul 1914 filed	W. F. Hudson, MG
D. Wilson	Lucile Williams	04 Jul 1914 07 Jul 1914 filed	A. J. Crowe, JP
James Allen	Lucinda Atkins	06 Jul 1914 07 Jul 1914 filed	Jos. M. Brasher, Judge of Probate
Ross Walker	Florence Carr	07 Jul 1914 09 Jul 1914 filed	Chas. H. Green, MG
Richard Hall Mississippi Co. Ark	Bertha Jones Dunklin Co. MO	12 Jul 1914 13 Jul 1914 filed	J. C. Burrus, JP
Robert Bruce	Bessie Patterson	11 Jul 1914 13 Jul 1914 filed	Thos. H. Watkins, MG
R. A. Kellon	Annie L. Lowery	12 Jul 1914 13 Jul 1914 filed	Thos. L. Olmstead, JP

GROOM	BRIDE	DATE	SOLEMNIZED BY

U. J. Jordon
  Dunklin Co. MO
	Ella Pierce
	  Dunklin Co. MO
		13 Jul 1914	Jos. M. Brasher,
			  Judge of Probate

Grant Shaw	Emma Wade	16 Jul 1914	J. C. Burrus, JP

Walter Kirk	Alice Bures (mother
	  Sallie Burres consented)
		16 Jul 1914
		  17 Jul 1914 filed
			W. F. Hudson, MG

C. Finnigan	Anna Rowan	16 Jul 1914	J. C. Burrus, JP

Charles Lynn
  Mississippi Co. Ark
	Edith Davis
	  Pemiscot Co. Ark (?)
		18 Jul 1914	J. C. Burrus, JP

R. F. Robison	M. L. Robinson	19 Jul 1914	J. C. Burrus, JP

Ned Cowart
  Dunklin Co. MO
	Elsie Aford	19 Jul 1914
		  20 Jul 1914 filed
			W. F. Henson, JP

Alfred Anderson	Hattie Buch____	18 Jul 1914 23 Jul 1914 filed	J. A. Hardeman, MG
Jesse Barksdale	Ollie Strode (mother Mabel Strode consented)	22 Jul 1914	J. C. Burrus, JP
J. J. Summers	Mrs. Rosa Edwards	22 Jul 1914	B. F. Allen, JP

A. W. Graham
  Craighead Co. Ark
	Alma Thompson
	  Mississippi Co. Ark
		22 Jul 1914
		  23 Jul 1914 filed
			Thos. L. Olmstead, JP

Robert Middleton	Clara Adams	07 Jul 1914 25 Jul 1914 filed	T. L. Haile, JP

Edward Perdue	Effie Jones (father
	  J. W. Jones consented)
		25 Jul 1914
		  27 Jul 1914 filed
			J. C. Burrus, JP

W. L. Stinnett	Mandie Fuller (mother Mrs. M. J. Fuller consented)	27 Jul 1914	J. C. Burrus, JP
Ed. T. Aldridge	Rosa Arnold	26 Jul 1914 (?) 25 Jul 1914 (?)	Oscar T. Wilson, MG

C. C. McCants (father
  Frank McCants consented)
	Maggie Lee Eddington (father)
	  J. H. Eddington consented)
		02 Aug 1914
		  03 Aug 1914 filed
			B. F. Allen, JP

Joe Garrett	Lizzie Brader	03 Aug 1914	P. J. Johnson, MG

GROOM	BRIDE	DATE	SOLEMNIZED BY
Leo Ash	Beulah Rooker	02 Aug 1914 04 Aug 1914 filed	S. H. White, JP
Jonah Garrett	Mrs. Nannie Willie (Willis)	31 Jul 1914 04 Aug 1914 filed	R. M. Ownley, MG
Abe Wilson	Delia Freeman	18 Apr 1914 06 Aug 1914 filed	J. H. Martin, MG
Arthur D. Sherwood	Ethel Emory	05 Apr 1914 06 Aug 1914 filed	J. H. Martin, MG
Mitchell Hogan (guardian W. E. Malone consented)	Retta M. Thomas	13 Aug 1914 15 Aug 1914 filed	J. W. Simmons, JP
W. D. Comins	Gertie Sullivan	14 Aug 1914 15 Aug 1914 filed	A. J. Crowe, JP
Jesse N. Russell	Lula Argo	15 Aug 1914 17 Aug 1914 filed	B. F. Allen, JP
Johnie Ourus	Lillie May Johnston Dyer Co. TN	18 Aug 1914 19 Aug 1914 filed	J. C. Burrus, JP
J. H. Young	M. A. Matthews	19 Aug 1914 (?) 18 Aug 1914 (?)	J. C. Burrus, JP
Memory Mitchell Mississippi Co. Ark	Effie Smith Mississippi Co. Ark	18 Aug 1914 19 Aug 1914 filed	J. C. Burrus, JP
Jordan Jones Witnesses: Rev. Clinton, Mrs. Rosa Hose, J. H. Thomas & ___ Belford	Kezzie Wadlington	08 Aug 1914 19 Aug 1914 filed	W. S. Moore, MG
Thomas W. Curteur	Agnes Allen	17 Aug 1914 20 Aug 1914 filed	J. C. Burrus, JP
C. G. Peterson	Myra Hampton	26 Jul 1914 21 Aug 1914 filed	John E. Braswell, JP
E. L. Morgan (father C. R. Morgan consented)	Hattie B. Shinsherg (Shinshers)	23 Aug 1914 24 Aug 1914 filed	James A. Jones, JP

GROOM	BRIDE	DATE	SOLEMNIZED BY
D. C. Wheeler	Margaret Graham (father Alfred Graham consented)	21 Aug 1914 26 Aug 1914 filed	Thos. L. Olmstead, JP
L. P. Ruig	Mary Simmons	15 Aug 1914 27 Aug 1914 filed	J. M. Stromire, MG
Joseph Ashbury	Emma Lorius (Lovius)	26 Aug 1914 27 Aug 1914 filed	W. A. Burke, MG
A. D. Brim, Jr.	Della Rhoads	31 Aug 1914	J. C. Burrus, JP
Barney Daley (mother Mrs. E. Daley consented)	Eva Edmondson	28 Aug 1914 31 Aug 1914 filed	J. W. Simons, JP
J. L. Clarkson	Ethel G. Slagle Bollinger Co. MO	30 Aug 1914 01 Sep 1914 filed	T. G. Gaither, MG
George Burris	Mrs. Addie Thompson	03 Sep 1914 04 Sep 1914 filed	J. C. Burrus, JP
Sherill Denning Dunklin Co. MO	Edith Carlen (Corlen) (father George Carlen consented) Dunklin Co. MO	05 Sep 1914 07 Sep 1914 filed	J. C. Burrus, JP
J. C. Quick Lake Co. TN	Gertrude Rose Lake Co. TN	08 Sep 1914	J. C. Burrus, JP
Charlie Brown Lake Co. TN	Evaline Marlow	08 Sep 1914	Jos. M. Brasher, Judge of Probate
Brown Pearson	Ethel Shelton	05 Sep 1914 09 Sep 1914 filed	A. L. Hall, JP
W. E. Cagle	Lettie Kirksey	10 Sep 1914	J. C. Burrus, JP
W. M. Darnall	Phenie Higgins	10 Sep 1914 11 Sep 1914 filed	A. J. Crowe, JP
Frank Ellison	Lou Sandage (NOT RECORDED IN CLERK'S OFFICE)	14 Sep 1914	H. A. Showmaker, MG
Avery Burton	Azlee Crowell	12 Sep 1914 16 Sep 1914 filed	Thomas L. Olmstead, JP

GROOM	BRIDE	DATE	SOLEMNIZED BY
William Dunavan	Goldie Summers	12 Sep 1914	
		17 Sep 1914 filed	M. E. Dunavant, JP
W. J. Edwards	Mrs. Sarah Nebughrs	04 Sep 1914	
		19 Sep 1914 filed	E. H. Orear, MG
Don Jennings	Poris Shine	12 Sep 1914	
		23 Sep 1914 filed	J. C. Burrus, JP
C. C. Ray	Belle Reed	22 Sep 1914	J. C. Burrus, JP
Jesse J. McAnally	Nora Bush	23 Sep 1914	
		25 Sep 1914 filed	J. J. Wilson, MG
W. A. Tate	Anna May Hall	28 Sep 1914	
Lake Co. TN	Lake Co. TN		J. C. Burrus, JP
Jock Platt	Lillie May Pounds	29 Sep 1914	Jos. M. Brasher, Judge of Probate
Danton Steele	Mary Lee Gibbs	28 Sep 1914	
		30 Sep 1914 filed	W. F. Hudson, MG
W. L. Wyatt	Sadie Ward	26 Sep 1914	
		30 Sep 1914 filed	M. E. Dunavant, JP
Arthur Jones	Pearl Woods	14 Sep 1914	
		02 Oct 1914 filed	T. L. Haile, JP
Willie Laster	Clara Flippo	21 Sep 1914	
		02 Oct 1914 filed	T. L. Haile, JP
Albert Light	Beulah Branch	24 Sep 1914	
Dyer Co. TN	Dyer Co. TN	02 Oct 1914 filed	T. L. Haile, JP
Charles Smith	Lila Row	02 Oct 1914	
		03 Oct 1914 filed	B. F. Allen, JP
Noah Stallon	Lavinia Harris	03 Oct 1914	J. C. Burrus, JP
Edgar Frakes	Eulice LaRue	26 Sep 1914	
		05 Oct 1914 filed	A. P. Mitchell, MG

GROOM	BRIDE	DATE	SOLEMNIZED BY
Will Low	Minnie Swipes	04 Oct 1914	
		06 Oct 1914 filed	E. A. McKinney, MG
Elbert White	Alice Johnson	05 Oct 1914	
Mississippi Co. Ark	Mississippi Co. Ark	07 Oct 1914 filed	John H. Boone, MG
Ca__it James	Ollie Lester (father	08 Oct 1914	
	H. C. Lester consented)	10 Oct 1914 filed	P. H. Heathcock, JP
Edward Tarleton	Carlis Gordon	10 Oct 1914	
		12 Oct 1914 filed	J. C. Burrus, JP
Ed Carman	Vera Lemond (father	14 Oct 1914	
	W. H. Lemond consented)	15 Oct 1914 filed	T. L. Hatley, JP
Finis Shadrick	Theresa (Thena) Williams	14 Oct 1914	
		17 Oct 1914 filed	A. L. Hall, JP
J. N. Lewis	Ida Ferguson (mother	13 Oct 1914 (?)	
	Minnie Lamp consented)	04 Oct 1914 (?)	B. F. Allen, JP
Omar Stinnett	Eda Wilson	17 Oct 1914	
		19 Oct 1914 filed	E. H. Orear, MG
Henry Wilson	Ida Morgan	17 Oct 1914	
	Dunklin Co. MO	19 Oct 1914 filed	E. H. Orear, MG
Joe Taylor	Willie Heins	19 Oct 1914	Jos. M. Brasher, Judge of Probate
Walter Shepard	Mrs. Eva Godair	18 Oct 1914	
		20 Oct 1914 filed	J. F. Jones, MG
S. H. Rice	Mary E. Brumley	18 Oct 1914	
		20 Oct 1914 filed	E. H. Orear, MG
Eddie Johnson	Lelia Darnold	17 Oct 1914	
Mississippi Co. Ark	Mississippi Co. Ark	24 Oct 1914 filed	E.Z. Hunt, MG
George Armstrong	Ernest Chandler	24 Oct 1914	J. C. Burrus, JP
R. L. Friend	Lucy York	27 Oct 1914 (?)	
		24 Oct 1914 (?)	J. C. Burrus, JP

GROOM	BRIDE	DATE	SOLEMNIZED BY
M. L. Stroud	Raye Nevil	20 Oct 1914	
		28 Oct 1914 filed	E. H. Orear, MG
Shelby Lester	Lucy Johnston	28 Oct 1914	Thomas H. Watkins, MG
Warner Fisher	Della Glass	28 Oct 1914	S. H. Steele, JP
J. C. Gallaher	Mary Long (mother Mrs. J. D. Long consented)	25 Oct 1914 29 Oct 1914 filed	T. L. Hatley, JP
Walter Thomas	Maggie Glass (mother Mrs. Alice Thomas consented)	22 Oct 1914 30 Oct 1914 filed	J. A. Baynes, JP
James Simons New Madrid Co. MO	Sidney Freece (Treece)	03 Oct 1914 31 Oct 1914 filed	J. C. Burrus, JP
Rhomie Mason	Anna Watson	01 Nov 1914 02 Nov 1914 filed	J. C. Burrus, JP
Sidney Taylor	Mary Newton	30 Oct 1914	A. J. Crowe, JP
Robert Glen	Ida Clayton	25 Oct 1914 30 Oct 1914 filed	John H. Brown, MG
John H. Hicks	Ada Barnwell	27 Oct 1914 02 Nov 1914 filed	C. L. Bryson, JP
Thomas J. Long	Anna J. Clifton	01 Nov 1914 03 Nov 1914 filed	T. L. Hatley, JP
J. E. Brewer	Corda B. Graham	01 Nov 1914 03 Nov 1914 filed	T. L. Hatley, JP
George H. Thurston	Mary Hurst	30 Oct 1914 03 Nov 1914 filed	W. J. Gray, MG
William T. Nethery	Martha Ceri__ Merritt	17 Sep 1914 04 Nov 1914 filed	W. J. Williamson, MG
John Paxton	Nancy Hood	02 Nov 1914 05 Nov 1914 filed	B. F. Allen, JP
Charlie Clark	Gertrude Harris	29 Sep 1914 05 Nov 1914 filed	B. F. Palmer, JP

GROOM	BRIDE	DATE	SOLEMNIZED BY
Charlie Mathenia	Etta Sanders (Mother Mrs. Icey Sanders consented)	01 Nov 1914 06 Nov 1914 filed	W. M. Cooper, MG
P. W. Duffey Shelby Co. TN	Ruth Miles	18 Sep 1914 7 Nov 1914 filed	J. C. Burrus, JP
James Jones	Adlay Heard	09 Nov 1914 10 Nov 1914 filed	L. R. Watkins, JP
Henry F. Gestring	Mrs. Lester Phillips	09 Oct 1914 10 Nov 1914 filed	W. W. Corbett, JP
DeWitt Davis	Annie L. Ball	11 Nov 1914 12 Nov 1914 filed	J. A. Hardeman, MG
Willie Blevins	Lillie M. Wade (father J. M. Wade consented)	05 Nov 1914 14 Nov 1914 filed	W. M. Duncan, MG
Mose Williams Lake Co. TN	Bertha Morgan Lake Co. TN	14 Nov 1914	L. R. Watkins, JP
Jesse Davenport	Lenoria Collins	26 Oct 1914 16 Nov 1914 filed	H. L. Chapman, MG
Elmer Jones	Viola Newell (Norvell)	11 Oct 1914 16 Nov 1914 filed	John E. Braswell, JP
Edward Crevisour New Madrid Co. MO	Sallie Muse (Meese) New Madrid Co. MO	16 Nov 1914	L. R. Watkins, JP
Howard DePriest (mother Sallie DePriest consented)	Pearl Dockery	15 Nov 1914 16 Nov 1914 filed	L. R. Watkins, JP
C. H. Duckworth	Frannie Bobo (Babb)	06 Nov 1914 17 Nov 1914 filed	E. H. Orear, MG
Press Downing	Rosa Ferguson	15 Nov 1914 18 Nov 1914 filed	J. L. Cannon, MG
L. R. Corness (Covness)	M. L. Todd	12 Nov 1914 19 Nov 1914 filed	W. M. Cooper, MG

GROOM	BRIDE	DATE	SOLEMNIZED BY
Care Haggard	Bertha Brownfield (father F. M. Brownfield consented)	14 Nov 1914 20 Nov 1914 filed	James A. Jones, JP
W. H. Barham	Fay Ona Lashot (mother Eva Lashot consented)	22 Nov 1914 23 Nov 1914 filed	W. W. Corbett, JP
Ky Cooper Dunklin Co. MO	Alpha Polin Dunklin Co. MO	21 Nov 1914 23 Nov 1914 filed	L. R. Watkins, JP
Ike Jackson	Evaline Christian	21 Nov 1914 30 Nov 1914 filed	A. R. West, JP
Marlin Young	Lelia Earnhart	29 Nov 1914 30 Nov 1914 filed	L. R. Watkins, JP
Jackson Parnell	Bell Griffin Mississippi Co. Ark	30 Nov 1914	Jos. M. Brasher, Judge of Probate
Harvey Jones Mississippi Co. Ark	Henrietta Clark Mississippi Co. Ark	01 Dec 1914	Jos. M. Brasher, Judge of Probate
Joe Wagner	Beulah Duval (stepfather O. M. Teal consented) (NOT RECORDED IN CLERK'S OFFICE)	05 Dec 1914	L. R. Watkins, JP
J. P. Sisk Mississippi Co. Ark	Annie Copland Mississippi Co. Ark	01 Dec 1914 08 Dec 1914 filed	W. F. Hudson, MG
O. C. Martin	Delma Williams	08 Nov 1914 12 Dec 1914 filed	P. H. Heathcock, JP
Willis Thomas	Rosa Peek (NOT RECORDED IN CLERK'S OFFICE)	08 Dec 1914	L. R. Watkins, JP
Albert L. Godair	Mary Morgan	06 Nov 1914 12 Dec 1914 filed	W. W. Ellis, MG
James Clayton (father J. R. Clayton consented)	Corda Clifton (father J. D. Clifton consented)	09 Dec 1914 12 Dec 1914 filed	J. W. Bracy, JP
James Dunn	Alpha Woodward	10 Dec 1914 12 Dec 1914 filed	P. H. Heathcock, JP

GROOM	BRIDE	DATE	SOLEMNIZED BY
Edward Wheeler	Ruthie Nueen	12 Dec 1914	Jos. M. Brasher, Judge of Probate
W. K. Steinbraker	Iroh (Ivah) Little Scott Co Mo.	13 Dec 1914 14 Dec 1914 filed	L. R. Watkins, JP
Joseph Harris Mississippi Co. Ark	Lucy Secoy Mississippi Co. Ark	14 Dec 1914	Jos. M. Brasher, Judge of Probate
T. B. Kirksey	Dicie Foster	15 Dec 1914	L. P. Watkins, JP
Alex Barnett	Vina Pinkston	15 Dec 1914 17 Dec 1914 filed	Thos. L. Olmstead, JP
Willis Hollingshead (father W. W. Hollingshead consented)	Florence Moore (mother Minnie Williams consented)	15 Dec 1914 17 Dec 1914 filed	G.C. Bowen, JP
Floyd Rose Dunklin Co. MO	Pet Johnson Dunklin Co. MO	19 Dec 1914	Jos. M. Brasher, Judge of Probate
Johnie Brooks	Lillie Coffie	20 Dec 1914 21 Dec 1914 filed	J. W. C. McDaniel, MG
Fletcher Cunningham (father O. B. Cunningham consented)	Effie Martin (father S. H. Martin consented)	19 Dec 1914 22 Dec 1914 filed	Allen D. Rankin, MG
A. L. Ward	Clara Blankenship, (father P. C. Blankenship consented)	20 Dec 1914 22 Dec 1914 filed	W. E. Gotcher, JP
Harry E. Keener	Anna E. Gregory (mother Ella Klingensmith consented)	21 Dec 1914 22 Dec 1914 filed	Jos. M. Brasher, Judge of Probate
Vansie Hamilton	Pearl Evans	19 Dev 1914 22 Dec 1914 filed	L. R. Watkins, JP
Homer Moore New Madrid Co. MO	Hulda Crevoisier Scott Co. MO	21 Dec 1914 22 Dec 1914 filed	L. R. Watkins, JP
W. H. Booce	Nannie Rhodes Scott Co. MO	21 Dec 1914 22 Dec 1914 filed	L. R. Watkins, JP
Royal Wagner	Ruth Cox	23 Dec 1914	L. R. Watkins, JP

GROOM	BRIDE	DATE	SOLEMNIZED BY
William Howard	Dollie Turner	23 Dec 1914	L. R. Watkins, JP
Recie Cecil	Flora Butcher	01 Dec 1914 24 Dec 1914 filed	Wm. Schulte, Cath. Priest
Julius Liles	Elizabeth Frazer (father O. E. Frazer consented)	01 Dec 1914 24 Dec 1914 filed	Wm. Schulte, Cath. Priest
C. B. Thacker	Margarite Gibson (father Green B. Gibson consented)	24 Dec 1914 26 Dec 1914 filed	W. F. Hudson, MG
Cleavis Dooley	Madge Holdman	23 Dec 1914 28 Dec 1914 filed	W. F. Hudson, MG
R. H. Stubbs	Mamie Perman	23 Dec 1914 28 Dec 1914 filed	L. R. Watkins, JP
Thomas Entwood	Maude Franklin	18 Dec 1914 28 Dec 1914 filed	J. W. Cohoon, JP
Harrison Baynes	Allie Wilson	14 Dec 1914 28 Dec 1914 filed	J. J. Wilson, MG
William King DeSoto Co. MS	Mrs. Inez Wish	26 Dec 1914 28 Dec 1914 filed	L. R. Watkins, JP
B___ Tucker	Lillian Wray (guardian J. A. Bigham consented)	27 Dec 1914 28 Dec 1914 filed	L. R. Watkins, JP
S. E. Little	Jodie Jones (father G. E. Jones consented)	09 Oct 1914 28 Dec 1914 filed	U.S. Gower, MG
George Sanders	Ethel Miller	06 Dec 1914 29 Dec 1914 filed	John H. Boone, MG
H. Whitesides	Mollie Young	13 Dec 1914 29 Dec 1914 filed	John H. Boone, MG
N. Ruby (mother Susan Ruby consented)	Marguerite Carr (mother Nannie Poplin consented)	29 Dec 1914 31 Dec 1914 filed	W. Shulte, Cath. Priest
O. R. McCaleb	E. J. Green	24 Dec 1914 01 Jan 1915 filed	C. J. Barham, MG

GROOM	BRIDE	DATE	SOLEMNIZED BY

Willie Pullem
  Dyer Co. TN
	Katie Spencer
	  Dyer Co. TN
		02 Jan 1914	L. R. Watkins, JP

John Moore (mother
  Mamie Williams consented)
	Icy Hollingshead (father
	  W. W. Hollingshead consented)
		19 Dec 1914
		  02 Jan 1915 filed
			G. G. Bowen,

Oscar Greer	Eva Cunningham	03 Jan 1915 04 Jan 1915 filed	David L. Leggett, MG
Joseph Smith	Cassie Austin	23 Dec 1914 04 Jan 1915 filed	R. D. Kirsey, JP
George Taylor	Bobby Smith	09 Jan 1915 11 Jan 1915 filed	A. T. Taylor, MG
G. M. Park	Dora Talkington	06 Jan 1915 12 Jan 1915 filed	James A. Jones, JP

Clyde Grimes	Alice Smith (mother
	  Rosa Hopkins consented)
		09 Jan 15
		  12 Jan 1915 filed
			G. G. Bowen, JP

Harry Barnes (father
  Neal Barnes consented)
  New Madrid Co. MO
	Cordelia Golden
	  New Madrid Co. MO
		12 Jan 1915
		  13 Jan 1915 filed
			J. M. N. Thompson, JP

Vandyke Bostec
  Mississippi Co. Ark
	Lillia Ford
	  Mississippi Co. Ark
		14 Jan 1915	Jos. M. Brasher,
			  Judge of Probate

James A. Dye	Martha A. Rowe	15 Jan 1915 16 Jan 1915 filed	J. A. Hardeman, MG
Dave Bell (26 yrs old)	Matilda Ballard (20 yrs old)	09 Jan 1915 16 Jan 1915 filed	J. A. Hardeman, MG
Jim Greer (Green)	Ella M. Freeman	15 Jan 1915 18 Jan 1915 filed	Edward D. Hill, MG
Roy Medlin	Willie B. Clark	17 Jan 1915 18 Jan 1915 filed	W. W. Corbett, JP

GROOM	BRIDE	DATE	SOLEMNIZED BY
Will Johnson Mississippi Co. Ark	Henrietta Johnson Mississippi Co. Ark	18 Jan 1915 19 Jan 1915 filed	Edward D. Hill, MG
Tom Allen	Etta Wilson Drew Co. Ark	08 Jan 1915 20 Jan 1915 filed	E. H. Orear, MG
Hugh Cunningham	Lora D. Rice	09 Jan 1915 20 Jan 1915 filed	E. H. Orear, MG
C. A. Carrell Dyer Co. TN	Alma Worthington Dunklin Co. MO	20 Jan 1915	E. H. Orear, MG
Ernest Warren	Vivian Stanfill (parents of both parties consented)	21 Jan 1915 22 Jan 1915 filed	Thos. L. Olmstead, JP
Louis Taylor	Lena Murphey	23 Jan 1915	L. R. Watkins, JP
Charlie Higgins	May Brunston	23 Jan 1915	Jos. M. Brasher, Judge of Probate
Charlie Red Mississippi Co. Ark	Lula Moore Mississippi Co. Ark	23 Jan 1915	Jos. M. Brasher, Judge of Probate
J. A. Sciner Dunklin Co. MO	Ada Lemmons Dunklin Co. MO	25 Jan 1915 26 Jan 1915 filed	Jos. M. Brasher, Judge of Probate
T. H. Brooks	Bettie Cochran	25 Jan 1915 27 Jan 1915 filed	W. W. Corbett, JP
George W. Stewart	Etta L. Hart	27 Jan 1915 28 Jan 1915 filed	J. D. Richardson, MG
Doyles Lyons Scott Co. MO	Bertha Allingsworth Scott Co. MO	28 Jan 1915	Jos. M. Brasher, Judge of Probate
W. F. Gatlin	Sybia Dorris	27 Jan 1915 29 Jan 1915 filed	L. R. Watkins, JP
Thomas W. Swinner	Jessie L. Sturm	05 Feb 1915 06 Feb 1915 filed	S. H. Steele, JP

GROOM	BRIDE	DATE	SOLEMNIZED BY
Marion T. Sturm	Elizabeth Bell	05 Feb 1915	
		06 Feb 1915 filed	S. H. Steele, JP
William Way	May Hutchman	07 Feb 1915	
		08 Feb 1915 filed	D. P. Leggett, MG
John W. Downing	Bettie Finley	07 Feb 1915	
		09 Feb 1915 filed	J. L. Cannon, MG
Elmer McClintock	Esther Reardon	24 Jan 1915	
Cape Girardeau Co. MO		09 Feb 1915 filed	E. H. Orear, MG
Roy Cole	Loxie Underwood	28 Jan 1915	
		10 Feb 1915 filed	Hugh M. Turnbow, JP
Frank Brazel	Alice Cunningham	09 Feb 1915	
		10 Feb 1915 filed	L. R. Watkins, JP
L. R. Adkins	Fannie Smith	09 Feb 1915	
Dunklin Co. MO		10 Feb 1915 filed	L. R. Watkins, JP
G. M. Dye (father	Lula Akers (father	09 Feb 1915	
Jas Dye consented)	J. A. Akers consented)	10 Feb 1915 filed	W. W. Corbett, JP
Sam Citius	Willie Harvell	11 Feb 1915	
		12 Feb 1915 filed	L. R. Watkins, JP
W. A. Veid (father	Effie Ayers (guardian	13 Feb 1915	
W. E. Veid consented)	W. A. Green consented)	15 Feb 1915 filed	W. W. Corbett, JP
V. E. Hopkins	Violet Hayes	13 Feb 1915	
Scott Co. MO		15 Feb 1915 filed	W. W. Corbett, JP
Nate Wade	Eunice LaRue	01 Feb 1915	
		16 Feb 1915 filed	W. M. Cooper, MG
C. F. Holdman	Vernie Johnson	13 Feb 1915	
		16 Feb 1915 filed	S. H. White, JP
Cleve Madden	Gertie Hicks (father	15 Feb 1915	
	J.H. Hicks consented)	16 Feb 1915	W. F. Henson, JP

GROOM	BRIDE	DATE	SOLEMNIZED BY
Merry Hoage	Louise Hayes	14 Feb 1915 17 Feb 1915 filed	P. C. Johnson, MG
L. H. Gatewood	Dollie Duncan (father Hugh Duncan consented)	20 Feb 1915 27 Feb 1915 filed	T. L. Olmstead, JP
T. C. Scott	Daisy Scott	22 Feb 1915	L. R. Watkins, JP
Milton Bunch Mississippi Co. Ark	Ada Northern	22 Feb 1915	W.W. Corbett, JP

Wesley Howell
  Mississippi Co. Ark
	Cora Simmons
	  Mississippi Co. Ark
		30 Dec 1914
		23 Feb 1915 filed
			Willie James Gray, MG

Will Zeno	Lula Thomas	10 Dec 1914 23 Feb 1915 filed	Willie James Gray, MG
Jim Brown	Lucinda Williams	08 Dec 1914 23 Feb 1915 filed	Willie James Gray, MG
D. P. Funderburk	Viola W. Goff (father J. M. Goff consented)	21 Feb 1915 24 Feb 1915 filed	G. G. Bowen, JP

John Lunsford
  Lake Co. TN
	Pearlie Brazier (guardian
	  G. W. Brewer consented)
	  Lake Co. TN
		24 Feb 1915
		25 Feb 1915 filed
			W. W. Corbett, JP

Odie Toon	Madge Brock (father
	  J. M. Brock consented)
		20 Jan 1915
		26 Feb 1915 filed
			Wm. Schulte,
			  Cath. Priest

Oscar Simons
  New Madrid Co. MO
	Della McGee
	  New Madrid Co. MO
		26 Feb 1915
		27 Feb 1915 filed
			W. W. Corbett, JP

Macklin Jones	Rosa Terl	25 Feb 1915 29 Feb 1915 filed	F. Klingensmith, JP
H. A. Jenkins	Trudie Miller	23 Feb 1915 27 Feb 1915 filed	F. Klingensmith, JP
Haskin Parker	Sallie Reynolds	23 Feb 1915 27 Feb 1915 filed	Ed Jones, MG

GROOM	BRIDE	DATE	SOLEMNIZED BY
Arley Walker (father J. C. Walker consented)	Ruth Dunning (father I. A. Dunning consented)	27 Feb 1915 01 Mar 1915 filed	W. F. Henson, JP
Marion F. Stanfield Scott Co. MO	Mrs. Clara Gunion	28 Feb 1915 02 Mar 1915 filed	W. E. Gotcher, JP
L. Hicks	Lilly May Norman	24 Feb 1915 02 Mar 1915 filed	W. D. Hudgens, JP

END OF BOOK 7

PEMISCOT CO. MISSOURI
MARRIAGE RECORDS
3-2-1915 TO 12-18-1917

BEGINNING OF BOOK 8

GROOM	BRIDE	DATE	SOLEMNIZED BY
Robert Daugherty	Carlis Hopkins	28 Feb 1915 02 Mar 1915 filed	W. W. Corbett, JP
Chas. F. Abbott New Madrid Co. MO	Hattie Huckstep New Madrid Co. MO	28 Feb 1915 02 Mar 1915 filed	James F. Jones, MG
Robert L. Farris	Emma Kinley	02 Mar 1915 04 Mar 1915 filed	A. L. Hall, JP
Clifford Rooker	Eva Ferry	04 Mar 1915	L. R. Watkins, JP
John R. Kratzmeyer	Maggie Scott	04 Mar 1915 06 Mar 1915 filed	W. F. Hudson, MG
James Williams Mississippi Co. Ark	Janie Welch Mississippi Co. Ark	08 Mar 1915	Jos. M. Brasher, Judge of Probate
Grant Parker	Ora Lewis	03 Mar 1915 09 Mar 1915 filed	Willie James Gray, MG
Harvey L. Massey	Effiedeux Hawkins	11 Mar 1915 13 Mar 1915 filed	J. J. Wilson, MG
Samuel Stout	Rhoda Jordon	13 Mar 1915 15 Mar 1915 filed	W. F. Hudson, MG
Richard Nichols	Ida Grace	15 Mar 1915 16 Mar 1915 filed	L. R. Watkins, JP

GROOM	BRIDE	DATE	SOLEMNIZED BY
J. D. Hall	C. R. Gray (father C. E Gray consented)	23 Feb 1915 17 Mar 1915 filed	E. H. Orear, MG
T. R. Harper	Mrs. J. A. Cox	17 Mar 1915	Jos. M. Brasher, Judge of Probate
George E. Estes	Jennie Wyatt	20 Mar 1915 24 Mar 1915 filed	L. A. Ruddle, JP
Harry Hayes (mother Sallie Hayes consented)	Emma Bradley	24 Mar 1915	L. R. Watkins, JP
Clarence Roston	Henrietta Winston	23 Mar 1915 25 Mar 1915 filed	G. W. Smith, MG
John D. Klingensmith (father F. Klingensmith consented)	Lilliam Thurman Greene Co. Ark	26 Mar 1915	L. R. Watkins, JP
Charles Ash St. Louis MO	Annie Darnall Mississippi Co. Ark	27 Mar 1915	Jos. M. Brasher, Judge of Probate
James Battles	Harriett Springfield	27 Mar 1915	L. R. Watkins, JP
Andrew Simmons	Gracie Sutton	25 Mar 1915 27 Mar 1915 filed	A. R. Hicks, JP
J. W. Tidwell	Ethel Watkins (mother Mrs. Dora Lesley consented)	22 Mar 1915 29 Mar 1915 filed	W. M. Duncan, MG
H. J. Frazier	Lucille Snyder	27 Mar 1915 29 Mar 1915 filed	L. R. Watkins, JP
J. T. Crecelius	Mrs. M. E. Baynes	27 Mar 1915 31 Mar 1915 filed	D. P. Leggett, MG
S. C. Rogers	Maggie Harper	24 Mar 1915 01 Apr 1915 filed	W. S. Moore, MG
A. E. Chism	Catherine J. Elder	01 Apr 1915	Jos. M. Brasher, Judge of Probate
C. F. Niedeman	Anna Hutton	04 Apr 1915 05 Apr 1915 filed	T. L. Olmstead, JP

GROOM	BRIDE	DATE	SOLEMNIZED BY
James Armstrong	Candis Tippins	03 Apr 1915 05 Apr 1915 filed	L. A. Ruddle, JP
W. M. Bradford	Sarah Martin	01 Apr 1915 06 Apr 1915 filed	A. L. Hall, JP
Earl Watkins	Mary McGinthey	05 Apr 1915 06 Apr 1915 filed	L. R. Watkins, JP
Harry Dempsey	Viola Quinsey	03 Apr 1915 07 Apr 1915 filed	Edward D. Hill, MG
Wilson Hall	Lucinda Powell (father W. J. Sanders consented)	10 Apr 1915	L. R. Watkins, JP
Earl R. Morris	Minor Eares	12 Apr 1915	E. A. McKinney, MG
Albert Tarpley	Mary Paul	10 Apr 1915 14 Apr 1915 filed	W. E. Gotcher, JP
Albert M. Carnes	Ora Adcock New Madrid Co. MO	24 Mar 1915 14 Apr 1915 filed	E.H. Orear, MG
P. C. Bigham	Auin B. Shine	24 Mar 1915 14 Apr 1915 filed	E. H. Orear, MG
Roy M. Foster	Cicely Hooper	03 Apr 1915 14 Apr 1915 filed	E. H. Orear, MG
Wesley Bowman (father James Bowman consented)	Ethel Franks	11 Apr 1915 15 Apr 1915 filed	E. H. Orear, MG
E. C. Spear	Carrie Franklin	10 Apr 1915 15 Apr 1915 filed	O. H. Orear, MG
Barney Tennon	Julia Edwards	04 Apr 1915 15 Apr 1915 filed	J. A. Baynes, JP
Jeff Dobbins	Vada Garner	14 Apr 1915 19 Apr 1915 filed	J. A. Baynes, JP
Alex Ash	Lilly McDonald	19 Apr 1915	L. R. Watkins, JP

GROOM	BRIDE	DATE	SOLEMNIZED BY
Car___ Bryant	Versie Mosley	18 Apr 1915	
		19 Apr 1915 filed	S. E. Redman, JP
W. M. Belcher	Dollie Woodward	21 Apr 1915	
		22 Apr 1915 filed	L. R. Watkins, JP
Harry Calvan (Colvan)	Leona Gary	01 Apr 1915	
		22 Apr 1915 filed	H. M. Turnbow, JP
G. W. Wicker	Mrs. Birdie Moore	13 Apr 1915	
		22 Apr 1915 filed	H. M. Turnbow, JP
Walter Terl	Mary Bell (father James T. Bell consented)	22 Apr 1915 24 Apr 1915 filed	F. Klingensmith, JP
H. L. Phillips	Ethel Dones	24 Apr 1915	
		26 Apr 1915 filed	L. R. Watkins, JP
H. C. Kelley	Josie Norman	27 Apr 1915	L. R. Watkins, JP
Luther Anderson	Lula Mayes	29 Apr 1915	
		30 Apr 1915 filed	P. J. Johnson, MG
John James Mississippi Co. Ark	Hattie Myers Mississippi Co. Ark	03 May 1915	L. R. Watkins, JP
E. H. Gunter	Ollie Gray	03 May 1915	N. R. Duke, MG
(NOT RECORDED IN CLERK'S OFFICE)			
Albert Landers	May Hayes	15 Apr 1915	
		10 May 1915 filed	A. R. West, JP
John Williams	Sallie Culp	09 May 1915	
		11 May 1915 filed	W. A. Burke, MG
Robert Branch New Madrid Co. MO	Allibee Harralson (brother-in-law T. C. Ward consented) New Madrid Co. MO	09 May 1915	J. L. Baker, JP
(NOT RECORDED IN CLERK'S OFFICE)			
Fred Branum (Barume) Dunklin Co. MO	Lizzie Sawyers	_____ 13 May 1915 filed	E. Z. Hunt, MG

GROOM	BRIDE	DATE	SOLEMNIZED BY
George Burton	Elenora Jones	10 Dec 1914	
		13 May 1915 filed	E. Z. Hunt, MG
M. V. Graham	Mary Brown	13 May 1915	
		15 May 1915 filed	Thos. L. Olmstead, JP

Willie Walker
  Dunklin Co. MO
	Alma Henshaw (mother
	  Mittin Henshaw consented)
		15 May 1915	Jos. M. Brasher,
			  Judge of Probate

Bud Dempsey	Birdie Lee Duffey	16 May 1915	
		18 May 1915 filed	E. D. Ramsey, MG
Oliver Patterson	Pearl Dorrity	16 May 1915	
		19 May 1915 filed	W. D. Hudgens, JP
Thomas Simmons	Bertha Hill	19 May 1915	
		20 May 1915 filed	W. F. Henson, JP
Charles H. Trainor	Eula Mitchell	01 May 1915	
		20 May 1915 filed	W. E. Gotcher, JP
Jamison Watson	Mary Williams	18 May 1915	
		20 May 1915 filed	W. E. Gotcher, JP
J. A. Jackson Weakley Co. TN	Sadie Walton	15 May 1915	
		21 May 1915 filed	F. Klingensmith, JP
Marshall Johnson	Jessie M. Gill	22 May 1915	L. R. Watkins, JP
Jack Davis	Maggie Green	17 May 1915	
		25 May 1915 filed	E. A. McKinney, MG
Frank Drake	Bertha Williams	24 May 1915	
		27 May 1915 filed	L. R. Watkins, JP
James Smith Mississippi Co. Ark	Mary Cooper	31 May 1915	L.R. Watkins, JP
Gilbert Jennins (Jensius)	Lizzie Knight	30 May 1915	
		02 Jun 1915 filed	C. R. Morgan, JP
Will Johnson	Callie Bigham	01 Jun 1915	
		04 Jun 1915 filed	Willie James Gray, MG

GROOM	BRIDE	DATE	SOLEMNIZED BY
Will Davis	Stella Austin	01 Jun 1915	
		04 Jun 1915 filed	Willie James Gray, MG
Sidney P. Oates	Ethel M. Perkins	05 Jun 1915	L. R. Watkins, JP
James Anderson	Tennessee Westbrooks	30 May 1915	
		06 Jun 1915 filed	A. R. Hicks, JP
George B. Keller	Hertheline Johnson	06 Jun 1915	
		07 Jun 1915 filed	W. W. Corbett, JP
Mose Holmes	Estella Tourrson	08 Jun 1915	
Mississippi Co. Ark	Mississippi Co. Ark		W. W. Corbett, JP
Ben Elder	Susie Pierce	07 Jun 1915	
		09 Jun 1915 filed	W. F. Hudson, MG
Joseph J. Curry	Lizzie Callis	05 Jun 1915	
		09 Jun 1915 filed	R. D. Keirsey, JP
William H. Lynn	Arbie Millekan	08 Jun 1915	
		09 Jun 1915 filed	L. R. Watkins, JP
Joseph Massey	Malinda Durham	14 Jun 1915	
		16 Jun 1915 filed	L. R. Watkins, JP
James Webb	Love Wright	06 Jun 1915	
		12 Jun 1915 filed	F. Klingensmith, JP
Charlie Hengel	Gertie Carter	06 Jun 1915	
		14 Jun 1915 filed	W. J. Richardson, MG
W. H. Birdrow	Farrar Ray	14 Jun 1915	Jos. M. Brasher, Judge of Probate
Ira Garner	Lizzie Campbell (father J. M. Campbell consented)	14 Jun 1915 16 Jun 1915 filed	W. W. Corbett, JP
Elizia B. Craig	Mary E. Settle (father T. C. Settle consented)	12 Jun 1915 17 Jun 1915 filed	W. D. Hudgens, JP
G. W. Moore	Alpha Hogue	18 Jun 1915 (?) 17 Jun 1915 (?)	W. D. Hudgens, JP

GROOM	BRIDE	DATE	SOLEMNIZED BY
Jack Murphey	Ivy Allsup	17 Jun 1915	Jos. M. Brasher, Judge of Probate
Edward Cable Mississippi Co. Ark	Elsie French	15 Jun 1915 17 Jun 1915 filed	R. L. Story, MG
Thomas E. Welborn	Delpha Carney	19 Jun 1915	L. R. Watkins, JP
Edward Pullam	Floy Whitelock	19 Jun 1915	F. Klingensmith, JP
J. T. Wells	Josephine Jarrett	21 Jun 1915	L. R. Watkins, JP
Robert Sample	Carrie Hicks	22 Jun 1915	Jos. M. Brasher Judge of Probate

Fred Hickman
  New Madrid Co. MO
	Dora Battles
	  New Madrid Co. MO
		23 Jun 1915
		24 Jun 1915 filed
			Gus A. McFarland, MG

Leek Brockwell	Margaret Russell	16 Jun 1915 25 Jun 1915 filed	E. H. Orear, MG
J. P. Pinkston	Mary E. Baker	16 Jun 1915 26 Jun 1915 filed	Jesse N. Goff, MG

Sam Beckam
  Dyer Co. TN
	Rindey Robertson
	  Dyer Co. TN
		26 Jun 1915	L. R. Watkins, JP

Sol Brown
  Mississippi Co. Ark
	Mary Carr
	  Mississippi Co. Ark
		28 Jun 1915	W. W. Corbett, JP

William Andrew Joplin	Virginia Reynolds	04 Jun 1915 29 Jun 1915 filed	J. O. Willett, MG
Johnie Brooks	Eliza Thomas	29 Jun 1915	Jos. M. Brasher, Judge of Probate
John Pflueger	Ollie Duckworth	26 Jun 1915 30 Jul 1915 (?)	L. A. Ruddle, JP
Joe Rhone	Luelen Chetham	27 Jun 1915 30 Jun 1915 filed	L. A. Ruddle, JP
Jas. O. Cochran McCracken Co. KY	Leannah Kelley	01 Jul 1915 02 Jul 1915 filed	W. Halleday Trice, MG

GROOM	BRIDE	DATE	SOLEMNIZED BY
Leonard Bruce New Madrid Co. MO	Mary Hale New Madrid Co. MO	02 Jul 1915 03 Jul 1915 filed	L. R. Watkins, JP
Andy Odell	Lillie Hopkins	03 Jul 1915	L. R. Watkins, JP
George Harris New Madrid Co MO	Bertha Kendall New Madrid Co. MO	03 Jul 1915 05 Jul 1915 filed	S. H. Steele, JP
J. E Wynn	Cecile Allen	04 Jul 1915 06 Jul 1915 filed	L. A. Ruddle, JP
L. Cox	Bertha Hayes	27 Jul 1915 06 Jul 1915 filed	C. R. Morgan, JP
Henry Myers	Mattie Smothers	06 Jul 1915 07 Jul 1915 filed	L. R. Watkins, JP
Robie Blythe Mick	Mirttie Olive Brumley	07 Jul 1915	L. R. Watkins, JP
Wash Johnson	Minnie Robison	05 Jul 1915 09 Jul 1915 filed	J. W. C. McDaniel, MG
Oliver Hendrix	Willie Prince (father Eulia Prince consented)	07 Jul 1915 10 Jul 1915 filed	W. H. Cranford, MG
Otis Byrum Mississippi Co. Ark	Susie Vohn Mississippi Co. Ark	10 Jul 1915	Jos. M. Brasher, Judge of Probate
Henry Tanner	Mrs. Rose White	04 Jul 1915 10 Jul 1915 filed	W. D. Hudgens, JP
Thomas Harrison	Callie Conwell	12 Jul 1915 14 Jul 1915 filed	P. H. Heathcock, JP
Lawrence Butler	Katie Brown	10 Jul 1915 15 Jul 1915 filed	F. M. Gwin, JP
H. Boswell	Vera Lamb	15 Jul 1915	L. R. Watkins, JP
Malachia Davis (stepfather Milton Gardner consented)	Henrietta Dockery	26 Jul 1915 31 Jul 1915 filed	John H. Boone, MG
Bascom Miller Dyer Co. TN	Lonnie Davis Dyer Co. TN	16 Jul 1915	L. R. Watkins, JP

GROOM	BRIDE	DATE	SOLEMNIZED BY
Edward Ashford	Alma Walker (Waller)	17 Jul 1915	
		19 Jul 1915 filed	L. R. Watkins, JP
R. E. Raymond	Sallie De Priest	11 Apr 1915	
		21 Jul 1915 filed	J. M. Stromire, MG
Ruby Jameson	Nellie Pipes	16 Jul 1915	
		21 Jul 1915 filed	W. D. Hudgens, JP
Alvin Brown	Ruthe Lee Howington (father	24 Jul 1915	
	F. M. Howington consented)	26 Jul 1915 filed	S. H. Steele, JP
Sam Chavers	Maudina Eison	24 Jul 1915	
Dyer Co. TN	Dyer Co. TN	26 Jul 1915 filed	S. M. Arthur, MG
C. L. Mathews	May Ferugson	27 Jul 1915	
Mississippi Co. Ark			W. W. Corbett, JP
Daniel Potts (mother	Rhody Davis (father	25 Jul 1915	
Mrs. P. T. Rimer consented)	T. J. Davis consented)	27 Jul 1915 filed	S. H. White, JP
J. M. Birmingham	Amanda Franklin	29 Jul 1915	S. E. Redman, JP
Andy Pounds	Bettie Suddorth (mother	26 Jul 1915	
	Mrs. S. B. Tarkington consented)	27 Jul 1915 filed	L. R. Watkins, JP
Andrew Smith	Ethel Thanes	04 Aug 1915	
Shelby Co. TN		05 Aug 1915 filed	S. M. Arthur, MG
Orval R. Sprague	Miss Nelle Powell	08 Aug 1915	
		09 Aug 1915 filed	L. R. Watkins, JP
Lannie Bissell	Annie May Massey	09 Aug 1915	Jos. M. Brasher,
Dyer Co. TN	Dyer Co. TN		Judge of Probate
(License mailed to Annie May Bissell, 2326 Water St., Wheeling West VA. 8/3/22)			
James Pelha___	Malinda Durham	10 Aug 1915	Jos. M. Brasher
			Judge of Probate
Willie Edwards (father	Tolie Smith (mother	10 Aug 1915	
A. F. Edwards consented)	Belle Galbreth consented)	10 Aug 1915	L. R. Watkins, JP

GROOM	BRIDE	DATE	SOLEMNIZED BY
Corbett Jameson Scott Co. MO	Nolie Johnson (father J. C. Johnson consented)	08 Aug 1915 11 Aug 1915 filed	W. H. Crawford, MG
Russell Williams	Annie Holmes	08 Aug 1915 11 Aug 1915 filed	Willie James Gray, MG
J. R. Mathenia	Savanah Lee	21 Jul 1915 11 Aug 1915 filed	W. E. Gotcher, JP
Robert Partee	Emma Ivory	13 Aug 1915	L. R. Watkins, JP
Newt Wade	Willie B. Moore	11 Aug 1915 17 Aug 1915 filed	E. D. Ramsey, MG
Senter N. Rainey	Ethel A. Ferguson	15 Aug 1915 18 Aug 1915 filed	Robert Reilweice, MG
Tillman Mansfield (father T. J. Mansfield consented)	Maggie Rhone (father Joe Rhone consented)	26 Jul 1915 19 Aug 1915 filed	W. M. Cooper, MG
T. M. Vance	Pearl Jackson	24 Jul 1915 21 Aug 1915 filed	W. D. Hudgens, JP
Charlie Stow	Mrs. Dimple Earls	15 Aug 1915 23 Aug 1915 filed	James A. Jones, JP
Richard Fox Dunklin Co. Ark	Birdie Boyd Dunklin Co. MO	22 Aug 1915	L. R. Watkins, JP
William R. Mohnerdro	Myrtle Ravenat (?)	23 Aug 1915	L. R. Watkins, JP
Otto Rufus	Hardenia Sales	22 Aug 1915 25 Aug 1915 filed	Edward Davie Hill, MG
Pleasant Rambo (father J. M. Rambo consented)	Lessie Massie (mother Lena Ashmore consented)	28 Aug 1915 31 Aug 1915 filed	Chas. Barham, MG
J. F. Ellison (father S. C. Ellison consented)	Ettie Gray	29 Aug 1915 31 Aug 1915 filed	James A. Jones, JP
Walter Ralston	Lula Thomas	30 Aug 1915 31 Aug 1915 filed	Jos. M. Brasher, Judge of Probate
Ed Orice	Lillie Cummings	31 Aug 1915	W. W. Corbett, JP

GROOM	BRIDE	DATE	SOLEMNIZED BY
Claude Taylor New Madrid Co. MO	Lucy Taylor New Madrid Co. MO	28 Aug 1915 01 Sep 1915 filed	J. A. Ewing, MG
(MARRIED IN NEW MADRID CO. MO)			
George Ashmore (father J. W. Ashmore consented)	Vera Kelleson (guardian J. W. Ashmore consented)	30 Aug 1915 01 Sep 1915 filed	Chas. J. Barham, MG
Henry Gaines	Nellie Washing	02 Sep 1915 03 Sep 1915 filed	J. G. Gray, MG
J. L. Morris	Lizzie Harris	04 Sep 1915	L. R. Watkins, JP
Roy Harris Dyer Co. TN	Freddye Baker	04 Sep 1915 06 Sep 1915 filed	L. R. Watkins, JP
Spencer Douglass	Bessie Cooper	05 Sep 1915 07 Sep 1915 filed	James A. Jones, JP
Harry Harris	Beulah Bracey	04 Sep 1915 07 Sep 1915 filed	L. P. Brown, JP
Herbert Rufus	Mary Bonds	02 Aug 1915 10 Sep 1915 filed	H. Whitesides, MG
J. A. Bishop	Dollie Mae Miller	08 Aug 1915 10 Sep 1915 filed	W. A. Burke, MG
Will Gales	Mary Hutson	07 Sep 1915 10 Sep 1915 filed	H. Whitesides, MG
Joseph Henry Bivens (father George Bivens consented)	Minnie Aslee Cavender (father Henry Cavender consented)	10 Sep 1915	L. A. Ruddle, JP
(NOT RECORDED IN CLERK'S OFFICE)			
A. J.. Fisk	Elpha McGleeson	10 Sep 1915 13 Sep 1915 filed	L. P. Brown, JP
Willie Ruddle (father L. A. Ruddle consented)	Carrie Cheatham (father John Cheatham consented)	30 Oct 1915 (?) 15 Sep 1915 (?)	John E. Braswell, JP
H. A. Glass Dyer Co. TN	Mattie Owings	15 Sep 1915 16 Sep 1915 filed	L. R. Watkins, JP

GROOM	BRIDE	DATE	SOLEMNIZED BY
J. F. Smith	Hattie Brasher	07 Sep 1915	
Concordia Parish LA		16 Sep 1915 filed	E. H. Orear, MG
James R. Bailey	Zena Rhine	17 Sep 1915	Jos. M. Brasher,
Scott Co. MO			Judge of Probate
Pete Fincher (father	Lelia T. Riggs (father	13 Sep 1915	
H. Q. Fincher consented)	C. M. Riggs consented)		
New Madrid Co. MO	New Madrid Co. MO	20 Sep 1915 filed	W. H. Cranford, MG
Sherman Creech (mother	Mary J. Fisher (father	19 Sep 1915	
Basha Back consented)	M. Fisher consented)	20 Sep 1915 filed	Orlando Clifford, JP
Osa Robinson	Josie Little	18 Sep 1915	
		20 Sep 1915 filed	W. W. Corbett, JP
O. F. Thacker	Callie Claxton	20 Sep 1915	
Dunklin Co. MO	Dunklin Co. MO		L. R. Watkins, JP
Ezra F. Prather	Vesty L. Cooper	20 Sep 1915	Jos. M. Brasher,
			Judge of Probate
Henry Dowdy (mother	Ina Bruce	22 Sep 1915	
Mrs. T. H. Dowdy			L. R. Watkins, JP
Marion Peterson	Lucinda Jones	21 Sep 1915	
		23 Sep 1915 filed	C. R. Morgan, JP
John Roberts	Mollie Long	24 Sep 1915	
Mississippi Co. Ark	Mississippi Co. Ark		L. R. Watkins, JP
W. B. Tole	Euthie Moseley (father	01 Sep 1915	
	A. G. Moseley consented)	25 Sep 1915 filed	S. E. Redman, JP
Albert Fowler	Meda McClenden	24 Sep 1915	
		25 Sep 1915 filed	S. E. Redman, JP
Bryant Pate (father	Flora Corb___	24 Sep 1915	
T. J. Pate consented)		25 Sep 1915 filed	S. H. White, JP
John McKinney	Martha Whitner (father	26 Sep 1915	
	J. M. Whitner consented)	28 Sep 1915 filed	F. M. Gwin, JP

GROOM	BRIDE	DATE	SOLEMNIZED BY
H. T. Holdman	Flexie Werkman	18 Sep 1915 01 Oct 1915 filed	Oscar T. Wilson,
Henry Knight	Belva Peerigan Crockett Co. TN	01 Oct 1915 02 Oct 1915 filed	W. W. Corbett, JP
William F. Madden	_____Conner	29 Sep 1915 02 Oct 1915 filed	W. F. Henson, JP
Luther Woodars	Ausla Flowers (parents Mr & Mrs Jack Flowers consented)	02 Oct 1915	L. R. Watkins, JP
Robert Hale New Madrid Co. MO	Alice Clark New Madrid Co. MO	27 Sep 1915 04 Oct 1915 filed	W. J. Richardson, MG
Joe Helder	Pardie Howington	02 Oct 1915 04 Oct 1915 filed	S. H. Steele, JP
Bolen Davis	Hannah Johnson	03 Oct 1915 04 Oct 1915 filed	Orlando Clifford, JP
George Fisher	Bessie McCary	03 Oct 1915 05 Oct 1915 filed	L. A. Ruddle, JP
Hugh McLain	Lester Morton (mother Mrs. T. J. Morton consented)	03 Oct 1915 05 Oct 1915 filed	S. H. White, JP
A. J. Catching	Linnie Webb	02 Oct 1915 05 Oct 1915 filed	W. W. Corbett, JP
Thomas Irwin Jefferson Co. MO	Pearl Autry (guardian John Stubbs consented)	04 Oct 1915 06 Oct 1915 filed	F. M. Gwin, JP
G. W. Browning	Lillie Blackwell	07 Oct 1915	L. R. Watkins, JP
Ora Sanders	Ollie Bell Cox (father W. J. Cox consented)	09 Oct 1915	T. L. Olmstead, JP
Joe Morder	Mollie Stiles	09 Oct 1915 11 Oct 1915 filed	L. R. Watkins, JP
D___ Downing	Carrie Buchanan	11 Oct 1915	L. R. Watkins, JP

GROOM	BRIDE	DATE	SOLEMNIZED BY
Don Riley	Nellie Lovett (father W. J. Lovett consented)	09 Oct 1915 11 Oct 1915 filed	L. R. Watkins, JP
J. R. Pounds	Mrs. Amanda Morgan	07 Oct 1915 09 Oct 1915 filed	R. D. Keirsey, JP
George Ash	Lillie Fowler	10 Oct 1915 12 Oct 1915 filed	R. D. Keirsey, JP
Clarence Funderburk (guardian L. M. Brooks consented)	Ruth Treece (father G. W. Treece consented)	10 Oct 1915 14 Oct 1915 filed	C.M. Green, MG
Lige Pearson	Cora Debez	08 Oct 1915 15 Oct 1915 filed	W. A. Burke, MG
Gly Leaon	Eva Griggs	13 Oct 1915 15 Oct 1915 filed	M. E. Dunnavant, JP
Robert Woods	Nancy Wilson	14 Oct 1915 15 Oct 1915 filed	L. R. Watkins, JP
Walter Woody	Etta Craig	29 Aug 1915 20 Oct 1915 filed	Arthur Pool, MG
Rev. Norman R. Dukes	Linnie Russell	01 Oct 1915 20 Oct 1915 filed	James A. Jones, JP
James F. Kellems	Emma M. Higdon	05 Oct 1915 20 Oct 1915 filed	Wm. Schulte, Cath. Priest
John C. Sargeant McCrackin Co. KY	May McFarland Mississippi Co. Ark	21 Oct 1915	L. R. Watkins, JP
Charlie Littrell Dunklin Co. MO	Ella McCulley Dunklin Co. MO	02 Oct 1915 21 Oct 1915 filed	L. R. Watkins, JP
William Cassidy	Catherine Oakley	20 Oct 1915 22 Oct 1915 filed	Jas. S. Newsom, MG
Peirce Williams	Ennie Nerson	23 Oct 1915	Jos. M. Brasher, Judge of Probate

GROOM	BRIDE	DATE	SOLEMNIZED BY
James Richard	Maggie Fisher	23 Oct 1915	
		25 Oct 1915 filed	Thos. L. Olmstead, JP
Samuel R. Gettings	Mary E. Baird	16 Oct 1915	
		25 Oct 1915 filed	F. Klingensmith, JP
Jack B. Anderson	Henrietta Busby	25 Oct 1915	F. Klingensmith, JP
John Nimmo	Jenrice Frazier	24 Oct 1915	
		26 Oct 1915 filed	C. R. Morgan, JP
George Rone Jr.	Clara B. Carter (father W. H. Carter consented)	24 Oct 1915 25 Oct 1915 filed	James F. Jones, MG
Thomas Hugueley	Mabel Ellis	23 Oct 1915	
		26 Oct 1915 filed	C. R. Morgan, JP
H. A. Clayton	Jessie May Darnall	24 Oct 1915	
		26 Oct 1915 filed	S. H. White, JP
Sam Kenley (mother Mrs. Alice Kenley consented)	Alice Pedago King (father J. R. King consented)	24 Oct 1915 30 Oct 1915 filed	P. H. Heathcock, JP
H. S. Savage	Celesta Walthal	30 Oct 1915	L. R. Watkins, JP
Richard Tidwell	Sallie Cole (father J. M. Cole consented)	24 Oct 1915 03 Nov 1915 filed	A. N. Burris, MG
Finley Jeas	Lelia Brockwell	31 Oct 1915	
		03 Nov 1915 filed	J. L. Baker, JP
___ H. Rushmond Mississippi Co. Ark	Della Robinson	02 Nov 1915 03 Nov 1915 filed	L. R. Watkins, JP
W. J. Stone Dunklin Co. MO	Pearl Arnold Dunklin Co. MO	04 Nov 1915 05 Nov 1915 filed	L. R. Watkins, JP
Press Mokes	Annie Smith	30 Oct 1915	
		06 Nov 1915 filed	M. E. Dunnavant, JP
George Clark	Elva McMinn	31 Oct 1915	
		06 Nov 1915 filed	Oscar T. Wilson, MG

GROOM	BRIDE	DATE	SOLEMNIZED BY
Walter _. Henson	Lillie Permenter	06 Nov 1915 08 Nov 1915 filed	L. R. Watkins, JP
Andrew N. Booten	Clara Etta Prim	08 Nov 1915	Jos. M. Brasher, Judge of Probate
Walter B. Taylor	Mrs. Georgie Stines	05 Nov 1915 09 Nov 1915 filed	C. R. Morgan, JP
J. B. Polk (father W. P. Polk consented)	Etta Yancey (father J. C. Yancey consented)	06 Nov 1915 09 Nov 1915 filed	C. R. Morgan, JP
Henry H. Helm	Media M. Hafford	01 Nov 1915 09 Nov 1915 filed	Wm. H. Setzer, MG
Pete Butler	Bertha M. Brasher (mother Mary Brasher consented)	06 Nov 1915 11 Nov 1915 filed	L. A. Ruddle, JP
Resco C. Magers (father Richard E Magers consented)	Rosa E. Chappel (mother Dora Toon consented)	09 Nov 1915 11 Nov 1915 filed	L. A. Ruddle, JP
Don Bradford	Alice Lee	11 Nov 1915 12 Nov 1915 filed	L. R. Watkins, JP
Harlen Burnett	Lizzie Bescher (mother Martha Petty consented)	12 Nov 1915	Jos. M. Brasher, Judge of Probate
Willie Bryant	Dora Smith	11 Nov 1915	W. W. Corbett, JP
Sam Ross	Lula Mason	13 Nov 1915	Jos. M. Brasher, Judge of Probate
Ed Thompson	Nealy Hayes	13 Nov 1915	Jos. M. Brasher, Judge of Probate
Walter Hood	Nellie Clark	10 Nov 1915 13 Nov 1915 filed	Oscar T. Wilson, MG
John Jester	Bettie Meatte	11 Nov 1915 15 Nov 1915 filed	W. A. Tarkington, JP
Andrew Crawford	Maggie Holly	13 Nov 1915 15 Nov 1915 filed	G. G. Bowen, JP

GROOM	BRIDE	DATE	SOLEMNIZED BY
Jess Campbell	Lola Wilson Dunklin Co. MO	13 Nov 1915 15 Nov 1915	W. F. Henson, JP
Walter Culp	Beulah Bishop (father G. W. Bishop consented)	17 Oct 1915 15 Nov 1915 filed	H. M. Turnbow, JP
Isom Glassper	Nellie Hammonds	15 Nov 1915	Jos. M. Brasher, Judge of Probate

Lee Caldwell	Della Bell (mother
	  Mrs. Lizzie Bell consented)
	  New Madrid Co. MO
		14 Nov 1915
		
		16 Nov 1915 filed
			J. M. Thompson, JP

Tom Faris	Mattie Laster	15 Nov 1915 16 Nov 1915 filed	Wm. H. Setzer, MG
James Powel	Ola May Sample	16 Nov 1915 17 Nov 1915 filed	P. H. Heathcock, JP
Charlie Morgan	Ethel Tidwell (father S. R. Tidwell consented)	10 Nov 1915 17 Nov 1915 filed	D. P. Leggett, MG

Woody Graham (father
  William H. Graham consented)
	Neicie Bivens (father
	  George M. Bivens consented)
		14 Oct 1915
		18 Nov 1915 filed
			L. A. Ruddle, JP

Henry Stewart	Victoria Huckalberry	14 Nov 1915 18 Nov 1915 filed	Wm. Hansford, MG

Roscoe Allen
  New Madrid Co. MO
	Ethel Sizemore
	  New Madrid Co. MO
		18 Nov 1915	L. R. Watkins, JP

James McCaulley	Lettie Frye (father Bob Frye consented)	20 Nov 1915 22 Nov 1915 filed	F. Klingensmith, JP
Wilson Mansfield	Lamar Yancey (father J. C. Yancey consented)	20 Nov 1915 22 Nov 1915 filed	W. W. Corbett, JP
Roy D. Hudson	Nettie Rearson (Pearson)	20 Nov 1914 22 Nov 1915 filed	W. W. Corbett, JP
L.L. Antesion Mississippi Co. Ark	Mamie Highball	20 Nov 1915 22 Nov 1915 filed	W. W. Corbett, JP

GROOM	BRIDE	DATE	SOLEMNIZED BY
Will Morris	Mary Johnson	22 Nov 1915 23 Nov 1915 filed	W. W. Corbett, JP
Nelson Stiger	Lena Drum	26 Nov 1915	Jos. M. Brasher, Judge of Probate
P. A. Disparnett	Nellie Citius (mother Martha Citius consented)	23 Nov 1915 25 Nov 1915 filed	L. R. Watkins, JP
Fred Hallis	Emma Moore (mother Mrs. Lizzie Moore consented)	25 Nov 1915	L. R. Watkins, JP
John Lynch	Ruby Woodward	24 Nov 1915 26 Nov 1915 filed	W. F. Hudson, MG

I. H. Washington
  Mississippi Co. Ark
	Lettie Booker
	  Scott Co. MO
		17 Nov 1915
		26 Nov 1915 filed
			J. A. Hartman, MG

Warvis Harrison	Birdie Endsley	27 Nov 1915	L. R. Watkins, JP
William R. Jones	Orthey Scott	27 Nov 1915	L. R. Watkins, JP
L. R. Secoy Mississippi Co. Ark	Jennett Dycus	27 Nov 1915 30 Nov 1915 filed	L. R. Watkins, JP
Will Johnson	Dora Brown	01 Dec 1915	L. R. Watkins, JP

L. Tipton
  Dunklin Co. MO
	Belva Stewart
	  Dunklin Co. MO
		25 Nov 1915
		02 Dec 1915 filed
			C. L. Dennis, MG

Adam Stokes	Semnia Carter	01 Dec 1915 02 Dec 1915 filed	F. M. Gwin, JP
M. Duncan	Jessie May Walter (father J. A. Walter consented)	02 Dec 1915 03 Dec 1915 filed	G. G. Bowen, JP
Ben Pfeffer	Eva Hopkins	02 Dec 1915 03 Dec 1915 filed	Wm. Schulte, Cath. Priest
Joe Johnson	Jessie Wright	27 Nov 1915 03 Dec 1915 filed	W. W. Corbett, JP
Fred Darby Mississippi Co. Ark	Andie Burton	04 Dec 1915	Jos. M. Brasher, Judge of Probate

GROOM	BRIDE	DATE	SOLEMNIZED BY
Earl Millikan	Tressie Owens (father Reuben Owens consented)	30 Nov 1915 06 Dec 1915 filed	D. P. Leggett, MG
B. M. Faris	Ledia Prim	05 Dec 1915 06 Dec 1915 filed	P. H. Heathcock, JP
Dan Carr	Ethel Spikes	06 Dec 1915	Jos. M. Brasher, Judge of Probate
Chas. S. Phillips	Eunice B. Jolly	07 Nov 1915 08 Dec 1915 filed	A. J. Johnson, MG
Lee Jennings	Delsie L. Holdman	05 Nov 1915 07 Dec 1915 filed	A. Johnson, MG
J.C. Hindershot	Ella May Corbin	05 Dec 1915 07 Dec 1915 filed	S. H. White, JP
Frank Stafford	Dovie White	07 Dec 1915 08 Dec 1915 filed	P. H. Heathcock, JP
Oscar Piland	Mary Morris	08 Dec 1915	L. R. Watkins, JP
Wm. Moneyham	Alena Hickerson	07 Dec 1915 08 Dec 1915 filed	L. P. Brown, JP
Willie Byars	Birdie Vaughn	09 Dec 1915	L. R. Watkins, JP
Luther Maledia	Emma Webb	04 Dec 1915 10 Dec 1915 filed	W. E. Gotcher, JP

J. W. Walker
  Mississippi Co. Ark
	Minnie Brookmeyer
	  Mississippi Co. Ark
		11 Dec 1915	Jos. M. Brasher, Judge of Probate

J. H. Merk (Meek)	Manerva Stanley	30 Nov 1915	S. E. Redman, JP
John Henderson	Bessie Hudgens (father W. D. Hudgens consented) (NOT RECORDED IN CLERK'S OFFICE)	25 Nov 1915	J. J. Wilson, MG
J. F. Yates	Effie Stapleton	04 Dec 1915 13 Dec 1915 filed	L. P. Brown, JP

GROOM	BRIDE	DATE	SOLEMNIZED BY

Charley Moore
  Mississippi Co. Ark
	Sarah Rucker
	  Mississippi Co. Ark
		13 Dec 1915	Jos. M. Brasher
			  Judge of Probate

Joe Turner	Stella Mathis	06 Dec 1915 14 Dec 1915	Henry Mitchell
Nolen Dismore	Edna Autry	11 Dec 1915 16 Dec 1915 filed	J. J. Wilson, MG
Henry Stokes	Mary Wade	15 Dec 1915 16 Dec 1915 filed	Jos. M. Brasher, Judge of Probate
George Cunningham	Carman Barksdale	12 Dec 1915 16 Dec 1915 filed	Wm. Schulte, Cath. Priest
Bud Gaskins	Nora Long	17 Nov 1915 20 Dec 1915 filed	A. C. Mitchell, MG
Stanley Merrick	Algie Veid	18 Dec 1915 20 Dec 1915 filed	L. R. Watkins, JP
William Allen	Minnie Mooney (father W. M. Mooney consented)	19 Dec 1915 21 Dec 1915 filed	G. G. Bowen, JP
John Moore	Mary Baker	18 Dec 1915 21 Dec 1915 filed	John H. Rowe, MG

Eliga Clark
  Mississippi Co. Ark
	Rosa McClennan
	  Mississippi Co. Ark
		21 Dec 1915	John H. Boone, MG

Jodie Davis
  Alexander Co. IL
	Bessie McFadden
	  Alexander Co. IL
		21 Dec 1915	L. R. Watkins, JP

Will Nickels
  Mississippi Co. ark
	Sarah Wright
	  Mississippi Co. Ark
		22 Dec 1915	L. R. Watkins, JP

Jerome Wade	Lew Cheatham	18 Dec 1915 23 Dec 1915 filed	L. A. Ruddle, JP

Pleasant Keenes
  New Madrid Co. MO
	Sarah Ann Carter
	  New Madrid Co. MO
		20 Dec 1915
		23 Dec 1915 filed
			W. W. Corbett, JP

GROOM	BRIDE	DATE	SOLEMNIZED BY
Eugene Darnall	Pearl Corbin	22 Dec 1915	
		23 Dec 1915 filed	F. Klingensmith, JP
George Glenn Dunklin Co. MO	Leora Morris	23 Dec 1915 24 Dec 1915 filed	L. R. Watkins, JP
Clarence Krines	Gladys Good___	23 Dec 1915 24 Dec 1915 filed	L. R. Watkins, JP
Albert Knobblock	Bessie Norwood (father Charles Norwood consented)	24 Dec 1915	W. W. Corbett, JP
George Fisher	Georgie Lee	24 Dec 1915 25 Dec 1915 filed	L. R. Watkins, JP
J. L. Childers	Carrie Darnall	25 Dec 1915 27 Dec 1915 filed	L. R. Watkins, JP

Harry Mathews
  Dunklin Co. MO
	Alice Garrett
	  Dunklin Co. MO
		27 Dec 1915	Jos. M. Brasher,
			Judge of Probate

Swell Prim	Ethel Long	27 Dec 1915	L. R. Watkins, JP

Pink Grayate
  Mississippi Co. Ark
	May James
	  Mississippi Co. Ark
		27 Dec 1915	Jos. M. Brasher,
			Judge of Probate

Albert Shields	Daisy McClish	26 Dec 1915 27 Dec 1915 filed	L. F. Sparks, MG

Hughie Carter
  New Madrid Co. MO
	Tena Adcock
	  New Madrid Co. MO
		21 Dec 1915	Wm. H. Setzer, MG

F. M. Latham	Nora Hampton	25 Dec 1915 27 Dec 1915	L. P. Brown, JP
Stephen A. Pear	Nora Belle Simmons	25 Dec 1915 28 Dec 1915 filed	G. G. Bowen, JP
Corbett Stokes	Laura Greer (father W. T. Greer consented)	25 Dec 1915 28 Dec 1915 filed	S. H. White, JP

GROOM	BRIDE	DATE	SOLEMNIZED BY
Monrow James (father Joe James consented) New Madrid Co. MO	Sadie Bricken (stepfather Joe James consented) New Madrid Co. MO	24 Dec 1915 28 Dec 1915 filed	J. L. Baker, JP
John Warren	Janice Baird	18 Dec 1915 29 Dec 1915 filed	J. A. Hartman, MG
George Studivant	Lena Durham	25 Dec 1915 01 Jan 1916 filed	W. W. Corbett, JP
H. W. Savage Jefferson Co. Ark	B. M. Critz	01 Jan 1916	L. F. Sparks, MG
Thomas Scott	Rosa White	02 Jan 1916 04 Jan 1916 filed	W. A. Burke, MG
Bradford Clind__ Alexander Co. IL	Tensie Graham Alexander Co. IL	08 Jan 1916	Jos. M. Brasher, Judge of Probate
Jack Garrett	Una May Garner (father Jess Garner consented)	09 Jan 1916 10 Jan 1916 filed	W. W. Corbett, JP
Henry Presnell Mississippi Co. Ark	Lillie Belle Eddington Mississippi Co. Ark	10 Jan 1916	W. W. Corbett, JP
Carl Green	Nellie Hatley (father W. M. Hatley consented)	11 Jan 1916 13 Jan 1916 filed	S. H. White, JP
Logan Hayes	Alma Boyle	17 Jan 1916 20 Jan 1916 filed	B. W. Critz, MG
Eldridge Fisher Userer	Lennie Tomlin	20 Jan 1916 21 Jan 1916 filed	W. W. Corbett, JP
Charley Burk	Flora Greenwell	10 Jan 1916 24 Jan 1916 filed	Wm. Schulte, Cath. Priest
Arthur Rualls	Hassie May Fitzgerald	15 Jan 1916 25 Jan 1916 filed	W. D. Moore, MG

GROOM	BRIDE	DATE	SOLEMNIZED BY
Sam Savage New Madrid Co. MO	Ettie Baynes (father Leonard Baynes consented) New Madrid Co. MO	22 Jan 1916 25 Jan 1916 filed	J. L. Baker, JP
Johnnie Reynolds	Rena Gray	15 Jan 1916 25 Jan 1916 filed	H. J. Woolverton, JP
Alex Crabtree (mother Mrs. Mary F. Warren consented)	Ocie Needham	23 Jan 1916	H. J. Woolverton, JP
	(NOT RECORDED IN CLERK'S OFFICE)		
Harry Gunn	Angie Turman	26 Jan 1916	Jos. M. Brasher, Judge of Probate
Fred Hunt (father H. T. Hunt consented)	Christine Robertson	11 Jan 1916 27 Jan 1916 filed	Wm. H. Setzer, MG
William Norman Mississippi Co. Ark	Tennie Moore Mississippi Co. Ark	23 Jan 1916 27 Jan 1916 filed	W. W. Corbett, JP
Elmer Tidwell	Cora Butler	27 Jan 1916 28 Jan 1916 filed	Oscar T. Wilson, MG
Lee Needruff Oklahoma Co. OK	Minnie Eva Allen	27 Jan 1916 28 Jan 1916 filed	J. B. Ragsdale, MG
Martin T. Mizell	Anna Stafford (father W. T. Stafford consented)	26 Jan 1916 29 Jan 1916 filed	A. L. Hall, JP
John Hamon Mississippi Co. Ark	Rosie Woods Mississippi Co. Ark	31 Jan 1916	Jos. M. Brasher Judge of Probate
Billy Sanders	Bertha Brown	28 Jan 1916 31 Jan 1916 filed	Ezekiel Hunt, MG
Ed Helms Mississippi Co. Ark	Willis Ross Mississippi Co. Ark	03 Feb 1916	Jos. M. Brasher, Judge of Probate
W. F. Henson	Edith A. Montgomery	03 Feb 1916	Jos. M. Brasher, Judge of Probate

GROOM	BRIDE	DATE	SOLEMNIZED BY
Olice Pride	Katie Wilson	06 Feb 1916 07 Feb 1916 filed	Orlando Clifford, JP
R. Williams	Addie Washington	07 Feb 1916	Jos. M. Brasher, Judge of Probate
R. G. Green	Ledie Grinstead	06 Feb 1916 08 Feb 1916 filed	S. H. White, JP

Newt Harris
  Mississippi Co. Ark
	Hannah Williams
	  Mississippi Co. Ark
		07 Feb 1916
		08 Feb 1916 filed
			L. R. Watkins, JP

Frank Burch
  Mississippi Co. Ark
	Lillie Ray
	  Mississippi Co. Ark
		05 Feb 1916
		08 Feb 1916 filed
			W. W. Corbett, JP

W. F. Hornberger
  New Madrid Co. MO
	Nellie Lows
	  New Madrid Co. MO
		05 Feb 1916
		11 Feb 1916 filed
			L. A. Ruddle, JP

Robert S. Cassidy	Marguerite Simons Dunklin Co. MO	05 Feb 1916 09 Feb 1916 filed	I. R. A. Vaughn, MG
Homer Adams	Ivey Sanderfur (father T. H. Sandefur consented)	10 Feb 1916 12 Feb 1916 filed	J. L. Baker, JP

Willie Price (mother
  Sadie Hafford consented)
	Vicie Clay (father
	  J. M. Clay consented)
		12 Feb 1916	W. W. Corbett, JP

D. C. Jones	Allie Grisham	06 Feb 1916 14 Feb 1916 filed	F. Klingensmith
Fred W. Miller	Agnes Jane Douglass	10 Dec 1916 (?) 14 Feb 1916 filed	James A. Jones, JP

Coy Northcutt (father
  E. J. Northcutt consented)
	Willie Connell (father
	  J. A. Connell consented)
		12 Feb 1916
		14 Feb 1916 filed
			P. H. Heathcock, JP

George Pruice	Mandy Allen	12 Feb 1916 14 Feb 1916 filed	L. F. Sparks, MG
Albert Lee	Bertha Smith	17 Feb 1916	Jos. M. Brasher, Judge of Probate

GROOM	BRIDE	DATE	SOLEMNIZED BY
Walter Key	Mamie Overturf	17 Feb 1916	
		19 Feb 1916 filed	A. L. Hall, JP
John Gray	Ludie Bird	14 Dec 1916 (?)	
		19 Feb 1916 filed	W. D. Hudgens, JP
Luther Jackson	Hattie Brockwell	19 Feb 1916	Jos. M. Brasher, Judge of Probate
L. M. Whitener	Corrie B. Barnett	22 Dec 1915 (?)	
		23 Feb 1916 filed	John T. Bruce, MG
Fred Long	Truman Odum Gr___ Co. KY	22 Feb 1916 23 Feb 1916 filed	Wm. H. Seltzer, MG
T. A. Woodrue Lake Co. TN	Mary Hamilton Lake Co. TN	22 Feb 1916 23 Feb 1916 filed	Jos. M. Brasher, Judge of Probate
Orville Fisher	Alice Smith	22 Feb 1916 23 Feb 1916 filed	L. R. Watkins, JP
John Brady	McHaley Lee	21 Feb 1916 23 Feb 1916 filed	L. R. Watkins, JP
Fate Collins	Nora Johnson	14 Dec 1915 25 Feb 1916 filed	J. M. Stromire, MG
J. E. Graham	Virgie Hartwell (father H. E. Hartwell consented)	20 Feb 1916 26 Feb 1916 filed	R. L. Story, MG
M. B. Burton Dallas Co. TX	Mary Hassell Pulaski Co. IL	26 Feb 1916	L. R. Watkins, JP
E. H. Butts New Madrid Co. MO	Ira L. Campbell New Madrid Co. MO	30 Nov 1916 (?) 28 Nov 1916 (?)	Wm. H. Seltzer, MG
Clennie McCormick Dyer Co. TN	Myrtle Mathews Dyer Co. TN	26 Feb 1916 28 Feb 1916 filed	L. R. Watkins, JP
W. W. Long	Ruth Ellen Cunningham	15 Jan 1916 29 Feb 1916 filed	E. H. Orear, MG

GROOM	BRIDE	DATE	SOLEMNIZED BY
Chas. E. Barnett	Edna F. Campbell	19 Jan 1916 29 Feb 1916 filed	E. H. Orear, MG
Dan Brown	Francis Brown	21 Jan 1916 29 Feb 1916 filed	E. H. Orear, MG
Jefferson Payne	Annie Hill	13 Jun 1915 (?) 01 Mar 1916 filed	E. Z. Hunt, MG
Homer B. Chapman (father L. G. Chapman consented)	Viola Henshaw (mother Mrs. Mittie Henshaw consented)	02 Mar 1916 03 Mar 1916 filed	L. R. Watkins, JP
Henry Kemphill	Patsy Adams	26 Feb 1916 03 Mar 1916 filed	J. A. Hardman
Bruce Glasco	Pearlie Hanks (parent Willie Hanks consented)	04 Mar 1916	Jos. M. Brasher, Judge of Probate
Will Jackson	Emma Carter	29 Feb 1916 06 Mar 1916 filed	W. J. S. Gray, MG
E. G. Powers	Nettie Tatum	06 Mar 1916 07 Mar 1916 filed	L. R. Watkins, JP
John P. Struff	Mary Myrick	07 Mar 1916	Wm. Schulte, Cath. Priest
Jim Green	Lizzie Elam	06 Mar 1916 08 Mar 1916 filed	R. W. Critz, MG
J. J. Graham	Leuie Lee Haynes (father L. C. Haynes consented)	06 Mar 1916 08 Mar 1916 filed	O. T. Wilson, MG
A. E. Stewart Shelby Co. TN	Edna Cole	11 Mar 1916	Wm. H. Setzer, MG
R. H. Hall	Lena L. Hartwell	11 Mar 1916 13 Mar 1916 filed	Orlando Clifford, JP
C. H. Howell	Cleavie James	12 Mar 1916 (?) 08 Mar 1916 (?)	A. L. Hall,, JP

GROOM	BRIDE	DATE	SOLEMNIZED BY
Robert _: Trosper	Atha McElheney	12 Mar 1916 14 Mar 1916 filed	L. A. Ruddle, JP
Arthur Stephens	Morie Isoms	14 Mar 1916 15 Mar 1916 filed	L. R. Watkins, JP
Walter Pendergrass	Jeanie Stallion	04 Mar 1916 15 Mar 1916 filed	G. M. Brooks, MG
George Hollind	Pearl Austin (father John B. Austin cosented)	03 Feb 1916 17 Mar 1916 filed	Ben D. Pansy, MG
W. S. Sanders	Ella Young Walton	12 Mar 1916 17 Mar 1916 filed	B. S. Hawk, JP
Henry Robinson Mississippi Co. Ark	Effie Maier Mississippi Co. Ark	18 Mar 1916	J. C. Burrus, JP
Leslie A. Wells St. Louis MO	Dorothy Brown	22 Mar 1916	L. R. Watkins, JP
John T. Wright	Sallie Miller	23 Mar 1916 24 Mar 1916 filed	S. H. White, JP
Ode Daugherty	Hildred Wyatt (father Henry Tanner consented)	12 Mar 1916 24 Mar 1916 filed	W. D. Hudgens, JP
Lewis Cole	Mattie Lee Flensil (Fleuoil)	22 Mar 1916 24 Mar 1916 filed	L. F. Sparks, MG
Sam Sarchen	Josephine Jackson	22 Mar 1916 27 Mar 1916 filed	C. R. Morgan, JP
S. E. Whitehead	Mandy Green	26 Mar 1916 27 Mar 1916 filed	J. C. Burrus, JP
B. M. Dunnavant Dyer Co. TN	Ola Foster Dyer Co. TN	27 Mar 1916	J. C. Burrus, JP
Emery Barden	Florence Merrick (father E. A. Merrick consented)	25 Mar 1916 27 Mar 1916 filed	W. H. Setzer, MG

GROOM	BRIDE	DATE	SOLEMNIZED BY
Emmett Whistle	Grace Perry (stepfather Arthur White consented)	25 Mar 1916 28 Mar 1916 filed	S. H. White, JP
Charles Putman	May Woodside	26 Mar 1916 28 Mar 1916 filed	A. N. Burris, MG
Guy M. Smith Dunklin Co. MO	Lucy M. Hawkins Dunklin Co. MO	07 Jan 1916 31 Mar 1916 filed	T. B. Anderson, MG
Truman Lynn (mother Ellen Ramsey consented)	Lillian Owens (father Rayman Owens consented)	01 Apr 1916	J. C. Burrus, JP
Walter Craig	Maggie Hannrihan	01 Apr 1916 03 Apr 1916 filed	L. R. Watkins, JP
Will Carter	Willie Oliver	03 Apr 1916	W. W. Corbett, JP
Adolph Sanders Dunklin Co. MO	Blanche Harris	03 Apr 1916	E. A. McKinney, MG
T. A. Dickerson	A. M. Clayton	01 Apr 1916 04 Apr 1916 filed	S. H. White, JP
Clyde Bulloen (father Wm. Bulloen consented)	Gladys Turner (guardian J. H. McRee consented)	01 Apr 1916 04 Apr 1916 filed	S. H. White, JP
J. A. Glidewell	S. C. Angle	04 Apr 1916	Jos. M. Brasher, Judge of Probate
Charlie Hall	Sarah Hawkins	07 Apr 1916	Jos. M. Brasher, Judge of Probate
Dass Johnson	Jennie Chancellar	04 Apr 1916 08 Apr 1916 filed	O. T. Wilson, MG
Albert Parmenter	Ora Vaughn	05 Apr 1916 08 Apr 1916 filed	James Randell, MG
Allen Archie	Rosa Dunn	07 Apr 1916 11 Apr 1916 filed	L. A. Ruddle, JP
Ed Vaughn	Izara Nowlen	08 Apr 1916 11 Apr 1916 filed	S. H. White, JP

GROOM	BRIDE	DATE	SOLEMNIZED BY
Robert Easton	Maggie Henderson	09 Apr 1916 11 Apr 1916 filed	Orlando Clifford, JP
Ivan Lee Saurlaen	Myrtle B. Branson	13 Apr 1916 15 Apr 1916 filed	John T. Weddington, MG
J. A. Neal	Myena May Williams (father J. A. Williams consented)	03 Apr 1916 15 Apr 1916 filed	H. M. Turnbow. JP
Clarence Whitner (father J. W. Whitner consented)	Mildred Fisher (father Carrol Fisher consented)	12 Apr 1916 17 Apr 1916 filed	W. W. Tarkington, JP
Charles Reinig Shelby Co. TN	Callie Phillips Shelby Co. TN	17 Apr 1916	J. C. Burrus, JP
L. A. Bland	Florence Campbell	15 Apr 1916 18 Apr 1916 filed	W. K. Branson, MG
James Taber	Daisey Edwards	17 Apr 1916 18 Apr 1916 filed	Ben D. Pankey, MG
John Williams	Beatrice Carter	21 Apr 1916	Jos. M. Brasher, Judge of Probate
Charley Pounds	Mrs. Jennie Hanks	22 Apr 1916 24 Apr 1916 filed	W. F. Henson, JP
R. C. Flannery New Madrid Co. MO	Anna O'Quinn New Madrid Co. MO	23 Apr 1916 25 Apr 1916 filed	W. S. Eskridge, MG
Frank Emery New Madrid Co. MO	Maud Shilkett	22 Apr 1916 25 Apr 1916 filed	G. M. Brooks, MG
James Houston	Barbara A. Adams	25 Apr 1916	L. R. Watkins, JP
Bert Hatley (father T. W. Hatley consented)	Ada Biggs	21 Apr 1916 26 Apr 1916 filed	P. H. Heathcock, JP
H_z Bowman	Sallie Eddington (father H. R. Eddington consented)	22 Apr 1916 26 Apr 1916 filed	Thos. L. Olmstead, JP
James Green	Samara Pearson	22 Apr 1916 26 Apr 1916 filed	W. W. Corbett, JP

GROOM	BRIDE	DATE	SOLEMNIZED BY
W. E. McAdao	M. L. Babb	NO Date 27 Apr 1916 filed	Jos. M. Brasher, Judge of Probate
Charles Smothers	Mary A. Bradley St. Louis MO	27 Apr 1916	J. C. Burrus, JP
John Burt	May Parker	24 Apr 1916 28 Apr 1916 filed	L. A. Ruddle, JP
Sam Darnall	Myrtle Allen	27 Apr 1916 28 Apr 1916 filed	L. R. Watkins, JP
Henry Williams	Brady Brooks	25 Apr 1916 29 Apr 1916 filed	M. C. McCoy, MG
George Johnson Scott Co. MO	Clara Bell	29 Apr 1916	L. R. Watkins, JP
Governor Turner	Salle B. Hobbs	29 Apr 1916 01 May 1916 filed	W. W. Corbett, JP
Robert Bradley	Mattie Wells	28 Apr 1916 03 May 1916 filed	H. M. Turnbow, JP
Ernest Powell	Ella Greenwell	23 Apr 1916 03 May 1916 filed	W. E. Gotcher, JP
Clyde Nunn	Mattie Webb	29 Apr 1916 03 May 1916 filed	W. E. Gotcher, JP
George Conn	Arine Hobbs (mother Cornelia Jones consented)	23 Apr 1916 04 May 1916 filed	Robert W. Critz, MG
Rube Thomas	Daughter Howard	06 May 1916	Jos. M. Brasher, Judge of Probate
Evans Henry	Haley Graves	05 May 1916 08 May 1916 filed	J. C. Burrus, JP
John E. Boon	Tena Williams	28 Apr 1916 08 May 1916 filed	H. Whitesides, MG

GROOM	BRIDE	DATE	SOLEMNIZED BY
James Sutilif	Eliza Lewis	04 May 1916 08 May 1916 filed	J. L. Baker, JP

William Collins (father
  J. H. Collins consented)
	Zeola Skinner (father
	  J. C. Skinner consented)
		07 May 1916
		09 May 1916 filed
			L. R. Watkins, JP

John L. Miller	Lulu Edmunds	07 May 1916 09 May 1916 filed	Timothy Gaines, MG
Dr. L. D. Denton	Dollie Long (mother Allie Long consented)	11 May 1916 12 May 1916 filed	W. K. Branson, MG
W. A. Linley	Amanda Lay	11 May 1916 12 May 1916 filed	L. R. Watkins, JP

P. T. Norman
  Obion Co. Tn
	Emma Sawyers
	  Obion Co. Tn
		15 May 1916	Jos. M. Brasher,
			  Judge of Probate

Ernest Hubbard (father
  W. J. Hubbard consented)
	Dorothy Stanberry (mother
	  May Stanberry consented)
		12 May 1916
		15 May 1916 filed
			W. A. Burke, MG

Burrell Dervose	Daisey E. James	13 May 1916 16 May 1916 filed	S. H. White, JP
W. J. Pressley	Cora Dikes	19 May 1916	J. C. Burrus, JP
Walter Phillips	Catherine Bibbs	18 May 1916 22 May 1916 filed	C. R. Morgan, JP
Neely Curtis	Etta McDaniel	21 May 1916 22 May 1916 filed	Thos. L. Olmstead, JP
J. A. Keating	Alice A. Garner	22 May 1916 23 May 1916 filed	Orlando Clifford, JP
Frank Cops	Maggie Moore	21 May 1916 23 May 1916 filed	F. Klingensmith, JP
W. L. Skelton	Annie Morgan	20 May 1916 23 May 1916 filed	R. D. Keirsey
J. F. Fitzhugh	Mary E. Wilson	12 May 1916 23 May 1916 filed	W.W. Corbett, JP

GROOM	BRIDE	DATE	SOLEMNIZED BY

Jetty Johnson
  Mississippi Co. Ark
	Addie Lee Griffin
	  Mississippi Co. Ark
		20 May 1916
		23 May 1916 filed
			L. R. Watkins, JP

Claud Crane
  Mississippi Co. Ark
	Liddie Denbow
	  Mississippi Co. Ark
		22 May 1916
		23 May 1916 filed
			W. W. Corbett, JP

Robert Jones
  Mississippi Co. Ark
	Maggie Lacy
	  Mississippi Co. Ark
		23 May 1916	J. C. Burrus, JP

Charlie Roberts
  Lake Co. TN
	Ola Fisher
	  Lake Co. TN
		29 May 1916	J. C. Burrus, JP

J. H. Clayton	Lee Wray	01 Jun 1916 02 Jun 1916 filed	P. H. Heathcock, JP
Joe Young	Miriam Glore	07 Jun 1916	Jos. M. Brasher, Judge of Probate
A. S. Huntley	Helen D. Humphrey	01 Jun 1916 (?) 31 May 1916 filed (?)	Wm. H. Setzer, MG
Harrison Evans	Ethel Hood	10 Jun 1916	L. R. Watkins, JP
Arthur Wiley	May Ella Kelley	12 Jun 1916	Jos. M. Brasher, Judge of Probate
Will Gallaher	Lilly Bray	10 Jun 1916 13 Jun 1916 filed	R. D. Keirsey, JP
Spencer Tate	Myrtle Wilburn New Madrid Co. MO	11 Jun 1916 13 Jun 1916 filed	L. A. Ruddle, JP
Thomas J. Greenwell	Ella May Munday Alexander Co. IL	05 Jun 1916 14 Jun 1916 filed	D. J. O'Brien, Cath. Priest
L. P. Burns	Florence H. Tinsley	15 Jun 1916 16 Jun 1916 filed	C. P. Browning, MG

Jesse Floyd Stallings (father
  Reuben Stallings consented)
	Julia Cantrell (mother
	  Cora Cantrell consented)
		10 Jun 1916
		16 Jun 1916 filed
			A. R. Hicks, JP

D. A. Klingensmith	Edith Clark	07 Jun 1916 17 Jun 1916 filed	W. D. Hudgens, JP

GROOM	BRIDE	DATE	SOLEMNIZED BY

J. H. Brandon
  Dyer Co. TN
	Mrs. Victoria Brewer
	  Dyer Co. TN
		18 Jun 1916
		19 Jun 1916 filed
			J. C. Burrus, JP

Ben Bragdon	Clara Darnall (mother Mrs. Susie Mizzell consented)	17 Jun 1916 19 Jun 1916 filed	L. R. Watkins, JP
J. A. Adkins	Dora Wells	13 Jun 1916 21 Jun 1916 filed	C. R. Morgan, JP
Lanson Lockett	Lulu Young	20 Jun 1916	L. A. Ruddle, JP
Reginald B. Powell	Emma E. Foust	21 Jun 1916 (?) 17 Jun 1916 filed (?)	C. P. Browning, MG
Elmer Lewis	Minnie Shelton	24 Jun 1916 26 Jun 1916 filed	J. C. Burrus, JP
Will Hayes	Stella M. Morton	24 Jun 1916 27 Jun 1916 filed	G. G. Bowen
G. T. Langdon	Alma Lucile Reeves	24 Jun 1916 27 Jun 1916 filed	C. P. Browning, MG
Charles Wells Hamilton Co. OH	Eva Rooker	14 Jun 1916 03 Jul 1916 filed	W. E. Gotcher, JP
Andrew Dickerson	Eugene Wright	03 Jul 1916	Jos. M. Brasher, Judge of Probate

Cuze Wilson
  MississippiCo. Ark
	Carrie Hatch
	  Mississippi Co. Ark
		03 Jul 1916
		04 Jul 1916 filed
			L. R. Watkins, JP

Talmage Moon Mississippi Co. Ark	Grace Correll	04 Jul 1916	L. R. Watkins, JP

Charley Johnson
  Mississippi Co. Ark
	Victoria Rice
	  Mississippi Co. Ark
		NO DATE
		04 Jul 1916 filed
			L. r. Watkins, JP

William George	Birdie Leach	04 Jul 1916	J. C. Burrus, JP

James Walker
  New Madrid Co. MO
	Alice Hogan
	  New Madrid Co. MO
		04 Jul 1916	NOT SIGNED BY JP

GROOM	BRIDE	DATE	SOLEMNIZED BY
Frank Barnes	Bessie Edwards	03 Jul 1916	
		08 Jul 1916 filed	Wm H. Setzer, MG
James T. Jackson	Mrs. Jessie M. Dorris	08 Jul 1916	C. P. Browning, MG
Will Harris	Laura Wallace	24 Jun 1916	
		10 Jul 1916 filed	E. Cooper, MG
Bronie Kersey	Mrytle Powell	05 Jul 1916	
		12 Jul 1916 filed	F. M. Gwin, JP
Willie Citius	Jessie Carroll	11 Jul 1916	J. C. Burrus, JP
W. V. Finley	Nellie Whitten (father	09 Jul 1916 (?)	
	Wm. Whitten consented)	07 Jul 1916 (?) filed	W. W. Ellis, MG
Reynold Henry	Ethel Berthelanny (stepfather	13 Jul 1916	
	J. B. Simpson and mother		
	Mrs. Gertie Simpson consented)		J. C. Burrus, JP
John Smith	Pearl Maize	16 Jul 1916	
Mississippi Co. Ark	Mississippi Co. Ark	17 Jul 1916 filed	J. C. Burrus, JP
Denny Hicks (father	Florence Hubbard (father	13 Jul 1916	
John Hicks consented)	W. J. Hubbard consented)	17 Jul 1916 filed	W. A. Burke, MG
Lewis Thomas	Essie Johnson	15 Jul 1916	
Mississippi Co. Ark	Mississippi Co. Ark	17 Jul 1916 filed	Al Jones, MG
Lawrence Mann	Bessie Alexander	15 Jul 1916	
		18 Jul 1916 filed	L. R. Watkins, JP
N. S. Bushe	Bessie Ball	16 Jul 1916	
		19 Jul 1916 filed	J. J. Wilson, MG
C. P. Schenkle	Annie McClanahan	16 Jul 1916	
		19 Jul 1916 filed	J. J. Wilson, MG
Clifford Cable	Drefa Titus	18 Jul 1916	
		19 Jul 1916 filed	L. R. Watkins, JP
Robert S. Hart	Ruth I. Smith	22 May 1916	
		21 Jul 1916 filed	E. H. Orear, MG

GROOM	BRIDE	DATE	SOLEMNIZED BY
Parker Nichels	Lillian Burton	25 May 1916 21 Jul 1916 filed	E. H. Orear, MG
Nick Gurnow	Edna Finley	26 May 1916 21 Jul 1916 filed	H. M. Turnbow, JP

V. F. McHall
  Salt Lake City UT
	L. M. Mott
	  Shreveport LA
		20 Jul 1916
		21 Jul 1916 filed
			W. W. Corbett, JP

Al Rains
  Newton Co. MO
	Minnie Lee Patten
	  Clinton Co. MO
		20 Jul 1916
		21 Jul 1916 filed
			W. W. Corbett, JP

Lawson Flowers	Lula Mitchell	24 Jul 1916	Jos. M. Brasher, Judge of Probate
Henry H. Odle New Madrid Co. MO	Celia Selone	03 Jul 1916 25 Jul 1916 filed	L. P. Brown, JP
E. F. Carter	Hettie M. Hill(grandfather S. R. Waits consented)	13 Jul 1916 25 Jul 1916 filed	L. P. Brown, JP
DanTaylor	Irene Washorn	25 Jul 1916	J. C. Burrus, JP

Robert Downing
  Dunklin Co. MO
	A. B. Russell
	  Dunklin Co. MO
		25 Jul 1916	W. W. Corbett, JP

J. Lou Hale McClellan Co. TX	Mamie G. Proctor	19 Jul 1916 27 Jul 1916 filed	Wm. H. Setzer, MG

Dike Owr (Oror)
  Mississippi Co. Ark
	Ella Jones
	  Mississippi Co. Ark
		24 Jul 1916
		27 Jul 1916 filed
			L. R. Watkins, JP

Henry Snow	Mary Jones	27 Jul 1916	J. C. Burrus, JP
Bud Robbins	Maggie Lawrence	26 Jul 1916 28 Jul 1916 filed	Jas. G. Newson, MG
Jack Tansil	Alva R. Holdman (father J. H. Holdman consented)	22 Jul 1916 28 Jul 1916 filed	A. J. Johnson, MG

Samuel F. Clark
  Massack Co. IL
	Mandie Parker
	  Massack Co. IL
		28 Jul 1916	L. Robt. Watkins, JP

GROOM	BRIDE	DATE	SOLEMNIZED BY
William Howard	Annie Crews	30 Jul 1916	
		31 Jul 1916 filed	J. C. Burrus, JP
Shed Tolliver	Magnolia Wilson	01 Aug 1916	J. C. Burrus, JP
Lee Price	Lorine Ellis	31 Jul 1916	
Mississippi Co. Ark	Mississippi Co. Ark	01 Aug 1916 filed	J. C. Burrus, JP
Burl Hayes	Mamie Kingston	30 Jul 1916	
New Madrid Co. MO		01 Aug 1916 filed	J. L. Baker, JP
M. K. Johnson	Janie Collins	03 Aug 1916	Jos. M. Brasher, Judge of Probate
Edward W. Essig	Hettie Long	03 Aug 1916	Jos. M. Brasher, Judge of Probate
Mississippi Co. Ark			
William H. Helm	Ethel McGruder	02 Aug 1916	
		04 Aug 1916 filed	L. R. Watkins, JP
R. M. Davis	Pearl Hopkins (mother Annie Hopkins consented)	03 Aug 1916	
		04 Aug 1916 filed	Oscar T. Wilson, MG
R. N. Scott	Mrs. Nettie Howard	03 Aug 1916	
Mississippi Co. Ark	Mississippi Co. Ark	05 Aug 1916 filed	James A. Jones, JP
E. M. Johnson	Flora G. Garver	03 Aug 1916	
		05 Aug 1916 filed	Jas. A. Jones, JP
J. H. Hardesty	Mamie West	03 Aug 1916	
Green Co. MO		05 Aug 1916 filed	W. W. Tarkington, JP
Lewis Partin Heum	Mattie Lou Alvey	31 Jul 1916	
		05 Aug 1916 filed	M. O. Morris, MG
Frank Simmons	Lizzie Wright	04 Aug 1916	
		07 Aug 1916 filed	Orlando Clifford
Lawrence Lee	Tommie Hall	01 Aug 1916	
		07 Aug 1916 filed	W. F. Henson, JP
Jess Harris	Ella Palmer	06 Aug 1916	
		08 Aug 1916 filed	L. A. Ruddle, JP

GROOM	BRIDE	DATE	SOLEMNIZED BY
Will Loscing	Rosa Smith	25 Jul 1916	
		08 Aug 1916 filed	J. A. Hardiman, MG

G. G. Castleberry
  Shelby Co. TN
	Gertrude Knott
	  Shelby Co. TN
		07 Aug 1916
		08 Aug 1916 filed
			W. W. Corbet, JP

E. J. Spencer	Lula Kelley (father
	  T. J. Kelley consented)
		06 Aug 1916
		12 Aug 1916 filed
			Jos. M. Brasher,
			  Judge of Probate

J. F. Wallen (Waller)	Nettie Morgan	09 Aug 1916 12 Aug 1916 filed	S. H. White, JP
August James	Mary Dunavant (father M. E. Dunavant consented)	12 Aug 1916 15 Aug 1916 filed	Mamie (Manie) Hardin, MG
Henry McCann	Martha Fortune	17 Aug 1916	L. R. Watkins, JP
J. Brewer	M. A. Davidson	18 Aug 1916	J. C. Burrus, JP
J. W. Horton	Allie White	20 Aug 1916 21 Aug 1916 filed	C. R. Morgan, JP
Manuel Walker	Alberta Willis	22 Aug 1916	Jos. M. Brasher, Judge of Probate

Willis Brooks
  Mississippi Co. Ark
	Annie B. Smith
	  Mississippi Co. Ark
		22 Aug 1916
		23 Aug 1916 filed
			L. R Watkins, JP

Herman Holcomb
  New Madrid Co. MO
	Clara Saves
	  New Madrid Co. MO
		28 Aug 1916
		29 Aug 1916 filed
			L. R. Watkins, JP

Isiah Branch	Maggie Cox	27 Aug 1916 29 Aug 1916 filed	John H. Boone, MG
Lee Hatchel	Fannie Hues	27 Aug 1916 30 Aug 1916 filed	B. S. Hawks, JP
W. C. Lett	Mrs. Josie Morgan	28 Aug 1916 30 Aug 1916 filed	S.H. White, JP
W. C. Posey	Ruth Hall	01 Sep 1916	J. C. Burrus, JP
A. P. Pullam	Mrs. Chas. Kelley	01 Sep 1916	W. W. Corbett, JP

GROOM	BRIDE	DATE	SOLEMNIZED BY
James Hooker	Clarissie Welch (father J. W. Welch consented)	02 Sep 1916	L. R. Watkins, JP
Charlie Pate	Mattie Patterson	11 Jul 1916 04 Sep 1916 filed	J. R. McLean, MG
Ben Blackwell	Kate Bell	05 Sep 1916 06 Sep 1916 filed	G. G. Bowen, JP
J. A. McNeal Decatur Co. TN	Emma Reeves Decatur Co. TN	05 Sep 1916 06 Sep 1916	W. W. Corbett, JP
Leonard McClure	Irene Leek (father O. G. Leek consented)	06 Sep 1916 07 Sep 1916 filed	W. W. Corbett, JP
Will Oliver	Georgie Houle	07 Jul 1916 07 Sep 1916 filed	L. R. Watkins, JP
John Daggs	Ronnie Shepard	05 Sep 1916 07 Sep 1916 filed	S. H. White, JP
W. J. Nunnery	M. C. Bratcher	09 Sep 1916	J. C. Burrus, JP
Corbett Clayton (father J. R. Clayton consented)	Myrtle Lee Haynes (father C. A. Haynes consented)	09 Sep 1916 11 Sep 1916 filed	W. F. Henson, MG
L. W. Bolen Dunklin Co. MO	Florence Marshall	10 Sep 1916 11 Sep 1916 filed	L. R. Watkins, JP
W. A. Hicks	Mary McFarland	24 Aug 1916 12 Sep 1916 filed	W.E. Gotcher, JP
Guthrie Grief (Greef) Mississippi Co. Ark	Nannie Adamson Dyer Co, TN	13 Sep 1916 14 Sep 1916 filed	L. R. Watkins, JP
T. C. Reece	Ora Lee Johnson	10 Sep 1916 18 Sep 1916 filed	A. L. Han, JP
Luther Reece Dunklin Co. MO	Myrtle Ballard Dunklin Co. MO	16 Sep 1916	L. R. Watkins, JP
Joe Warren Mississippi Co. Ark	Lannie Cross Mississippi Co. Ark	17 Sep 1916 18 Sep 1916 filed	J. C. Burrus, JP

GROOM	BRIDE	DATE	SOLEMNIZED BY
Mark Robertson Hayward Co. TN	Millie Allen Hayward Co. TN	18 Sep 1916 19 Sep 1916 filed	L. R. Watkins, JP
Sam Rutledge	Susie Young	18 Sep 1916 19 Sep 1916 filed	L. R. Watkins, JP
Richard Newton Brasher	Nellie Boh Hayes	18 Sep 1916 20 Sep 1916 filed	F. M. Gwin, JP
Lawson Fisher	Lettie May Stegall	10 Sep 1916 21 Sep 1916 filed	W. C. Rices
Walter Powell	Eula Deen Mississippi Co. Ark	23 Sep 1916	Jos. M. Brasher, Judge of Probate
Everett Sherwood	Olog Oron	23 sep 1916	J. C. Burrus, JP
J. M. Anglin	Julia Quinn	23 Sep 1916 25 Sep 1916 filed	W. E. Gotcher, JP
Henry Beal	Leelie Taylor	20 Oct 1916 (?) 25 Sep 1916 filed	J. T. Wedington, MG
Willis Moore	Emma Rhodes	25 Sep 1916	J. C. Burrus, JP
J. H. C. Jackson	Estella Wade	26 Sep 1916	J. C. Burrus, JP
(NOT RECORDED IN CLERK'S OFFICE)			
Dan Cagle	Corrie Dowd	26 Sep 1916 27 Sep 1916 filed	J. C. Burrus, JP
Charley Hart Green Co. IN	Anna Shields Green Co. IN	27 Sep 1916 29 Sep 1916 filed	C. P. Browning, MG
Jesse Irvin (father Jeff Irvin consented)	Leuella Kitchen	28 Sep 1916 29 Sep 1916 filed	G. G. Bowen, JP
Joe Samford (father R. Samford consented)	Hazel Edwards (mother Clare Edwards consented)	30 Sep 1916 (?) 20 Sep 1916 filed (?)	Jos. M. Brasher, Judge of Probate
Henry Darnall	Leuora Tall	30 Sep 1916	F. Klingensmith, JP
Jim Lewis Mississippi Co. Ark	Ida Cross Mississippi Co. Ark	02 Oct 1916	L. R. Watkins, JP

GROOM	BRIDE	DATE	SOLEMNIZED BY
Buster Adams (father J. D. Adams consented) New Madrid Co. MO	Lillie Nicholas (father J. W. Nicholas consented) New Madrid Co. MO	01 Oct 1916 03 Oct 1916 filed	W. F. Hudson, MG
J. L. Johnson New Madrid Co, MO	Lora Estes (father Will Estes consented) New Madrid Co. MO	01 Oct 1916 03 Oct 1916 filed	W. F. Hudson, MG
Ralph Lewis	Grace Parson (?)	28 Aug 1916 03 Oct 1916 filed	E. H. Orear, MG
C. W. Owen	Evelyn M____	09 Sep 1916 03 Oct 1916 filed	E. H. Orear, MG
Andrew Lawson	Maggie Adkins	02 Oct 1916 03 Oct 1916 filed	L. R Watkins, JP
Lawson Allen Mississippi Co. Ark	Alberta Cherry Mississippi Co. Ark	04 Oct 1916	L. R. Watkins, JP
H. K. Chatterton St. Louis MO	Marie Hennenhoefer St. Louis MO	02 Oct 1916 05 Oct 1916 filed	John F. Mallen, MG
James Tussell	Ollie Posey	28 Sep 1916 06 Oct 1916 filed	John T. Bruce, MG
I. B. Burton Dunklin Co. MO	Katie Tackeberry Dunklin Co. MO	07 Oct 1916	R. E. Carpenter
Richard Smith	Lillie Anderson	07 Oct 1916	Jos. M. Brasher, Judge of Probate
Marvin Rambo	Ella Long (father H. C. Long consented)	07 Oct 1916 09 Oct 1916 filed	L. P. Brown, JP
Henry Alexander	Myrtle Williams	30 Sep 1916 09 Oct 1916 filed	W. W.Corbett, JP
Arthur McGinthy	Stella Dinsmore	08 Oct 1916 09 Oct 1916 filed	W. W. Corbett, JP

GROOM	BRIDE	DATE	SOLEMNIZED BY

W. T. Taylor
    Mississippi Co. Ark
	Floydie Guy
	    Mississippi Co. Ark
		09 Oct 1916	Jos. M. Brasher,
			    Judge of Probate

Will Rice
    Mississippi Co. Ark
	Mattie Ross
	    Mississippi Co. Ark
		09 Oct 1916	Jos. M. Brasher,
			    Judge of Probate

John Dokes	Mattie M. Cameron	01 Oct 1916 10 Oct 1916 filed	J. T. Wedington, MG
Harny Cook (father W. A. Cook consented)	Eunice Gertrude Manville	09 Oct 1916 10 Oct 1916 filed	W. F. Henson, JP
Carl J. Austin	Bernice Wilson (mother Bettie Austin consented)	18 Sep 1916 11 Oct 1916 filed	Wm. H. Setzer, MG
Albert Ruddle	Emma White (NOT RECORDED IN CLERK'S OFFICE)	10 Oct 1916	J. L. Baker, JP

William Bentley
    Tulsa Co. OK
	Myrtle Walker
	    St. Clair Co. IL
		12 Oct 1916	C. P. Browning, MG

George Bell	Nora Williams	08 Oct 1916 14 Oct 1916 filed	P. N. Walker, MG

Walter Batner
    Mississippi Co. Ark
	Evie Vandike (father
	    C. A. Vandike consented)
		08 Oct 1916
		14 Oct 1916 filed
			H. M. Turnbow, JP

W. H. Norman	Ida B. Charleton	14 Oct 1916 16 Oct 1916 filed	J. C. Burrus, JP

Dave McCland
    Mississippi Co. Ark
	Ossie Gibson
	    Mississippi Co. Ark
		16 Oct 1916	L. F. Sparks, MG

Bob Ford	Anna Taylor	14 Oct 1916 16 Oct 1916 filed	Jos. M. Brasher, MG Judge of Probate
T. Mullin Lewis Scott Co. MO	Robert M. Fisher	15 Oct 1916 17 Oct 1916 filed	C. P. Browning, MG
Elija Taylor	Nannie Nelson	14 Oct 1916 17 Oct 1916 filed	L. R. Watkins, JP

GROOM	BRIDE	DATE	SOLEMNIZED BY
Henry Poston	Lillian Bryant	16 Oct 1916 17 Oct 1916 filed	L. R. Watkins, JP
J. A. Ryans	Georgie A. Perry	05 Oct 16 18 Oct 1916 filed	B. S. Hawks, JP
George Craig	Bettie Leasure	18 Oct 1916	L. R. Watkins, JP
Huston Cantrell	Carrie Dunn	17 Oct 1916 20 Oct 1916 filed	M. O. Morris, MG
John Knox	Mahalia Mack	07 Oct 1916 21 Oct 1916 filed	F. Klingensmith, JP
Lacey Babcock	Violet Winters (father R. C. Winters consented)	18 Oct 1916 21 Oct 1916 filed	L. P. Brown, JP
John Franks	Nellie Sullivan	21 Oct 1916	Jos. M. Brasher, Judge of Probate
John Buchanan	Lizzie Brown	21 Oct 1916	Jos. M. Brasher, Judge of Probate
G. W. Middleton	Nina Byrm Scott Co. MO	18 Sep 1916 24 Oct 1916 filed	George M. Regan, Cath. Priest
Willie McAnley	Johnnie Edwards Mississippi Co. Ark	21 Oct 1916 24 Oct 1916 filed	L. R. Watkins, JP
Henry Jones Lake Co. TN	Celie Powell Lake Co. TN	21 Oct 1916 24 Oct 1916 filed	L. R. Watkins, JP
O. W. Scott	Mattie E. Stubbs (Stobbs)	23 Oct 1916 24 Oct 1916 filed	L. R. Watkins, JP
Belford Cromwell Craighead Co. Ark	Grace Johnson	26 Oct 1916	J. C. Burrus, JP
Add Milton	Ethel Russell	25 Oct 1916 28 Oct 1916 filed	James A. Jones, JO
James McCleat	Matilda Edwards	28 Oct 1916	Jos. M. Brasher Judge of Probate

GROOM	BRIDE	DATE	SOLEMNIZED BY
Sam Wade	Willie Ellis	28 Oct 1916 31 Oct 1916 filed	Jos. M. Brasher, Judge of Probate
E. A. Wilson Mississippi Co. Ark	Lillie Simmons Mississippi Co. Ark	30 Oct 1916	Jos. M. Brasher, Judge of Probate
Felix Johnson	Mandy Adkins	30 Oct 1916	L. R. Watkins, JP
Louis J. Lee	Alberta Walker	20 Oct 1916 31 Oct 1916 filed	W. W. Corbett, JP
Arthur Bounds	Mary Hence	21 Oct 1916 31 Oct 1916 filed	W.W. Corbett, JP
James A. Hill	Frankie Lowenstein	24 Oct 1916 31 Oct 1916 filed	W. W.Corbett, JP
Will Hurst	Lottie Caruthers	29 Oct 1916 31 Oct 1916 filed	W. W. Corbett, JP
Jesse H. Cratty	Mrs. H. Kendall	31 Oct 1916	O. P. Browning, MG
Henry Thomas	Clara Gardner (mother Josie Slate consented)	02 Nov 1916	J. C. Burrus, JP
Samuel Nelson	Nancey Cherry	04 Nov 1916	E. A. McKinney, MG
J. A. Ford Mississippi Co. Ark	Belle Morris Mississippi Co. Ark	04 Nov 1916	J. C. Burrus, JP
C. E. Stotter Dunklin Co. MO	Docie McSparllin Dunklin Co. MO	24 Oct 1916 06 Nov 1916 filed	W. J. Pankey, MG
George Ferguson Mississippi Co. Ark	Ardre Collins Mississippi Co. Ark	07 Nov 1916	J. C. Burrus, JP
M. Baldwin	Mayene Thomas Dunklin Co. MO	07 Nov 1916	Jos. M. Brasher, Judge of Probate
Clayton Parr Mississippi Co. Ark	Annie May Smith Mississippi Co. Ark	28 Oct 1916 08 Nov 1916 filed	R. W. Critz, MG
Robert Jones	Margaret Pillar	28 Oct 1916 08 Nov 1916 filed	R. W. Critz, MG

GROOM	BRIDE	DATE	SOLEMNIZED BY
Percy Love (mother Mary Aldridge consented)	Viola Jones	01 Nov 1916	R. W. Critz
	(NOT RECORDED IN CLERK'S OFFICE)		
Frank Ruffin Dyer Co. TN	Janie Armstrong Dyer Co. TN	08 Nov 1916	J. C. Burrus, JP
Hansel Lee Dyer Co. TN	Mattie Purcell Dyer Co. TN	08 Nov 1916	Jos. M. Brasher, Judge of Proabte
Claud Pressley	Gertrude Dockery	09 Nov 1916	Jos. M. Brasher, Judge of Probate
Dan Young Mississippi Co. Ark	Mary Burcher Mississippi Co. Ark	10 Nov 1916	Jos. M. Brasher, Judge of Probate
Will Smith	Maggie Barnes	10 Nov 1916	Jos. M. Brasher, Judge of Probate
Roy Nolen	Exie Glidwell	05 Nov 1916 11 Nov 1916 filed	F. Klingensmith, JP
M. O. Hickerson	Addie Esters	12 Nov 1916 13 Nov 1916 filed	W. F. Henson, MG
Richard Carter	Lula Goodman	13 Nov 1916	Jos. M. Brasher, Judge of Probate
Richard Edwards	Ora Long	12 Nov 1916 14 Nov 1916 filed	R. W. Critz, MG
Claud Cooper	Irene Morgan	08 Nov 1916 15 Nov 1916 filed	R. D. Keirsey, JP
J. R. Bullington	Katie Collins	04 Nov 1916 15 Nov 1916 filed	W. W. Corbett, JP
Thomas Scott	Mary Haris	05 Nov 1916 15 Nov 1916 filed	W. W. Corbett, JP
R. B. Bryant New Madrid Co. MO	Lula Feagan New Madrid Co. MO	13 Nov 1916 16 Nov 1916 filed	L. R. Watkins, JP

GROOM	BRIDE	DATE	SOLEMNIZED BY
James E. Parker New Madrid Co. MO	Carrie M. Garvin New Madrid Co. MO	21 Oct 1916 16 Nov 1916 filed	M. O. Morris, MG
Spencer Taylor	Clara Moyes	08 Nov 1916 16 Nov 1916 filed	Ben Taylor, MG
Leonard Boyd Mississippi Co. Ark	Mamie Simmons Mississippi Co. Ark	16 Nov 1916	L. R. Watkins, JP
Feb Nedrey Mississippi Co. Ark	Addie Dovis Mississippi Co. Ark	18 Nov 1916	W. W. Corbett, JP
L. R. Lamp Whitesides Co. IL	Mrs. E. L. Harris	18 Nov 1916	L. R. Watkins, JP
Sam Adestch	Cora Manest	19 Nov 1916 20 Nov 1916 filed	W. S. Shires, MG
Ernest Isate	Bessie Kenney (stepfather J. M. Scott consented)	20 Nov 1916 21 Nov 1916 filed	C. R. Morgan, JP
Thomas N. Green	Lillie G. Murray	19 Nov 1916 22 Nov 1916 filed	P. H. Heathcock, JP
Will Said (Shed)	Mollie Meals	25 Nov 1916	L. R. Watkins, JP
W. S. Shires	Etta Hart Johnson Co. IL	26 Nov 1916 27 Nov 1916 filed	W. E. Gotcher, JP
Ed Green	M. Duvall	25 Nov 1916 27 Nov 1916 filed	A. J. Crowe, JP
Curley Lee	Georgia Glass	27 Nov 1916	A. J. Crowe, JP
Joe Johnson	Mary Low (Lon)	27 Nov 1916	A. J. Crowe, JP
John Robertson	Lilly Platt	22 Nov 1916 27 Nov 1916 filed	P. H. Heathcock, JP
James Bray	Naomi Willeford	11 Oct 1916 27 Nov 1916 filed	S. E. Redman, JP
James H. Ballentine	Lilly F. Mathias	26 Nov 1916 27 Nov 1916 filed	G. G. Bowen, JP

GROOM	BRIDE	DATE	SOLEMNIZED BY
R. T. Thompson	Amanda Bronson	27 Nov 1916	W. W. Corbett, JP
Joe Bentley	Bessie Warren	28 Nov 1916	Jos. M. Brasher, Judge of Probate
John Carmicle	J. Key	26 Nov 1916 28 Nov 1916 filed	L. A Ruddle, JP
Glen Ingram	Emma Shires	28 Nov 1916	Jos. M. Brasher, Judge of Probate
W. G. Evans	Pearl Coker (stepfather L. M. McPherson consented)	26 Nov 1916 29 Nov 1916 filed	S. E. Redman, JP

Jeff White
  Dyer Co. TN
	Alena Turbas
	  Dyer Co. TN
		28 Nov 1916
		29 Nov 1916 filed
			A. J. Crowe, JP

Sampson Lee	Ethel Terry	30 Nov 1916	W. W. Corbett, JP
Ernest Crecelius	Norma Smith King Co. WA	30 Nov 1916 01 Dec 1916 filed	P. G. Throgmorton, MG
Robert Hughes McCracken Co. KY	Pearl Graham	30 Nov 1916 01 Dec 1916 filed	P. G. Throgmorton, MG

Andrew Dalton
  Mississippi Co. Ark
	Lena Williams
	  Mississippi Co. Ark
		02 Dec 1916	Jos. M. Brasher, Judge of Probate

E. R. Washington
  Mississippi Co. Ark
	Pearl Hargrove
	  Mississippi Co. Ark
		04 Dec 1916	W. W. Corbett, JP

Will Johnson	Anna Sutton	02 Dec 1916 04 Dec 1916 filed	L. R. Watkins, JP
Ned Brooks	Hattie White	02 Dec 1916	L. R. Watkins, JP
Niles Seawood	Margire Gibson	04 Dec 1916	Jos. M. Brasher, Judge of Proabte
Sam Williams	Pinkney Taylor	03 Dec 1916 05 Dec 1916 filed	C. R. Morgan, JP
James Williams	Mary Hearst	05 Dec 1916	L. R. Watkins, JP

GROOM	BRIDE	DATE	SOLEMNIZED BY

C. J. Boze
  Dunklin Co. MO
	Anna Cook___
	  Dunklin Co. MO
		05 Dec 1916
		  07 Dec 1916 filed
			J. F. Michael, MG

Willie Cannady	Della May Tripp	06 Dec 1916 08 Dec 1916 filed	L. R. Watkins, JP
Ed Lingle	Rosa Simmons	09 Dec 1916	Jos. M. Brasher, Judge of Probate
Will Smith	May Fitzhugh	08 Dec 1916 09 Dec 1916 filed	L. R. Watkins, JP
Harley Hitchcock	Mattie M. Norri__	09 Dec 1916	L. R. Watkins, JP
Charles A. Crest	Viola Greenwell	08 Dec 1916 10 Dec 1916 filed	K. V. Propst, MG

Harry Stout	Opal Hanry
	  Cape Girardeau Co. MO
		09 Dec 1916
		  12 Dec 1916 filed
			W. F. Henson, JP

Ervin Bates	Mattie Tulas	09 Dec 1916 12 Dec 1916 filed	R. W. Critz, MG

Henry Shaw	Battrice Vanhook
	  Mississippi Co. Ark
		09 Dec 1916
		  12 Dec 1916 filed
			J. C. McClain, MG

Robert Moore
  Dunklin Co. MO
	Irene Durham	30 Nov 1916
		  12 Dec 1916 filed
			J. T. Wedington, MG

Pleasant C. Tipton	Alice Wiseman	01 Nov 1916 15 Dec 1916 filed	W. H. Setzer, MG
L. T. Usery	Mattie Toy (Foy)	11 Dec 1916 12 Dec 1916 filed	L. R. Watkins, JP
John A. Lonon	Lillie Cromeans	02 Dec 1916 12 Dec 1916 filed	Wm. H. Setzer, MG
Jas. S. Tilson (father J. T. Tilson consented)	Willie Hastings	13 Dec 1916	A. J. Crowe, JP
Quincy Fowler	Lelia M. Morrison	11 Dec 1916 14 Dec 1916 filed	Jas. S. Newsom MG

GROOM	BRIDE	DATE	SOLEMNIZED BY
Phillip Bond	Bertie Reno	10 Dec 1916	
		15 Dec 1916 filed	A. L. Hall, JP
Thomas Carter	Corda Kirk	10 Dec 1916	
		15 Dec 1916 filed	S. E. Redman, JP
A. Bivins	Mandie A. Ward (father John F. Ward consented)	05 Dec 1916 16 Dec 1916 filed	L. A. Ruddle, JP
H. P. Stonmer Dunklin Co. MO	Lizzie O. Acres Dunklin Co. MO	13 Dec 1916 16 Dec 1916 filed	W. W. Corbett, JP
John Albridge (Aldridge) Mississippi Co. Ark	Minnie Johnson Mississippi Co. Ark	16 Dec 1916	Jos. M. Brasher, Judge of Probate
Frank Hull	Roxie Johnson	17 Dec 1916 18 Dec 1916 filed	R. W. Critz, MG
Miles Rainwater Obion Co. TN	Flora Cain Obion Co. TN	17 Dec 1916 18 Dec 1916 filed	L. R. Watkins, JP
William Smith	Gertrude Williams	18 Dec 1916 19 Dec 1916 filed	R. W. Critz, MG
Marshall Pate	Minnie Brown (father Van Brown consented)	19 Dec 1916	L. R. Watkins, JP
John Rouselhoff	Minnie Spencer	18 Dec 1916 20 Dec 1916 filed	L. R. Watkins, JP
F. E. Trout	Alice Bush	20 Dec 1916	A. J. Crowe, JP
James R. Hayes	Julia Hall	21 Dec 1916	Jos. M. Brasher, Judge of Probate
Henry Williams	Ella Steward	16 Nov 1916 22 Dec 1916 filed	J. T. Wedington, MG
Sam Byru__	Vera Underwood	22 Dec 1916	L. R. Watkins, JP
Walter Byrn	Letitia Kellums (father C. F. Kellums consented)	16 Dec 1916 23 Dec 1916 filed	Wm. Schulte, Cath. Priest

GROOM	BRIDE	DATE	SOLEMNIZED BY
B. Holland	Clarice Liles (father H. I. Liles consented)	18 Dec 1916 23 Dec 1916 filed	W. W. Corbett, JP
Vick Linley Fulton Co. KY	Clydie Partwood (guardian Fred Partwood consented)	23 Dec 1916	A. J. Crowe, JP
Lawrence Whitney	Ovilla Welch (stepfather S. N. Miles consented)	23 Dec 1916	A. J. Crowe, JP
J. H. Swain Stoddard Co. MO	Vera Welborn Cape Girardeau Co. MO	22 Dec 1916 25 Dec 1916 filed	C. P. Browning, MG
A. Sparks Scott Co. MO	Cara Holeman Dunklin Co. MO	25 Dec 1916	C. P. Browning, MG
David Warren Clay Co. Ark	Nellie Sharp Dunklin Co. MO	25 Dec 1916	C. P. Browning, MG
Alf Pigg	Ada Church	25 Dec 1916 26 Dec 1916 filed	W. W. Corbett, JP
W. A. Maxey	Mrs. W. M. Byons	24 Dec 1916 26 Dec 1916 filed	J. M. Argo, JP
Luther Chapman (father L. G. Chapman consented)	Willie DePriest	25 Dec 1916 26 Dec 1916 filed	W. W. Corbett, JP
Stanley Edwards New Madrid Co. MO	Kitty Adams New Madrid Co. MO	24 Dec 1916 27 Dec 1916 filed	J. M. N. Thomson, JP
N.E. Thomas Fulton Co. KY	Saphrona Downing	24 Dec 1916 27 Dec 1916 filed	L. R. Watkins, JP
Daniel Walker Mississippi Co. Ark	Mandy Carter Mississippi Co. Ark	27 Dec 1916	L. R. Watkins, JP
L. W. Daniels Reynolds Co. MO	Grace Rickens Cape Girardeau Co. MO	22 Dec 1916 26 Dec 1916 filed	K. V. Propst, MG
Andrew Taylor	Zonia Gaylord	24 Dec 1916 28 Dec 1916 filed	H. J. Woolverton, JP

GROOM	BRIDE	DATE	SOLEMNIZED BY
Raymond Birthright	Mary Fowler	23 Dec 1916	
		28 Dec 1916 filed	R. W. Critz, MG

Thomas O. Myers
  Dunklin Co. MO
	Martha Martin
	  Dunklin Co. MO
		28 Dec 1916	A. J. Crowe, JP

Herbert Rufus	Fannie Walton	24 Dec 1916	
		28 Dec 1916 filed	John H. Boone, MG
S. W. Haggard	Nannie E. Haggard	29 Dec 1916	Jos. M. Brasher, Judge of Probate

Arnold Watson
  Dyer Co. TN
	Pearl Frizzell
	  Dyer Co. TN
		20 Dec 1916
		30 Dec 1916 filed
			H. M. Turnbow, JP

C. C. Lovelace	L. E. Rose	20 Dec 1916 30 Dec 1916 filed	H. M. Turnbow, JP
Cheat Curtis	Eva Townsel	30 Dec 1916	A. J. Crowe, JP
Carter Edwards	Sallie Crenshaw	24 Dec 1916 01 Jan 1917 filed	J. L. Pinkston, MG
Jack McPherson	Cuba O'Neal	21 Dec 1917 01 Jan 1917 filed	S. E. Redman, JP

J. W. Wesley
  Mississippi Co. Ark
	Anna McPherson
	  Mississippi Co. Ark
		01 Jan 1917	W. W. Corbett, JP

G. C. Wilson	Flossie Pounds	31 Dec 1916 02 Jan 1917 filed	W. H. Northern, JP
S. E. Netheny	Pocahantas Proctor	24 Dec 1916 02 Jan 1917 filed	Wm. H. Setzer, MG
C. S. Cettus Kansas City, Jackson Co. MO	Edna Robertson	27 Dec 1916 02 Jan 1917 filed	Wm. H. Setzer, MG
Adlai King	Eva Lowenstein	01 Jan 1917 02 Jan 1917 filed	Wm. H. Setzer, MG

Ira Oliver
  Shelby Co. TN
	Florence James
	  Dunklin Co. MO
		02 Jan 1917	Jos. M. Brasher,
			  Judge of Probate

GROOM	BRIDE	DATE	SOLEMNIZED BY
James Torbet	Pauline Collins	10 Dec 1916 03 Jan 1917 filed	M. J. Gray, MG
Joe Emerson	Sadie Johnson	04 Jan 1917	Jos. M. Brasher, Judge of Probate
N. M. Terrett	Febie Shipman	05 Jan 1917 06 Jan 1917 filed	James Randall, MG

Charles Croos
  Mississippi Co. Ark
	Margaret Johnson
	  Mississippi Co. Ark
		08 Jan 1917	Jos. M. Brasher
			  Judge of Probate

Willard McCarter (guardian
  James J. Long consented)
  St. Louis MO
	Martha Maul
	  St. Louis MO
		08 Jan 1917	W. W. Corbett, JP

Lawrence Cooper	Ethel McCann	03 Jan 1917	Jos. S. Newsom MG
(NOT RECORDED IN IN CLERK'S OFFICE)			
J. W. Baynes	Nannie Brandon	06 Jan 1917 11 Jan 1917 filed	H. Patterson
W. D. Hudspeth	Lena E. Dunklin	14 Jan 1917 15 Jan 1917 filed	A. J. Crowe, JP

Walter Hemphill
  Mississippi Co. Ark
	Tabitha Shears
	  Mississippi Co. Ark
		13 Jan 1917
		15 Jan 1917 filed
			A. J. Crowe, JP

J. N. Abernathy	Edith Urquhart	14 Jan 1917 16 Jan 1917 filed	W. W. Corbett, JP
Nash Wright	Katie Cooper	14 Jan 1917 18 Jan 1917 filed	James A. Jones, JP
Sam Cameron	Mrs Ora Pully	21 Jan 1917 22 Jan 1917 filed	P. G. Throgmorton, MG
Sylvester Langston	Blanche Gordon	26 Jan 1917	Jos. M. Brasher, Judge of Probate
Paul Watley	Mexie Walker	20 Jan 1917 27 Jan 1917 filed	James A. Jones, JP

GROOM	BRIDE	DATE	SOLEMNIZED BY
A. C. Hicks	Ethel Mosse	27 Jan 1917	
		29 Jan 1917 filed	F. M. Gwin, JP
Luther Harris	Beatrice Cannon	28 Jan 1917	
		29 Jan 1917 filed	Alex Jones, MG
Toney Bennett	Mamie Hayden	29 Jan 1917	
Mississippi Co. Ark	Dunklin Co. MO		A. J. Crowe, JP
Will Richardson	Lucy Clemmons	29 Jan 1917	A. J. Crowe, JP
J. W. Lucy	Mrs. Josie Bayer	26 Jan 1917	
		29 Jul 1917 filed	Jos. S. Newson, MG
Sam Taylor	Margaret Perry	31 Jan 1917	Jos. M. Brasher, Judge of Probate
Willie Hilbert	Josie Wilson	13 Jan 1917	
		03 Feb 1917 filed	Harry Gengenback JP
G. L. Barnes	Mary Rufus	25 Jan 1917	
		03 Feb 1917 filed	H. Whitesides, MG
Lee Robson	Anna Garden	03 Feb 1917	Jos. M. Brasher, Judge of Probate
Scott Co. MO	Scott Co. MO		
Jordon Johnson	Belle Roach	03 Feb 1917	L. R. Watkins, JP
William A. Ward	Imogene A. Bennett	01 Feb 1917	Wm. Schulte, Cath. Priest
		05 Feb 1917 filed	
James Lewis	Carrie Stewart	05 Feb 1917	
		06 Feb 1917 filed	A. J. Crowe, JP
Simon Lyde	Lee North	06 Feb 1917	Jos. M. Brasher, Judge of Probate
Blair Boyle	Ethel Hamilton	07 Feb 1917	C. P. Browning, MG
Leonard Lemond	Leola Simmons	04 Feb 1917	
		07 Feb 1917 filed	L. R. Watkins, JP
Edgar Horn	Clara Earl	03 Feb 1917	
		07 Feb 1917 filed	L. R Watkins, JP

GROOM	BRIDE	DATE	SOLEMNIZED BY
Will Mullen	Helen Hoffman (father E. A. Hoffman consented)	03 Feb 1917 09 Feb 1917 filed	J. C. Lescher, JP
Russel Brials	J. D. Strange	31 Jan 1917 10 Feb 1917 filed	P. N. Walker, MG
Steve Fortenberry Mississippi Co. Ark	Alice G. Gounillion Lonoke Co. Ark	08 Feb 1917 10 Feb 1917 filed	L. R. Watkins, JP
Dave Robertson	Pearlie Perkins (parents Ritch & Lula Carter consented)	10 Feb 1917	A. J. Crowe, JP
Sherman Kasinger New Madrid Co. MO	Gladys Odom (father L. J. Odom consented)	11 Feb 1917 13 Feb 1917 filed	C. L. Bryson, JP
Harry Shook	Lois Scott Davis Co. KY	12 Feb 1917 13 Feb 1917 filed	A. J. Crowe, JP
Geo. A. Duvall	Sarah A. Braden	13 Feb 1917 14 Feb 1917 filed	P. R. Throgmorton, MG
Washington Harris	Virginia Price	12 Feb 1917 14 Feb 1917 filed	Alex Jones, MG
Alex Mason	Daisy White	13 Feb 1917 14 Feb 1917 filed	Alex Jones, MG
Willie Jardon Shelby Co. TN	Rosie Trotter Shelby Co. TN	12 Feb 1917 14 Feb 1917 filed	L. R. Watkins, JP
Zachariah Gilbert	Mamie Sanders	12 Feb 1917	L. R. Watkins, JP
C. P. Veid	Lola Stewart	16 Feb 1917	A. J. Crowe, JP
John Martin	Eunice Kendrick	15 Feb 1917 19 Feb 1917 filed	C. P. Browning, MG
John Jamerson Shelby Co. TN	Ruby Smith Shelby Co. TN	18 Feb 1917 19 Feb 1917 filed	C. P. Browning, MG
J. B. Brown	Mary White	19 Feb 1917 23 Feb 1917 filed	L. R. Watkins, JP

GROOM	BRIDE	DATE	SOLEMNIZED BY

L. W. Cambern
  Dyer Co. TN
	Ruby Watkins
	  Dyer Co. TN
		23 Feb 1917	W. W. Corbett, JP

J. S. Edwards	Tula Dillender (father S. R. Dellender consented)	18 Feb 1917 26 Feb 1917 filed	J. L. Pinkston, MG
Will Denison	Adie Webster	20 Feb 1917 (?) 16 Feb 1917 (?)	R. P. Lucado, MG
Arthur Ware	Beckie Anderson	26 Feb 1917 27 Feb 1917 filed	W. W. Corbett, JP
J. A. Barnes	Edna Shepard	26 Feb 1917 27 Feb 1917 filed	L. R. Watkins, JP
W. A. Key	Elsie Cummins (father P. A. Cummins consented)	27 Feb 1917	L. R. Watkins, JP
Buster Sanders	Gertie Metzger (father Henry Metzger consented)	09 Mar 1917 13 Mar 1917 filed	J. J. Wilson, MG

Jas. M. Alexander	Gladys Whitesides (father
	  O. L. Whitesides consented)
		01 Mar 1917	Jos. M. Brasher,
			  Judge of Probate

Ed Young	Myrtle Penley	24 Feb 1917 02 Mar 1917 filed	F. Klingensmith, JP
Michael Emerson	Lizzie Duke	22 Feb 1917 03 Mar 1917 filed	P. G. Throgmorton, MG
John Heath	Rosie Sherrill	24 Feb 1917 03 Mar 1917 filed	M. E. Dunavant, County Judge
Eddie Grimes	Fannie L. Dunning (father I. A. Dunning consented)	28 Feb 1917 03 Mar 1917 filed	J. H. McFarland, JP
Ben Powell	Fannie Lane	24 Feb 1917 03 Mar 1917 filed	M. E. Dunavant, County Judge

L. B. Light
  Dyer Co. TN
	May Lee Blanche
	  Dyer Co. TN
		05 Mar 1917	Jos. M. Brasher,
			  Judge of Proabte

GROOM	BRIDE	DATE	SOLEMNIZED BY
W. H. Satterfield	Jessie Jones	28 Feb 1917	
		06 Mar 1917 filed	Jas. M. Newsom, MG
Sam Pollard	Josephine Slate	05 Mar 1917	
		06 Mar 1917 filed	A. J. Crowe, JP
W. H. Blackwater	Susie Belknap	05 Mar 1917	
		06 Mar 1917 filed	A. J. Crowe, JP
Wayne Gaines	Mrs. Mandie Kates	05 Mar 1917	
		06 Mar 1917 filed	A. J. Crowe, JP
Gus Hickerson (father J. A. Hickerson consented)	Maud Wilkins (father H. E. Wilkins consented)	04 Mar 1917 07 Mar 1917 filed	M. O. Hickerson, JP
J. W. Ligon	Mary F. Ferrell	04 Mar 1917	
		09 Mar 1917 filed	L. R. Watkins, JP
E. E. McLarty Mississippi Co. Ark	Dorothy Ward	20 Feb 1917 12 Mar 1917 filed	William Schulte Cath. Priest
James Marshall New Madrid Co. MO	Eva Hankins (father Cord Hankins consented)	11 Mar 1917 13 Mar 1917 filed	J. L. Baker, JP
Lee Cawthon	Chloe Gaines	12 Mar 1917	
		13 Mar 1917 filed	A. J. Crowe, JP
Doss Stiles	Lillian Turner New Madrid Co. MO	09 Mar 1917 13 Mar 1917 filed	C. P. Browning, MG
R. E. Barus	I. D. White	11 Mar 1917	
		13 Mar 1917 filed	Jas. S. Newsom, MG
C. D. Cremens Jefferson Co. IL	Nettie Sanders	13 Mar 1917 15 Mar 1917 filed	L. A. Ruddle, JP
James A. Gossett	Thomas Nellie Lumley	03 Feb 1917 10 Mar 1917 filed	John T. Bruce, MG
Bud Stow	Verna Drum (mother Mrs. Lillie Strong consented)	12 Mar 1917 16 Mar 1917 filed	James A. Jones, JP

GROOM	BRIDE	DATE	SOLEMNIZED BY
Ward Young	Linnie Cathey	12 Mar 1917 16 Mar 1917 filed	W. W. Tarkington, JP
Will Brasher	Gracie Terrett	16 Mar 1917 18 Mar 1917 filed	R. J. Ford, JP
J. E. Patterson	Dixie Caldwell	19 Mar 1917 21 Mar 1917 filed	J. L. Baker, JP
Homer Whitaker	Lillie Richardson	15 Mar 1917 23 Mar 1917 filed	J. A. Hardeman, MG
Willie Holt	Alma L. Scroggins (father A. Scroggins consented)	11 Mar 1917 23 Mar 1917 filed	H. M. Turnbow, MG
J. S. Oliver Mississippi Co. Ark	Hattie Brown	24 Mar 1917	Jos. M. Brasher Judge of Probate
Robert Mathenia	Mrs. Inez McCall	24 Mar 1917	Jos. M. Brasher, Judge of Probate
Roscoe T. Clare	Nellie B. Baker	24 Mar 1917 26 Mar 1917 filed	W. F. Henson, JP

Preston McPherson
  Crittenden Co. Ark
	Susie Harber (Harper)
	  Crittenden Co. Ark
		26 Mar 1917	A. J. Crowe, JP

T. A. Johnson	Carrie Jordan	26 Mar 1917	A. J. Crowe, JP
A.B. Bruce	Mrs. Ethel Watkins (grandfather J. K. Summers consented)	27 Mar 1917	A. J. Crowe, JP
Robert M. Ray	Ethel M. Atwood	12 Mar 1917 31 Mar 1917 filed	S. E. Redman, JP
Charles Baker	Ethel Williams	02 Apr 1917	L. R. Watkins, JP

C. F. Young
  Dunklin Co. MO
	Maggie King
	  Dunklin Co. MO
		02 Apr 1917	Jos. M. Brasher,
			Judge of Probate

Walter Hall
  Dunklin Co. Mo
	Anna Ruth Freeman
	  Dunklin Co. MO
		29 Mar 1917
		03 Apr 1917 file
			J. P. Pinkston, MG

GROOM	BRIDE	DATE	SOLEMNIZED BY
Mark Woods	Bessie Tarbutton	31 Mar 1917	
		03 Apr 1917 filed	J. T. Dearwood, MG
J. P. Curry	May Williford	01 Apr 1917	
		03 Apr 1917 filed	G. G. Bowen, JP
John Kinney	Mamie Mample	04 Apr 1917	A. J. Crowe, JP
Chas. E. Winslow	Martha Whitney	04 Apr 1917	
		06 Apr 1917 filed	C. P. Browning, MG
Frank C. Wilks	Agatha LaForge	08 Apr 1917	
		09 Apr 1917 filed	C. P. Browning, MG
Will Gary	Earl Davis	09 Apr 1917	Jos. M. Brasher,
Mississippi Co. Ark	Mississippi Co. Ark		Judge of Probate
Hoskin Parker	Lucile Young	09 Apr 1917	L. R. Watkins, JP
Paul Cole	Maggie A. Yates	07 Apr 1917	
(parents of both parties consented)		09 Apr 1917 filed	L. R. Watkins, JP
Anderson J. Cremens	Frankie O. Sanders (father	09 Apr 1917	
	Willie Sanders consented)	10 Apr 1917 filed	L. A. Ruddle, JP
P. J. Pugh	M. Sellars	11 Apr 1917	Jos. M. Brasher,
Dyer Co. TN	Dyer Co. TN		Judge of Probate
Willie Pollard	Ora Hamlin (father	10 Apr 1917	
	Gus Hamlin consented)	11 Apr 1917 filed	A. J. Crowe, JP
Henry Williams	Mamie Taylor	12 Apr 1917	
		13 Apr 1917 filed	E. A. McKinney, MG
Bryant Piles	Lillie Rose	14 Apr 1917	
Lake Co. TN	Lake Co. TN		L. R. Watkins, JP
Edward Norvell	Lula Calton	14 Apr 1917	
		16 Apr 1917 filed	J. M. Agro, JP
O. G. Holdman	May Smith (guardian	14 Apr 1917	
	Geo. N. Watkins consented)	16 Apr 1917 filed	O. T. Wilson, MG

GROOM	BRIDE	DATE	SOLEMNIZED BY
George Kinney	Celrstus Williams	24 Apr 1917 16 Apr 1917 filed	Timothy Grimes, MG
J. G. Bradley	Holly May Freeman (mother Gertie Barnes consented)	16 Apr 1917 17 Apr 1917 filed	W. W. Corbett, JP
John Shields Edwards	Bessie Vivian Chandler	18 Apr 1917 19 Apr 1917 filed	C. P. Browning, MG
Walter Hall	Ruby Williams (guardian J. D. Hall consented)	07 Apr 1917 20 Apr 1917 filed	Jas. S. Newsom
Dallas Austin	Jennie Harris	21 Apr 1917 23 Apr 1917 filed	E. A. McKinney, MG
Jessie Williford	Verna Sanders	22 Apr 1917 24 Apr 1917 filed	A. L. Hall, JP
Carl Adams	Neva Akers	23 Apr 1917 25 Apr 1917 filed	L. R. Watkins, JP
Lacey Mullens (father A. D. Mullens consented)	Mary Sims (father C. _. Sims consented)	25 Apr 1917 28 Apr 1917 filed	F. M. Gwin, JP
Will Hayes	Lena Ward	28 Apr 1917	L. R. Watkins, JP
J. W. Baynes (father J. T. Crecelius consented)	Mannie Henley	21 Apr 1917 30 Apr 1917 filed	M. E. Dunavant, County Judge
Lee Thompson	Adalyee Edwards	18 Apr 1917 30 Apr 1917 filed	C. P. Browning, MG
Fred Robinson Mississippi Co. Ark	Larverta Buckingham Mississippi Co. Ark	30 Apr 1917	L. R. Watkins, JP
Andrew Thomas	Mary Jones	28 Apr 1917 30 Apr 1917 filed	L. R. Watkins, JP
C. E. Johnson	Clara Ayers	25 Apr 1917 02 May 1917 filed	W. F. Hudson, MG
Ed Hardin	Ella Johnson	29 Apr 1917 02 May 1917 filed	S. M. Arthur, MG

GROOM	BRIDE	DATE	SOLEMNIZED BY
Henry Sanders	Susie Johnson	29 Apr 1917	
		02 May 1917 filed	C. L. Bryson, JP
Logan Marshall	Rosa M. Back (father S. S. Back consented)	30 Apr 1917	
		03 May 1917 filed	S. S. Back, MG
Zeb Vance	M. C. Sides	05 May 1917	A. J. Crowe, JP
Will Hackett	Nora Washington	03 May 1917	
		07 May 1917 filed	J. W. Hownon, MG
G. A. Granger	Allye L. Webb Lake Co. TN	07 May 1917	
		08 May 1917 filed	A. J. Crowe, JP
James Noble Mississippi Co. MO	Janie Riggs Mississippi Co. MO	08 May 1917	L. R. Watkins, JP
Jesse James Mississippi Co. Ark	Alice Henson Mississippi Co. Ark	08 May 1917	A. J. Crowe, JP
Will Lucas	Drucilla Hanson	07 May 1917	
		09 May 1917 filed	Alex Jones, MG
Jake Morgan Mississippi Co. Ark	Eliza Betts Mississippi Co. Ark	05 May 1917	
		09 May 1917 filed	Wm. H. Setzer, MG
M. W. Moore Mississippi Co. Ark	Nora Swift New Madrid Co. MO	08 May 1917	
		10 May 1917 filed	L. A. Ruddle, JP
Will Jones	Frankie Neal	09 May 1917	
		10 May 1917 filed	L. R. Watkins, JP
A. L. Kennedy Dunklin Co. MO	Maud Smith Dunklin Co. MO	09 May 1917	
		11 May 1917 filed	K. V. Propst, MG
D. F. Roberts Butler Co. MO	Esta Adams	11 May 1917	
		12 May 1917 filed	W. W. Corbett, JP
Victor Sigler	Hazel Whitener	11 May 1917	
		14 May 1917 filed	K. V. Propst, MG
Marshall Riley Mississippi Co. Ark	Lucy Williams Mississippi Co Ark	14 May 1917	L. R. Watkins, JP

GROOM	BRIDE	DATE	SOLEMNIZED BY
Tom Halford	Bertha Ray	13 May 1917 15 May 1917 filed	A. L. Hall, JP

Boonie Treece (father
  George Treece consented)
	Arvena Neeley (father
	  J. L. Neeley consented)
		13 May 1917
		15 May 1917 filed
			M. L. Hinchey, MG

Jack Huckaba	Ora Corbin	15 May 1917	Jos. M. Brasher, Judge of Probate
John Deal	Myrtle Statts (father C. R. Statts consented)	13 May 1917 19 May 1917 filed	W. M. Duncan, MG
Tillman Woody	Laura Lumbeck (father J. M. Lumbeck consented)	19 May 1917 21 May 1917 filed	C. L. Bryson
Truman R. Cole	Beatrice Tigirt	21 May 1917	M. O. Morris, MG
C. A. Reavis	Nesoma Goodman	12 May 1917	D. M. Busby, MG
J. R. Parish	Gracie Cathey (father D. O. Cathey consented)	21 May 1917 22 May 1917 filed	J. M. Argo, JP

Quinn Bartley
  Mississippi Co. Ark
	Tetsie Ann Turner
	  Mississippi Co. Ark
		28 May 1917	A. J. Crowe, JP

William Fry	Bessie Irene Gilbert	27 May 1917	J. J. Wilson, MG
Landon Edwards	Grace Jackson (father E. D. Jackson consented)	27 May 1917 29 May 1917 filed	Ilus O. McCorkle, MG
Dannie Kitchen (father J. M. Kitchen consented)	Lelia Smith	26 May 1917 29 May 1917 filed	W. M. Duncan, MG
Sel Scowels	Ora Wilkins (father H. E. Wilkins consented)	28 May 1917 29 May 19171 filed	W. W. Corbett, JP

J. B. Morton
  Spencer Co. IN
	Lucy Nanney
	  Spencer Co. IN
		28 May 1917
		29 May 1917 filed
			Jos. M. Brasher,
			  Judge of Probate

A. B. Cotham	Ethel Sisk	27 May 1917 29 May 1917 filed	Wm. Schulte Cath. Priest
E. J. Jackson	R. E. Moore	16 May 1917 31 May 1917 filed	J. T. Wedington, MG

GROOM	BRIDE	DATE	SOLEMNIZED BY
T. A. Coleman	Ora Curtis	30 May 1917 31 May 1917 filed	G. G. Bowen, JP

Henry Clay
  New Madrid Co. MO
	Mattie Martin
	  New Madrid Co. MO
		31 May 1917	Jos. M. Brasher,
			  Judge of Probate

Elija McCoy	Mattie Allen	31 May 1917	L. R. Watkins, JP
Garland Murphey	Rosa Horton	27 May 1917 01 Jun 1917 filed	D. M. Busby, MG

R. W. Morgan
  Dyer Co. TN
	Florence Vaughn
	  Dyer Co. TN
		01 Jun 1917	Jos. M. Brasher,
			  Judge of Probate

John Adkins	Mary Cain	26 May 1917 02 Jun 1917 filed	M. L. Henchey, MG
Sam Page	Charlot Taylor	02 Jun 1917	L. R. Watkins, JP
G. S. Simmons	Sarah Dunbar (mother Irene Sedgewick consented)	16 May 1917 04 Jun 1917 filed	J. T. Wedington, MG
William L. Lewis	Zola Lee O'Conner	26 May 1917 04 Jun 1917 filed	S. E. Hamilton, MG
William D. Dean	Lula Butler	26 May 1917 04 Jun 1917 filed	W. H. Hudson, MG
Ben Jones	Dollie Jackson	01 Jun 1917 04 Jun 1917 filed	J. J. Wilson, MG
Dan McIntyre	Minnie Ray Dunklin Co. MO	04 Jun 1917	A. J. Crowe, JP
Joe Terrer	Francis O. Tinsley	31 May 1917 06 Jun 1917 filed	C. P. Browning, MG

William B. Haley
  Mississippi Co. Ark
	M. Sanders
	  Mississippi Co. Ark
		03 Jun 1917
		06 Jun 1917 filed
			J. J. Wilson, MG

Chapter Clark	Birdie Terrett (father William Terrett consented)	26 May 1917 06 Jun 1917 filed	J. E. Randall, MG

GROOM	BRIDE	DATE	SOLEMNIZED BY

John Bush
  New Madrid Co. MO
	Rosa Bayne
	  New Madrid Co. MO
		02 Jun 1917
		07 Jun 1917 filed
			W. W. Ellis, MG

Dewey Neeley (father J. M. Neeley consented)	Beulah Riley	20 May 1917 09 Jun 1917 filed	L. M. Laferry, MG
Nelson R. Connell	Mary Bradford	07 Jun 1917 11 Jun 1917 filed	P. H. Heathcock, JP
J. A. Trout	Mary Hurst (mother Ellen Thomas consented)	11 Jun 1918	L. R. Watkins, JP
Thomas Pierce	May A. Bell	11 Jun 1917	Jos. M. Brasher, Judge of Probate
W. M. Mosher	Della Burus	10 Jun 1917 12 Jun 1917 filed	W. W. Corbett, JP

S. G. O'Donnell
  Shelby Co. TN
	Reba Richardson	11 Jun 1917
		12 Jun 1917 filed
			Wm. Schulte,
			  Cath. Priest

W. S. Wheeler
  Dunklin Co. MO
	Julia B. Brown
	  Dunklin Co. MO
		23 May 1917
		13 Jun 1917 filed
			M. O. Morris,

V. J. Newport
  Dunklin Co. MO
	Mytle George
	  Dunklin Co. MO
		04 Jun 1917 (?)
		01 Jan 1917 (?)
			Wm. H. Setzer, MG

Will Brooks	Pearl Smith	12 Jun 1917 13 Jun 1917 filed	A. J. Crowe, JP
William Allen Wilson	Anna May Crockett (stepfather Henry Phillips consented)	14 Jun 1917 15 Jun 1917 filed	J. M. Argo, JP

John Stevenson
  Garland Co. Ark
	Francis Broughton
	  Garland Co. Ark
		16 Jun 1917	Jos. M. Brasher,
			  Judge of Probate

T. C. Howell	Lena Hill (mother Ella Hill consented)	16 Jun 1917 18 Jun 1917 filed	W. F. Henson, JP
Russ Rinehart	Grace Morgan	16 Jun 1917 19 Jn 1917 filed	W. F. Hudson, MG

GROOM	BRIDE	DATE	SOLEMNIZED BY
Julius Lee	Jennie Anderson	19 Jun 1917	W. W. Corbett, JP

Bias Toney
  New Madrid Co. MO
	Effie Moss
	  New Madrid Co. MO
		11 Jun 1917
		  19 Jun 1917 filed
			J. R. McClain, MG

Eddie Macklin	Bertha Morgan	20 Jun 1917	Jos. M. Brasher, Judge of Probate
Freeman Parker	Susie Horn	13 Jun 1917 22 Jun 1917 filed	Willie James Gray, MG
C. V. Nokes	May Howard	13 May 1917 23 Jun 1917 filed	H. M. Turnbow, JP

F. M. Barker
  Dyer Co. TN
	Mary Rose
	  Mississippi Co. Ark
		16 Jun 1917
		  23 Jun 1917 filed
			H. M. Turnbow, JP

Finish Parnall
  Lake Co. TN
	Lillie Bevel
	  Lake Co. TN
		23 Jun 1917	L. R. Watkins, JP

Fine Hackney	Ruby Wheeler (father J. W. Wheeler consented)	23 Jun 1917	L. R. Watkins, JP
Nate Taylor	Rosa Thomas	23 Jun 1917	Jos. M. Brasher, Judge of Probate

Elmer Griggs	Eula Moore (father
	  G. E. Moore consented)
		23 June 17
		  25 Jun 1917 filed
			G. G. Bowen, JP

Abe Green	Nellie Jurey	25 Jun 1917	Jos. M. Brasher Judge of Probate
John Buckner	Willie Edwards	25 Jun 1917	L. R. Watkins, JP
James Miller	Nannie Turnbow	09 May 1917 27 Jun 1917 filed	Timothy Grimes, MG
Henry Kelley	Della Sane	09 May 1917 27 Jun 1917 filed	Timothy Grimes, MG
Arthur Crenshaw	Lizzie Watson	23 Jun 1917 27 Jun 1917 filed	J. A. Harris, MG

GROOM	BRIDE	DATE	SOLEMNIZED BY
Henry Johnson	Laura Meatte (mother Stella Stewart consented)	24 Jun 1917 27 Jun 1917 filed	J. L. Baker, JP
D. L. Speers Leavenworth Co. KS	Gladys Williams Marthon Co. WI	28 Jun 1917 29 Jun 1917 filed	C. P. Browning, MG
Hersie Goodrum	Mary Turner	24 Jun 1917 30 Jun 1917 filed	M. L. Hinchey, MG
S. R. Lewis	Delia Barnes Mississippi Co. Ark	17 Jun 1917 02 Jul 1917 filed	L. M. Lafermey, MG
George D. Ray	Mattie Anderson	28 Jun 1917 02 Jul 1917 filed	T. G. Fallin, MG
Fred McClure Dunklin Co. MO	Lora M. Trout Dunklin Co. MO	02 Jul 1917	A. J. Crowe, JP
R. E. Brewer	Leona Sturgis	23 Jun 1917 03 Jul 1917 filed	O. T. Wilson, MG
John A. Ferguson	Doris Stubblefield Dunklin Co. MO	01 Jul 1917 03 Jul 1917 filed	Joseph McMahon, MG
Charles Law Mississippi Co. Ark	Eva Cunningham Dunklin Co. MO	02 Jul 1917 03 Jul 1917 filed	A.J. Crowe, JP
Joe Young New Madrid Co. MO	Delia Alexander New Madrid Co. MO	04 Jul 1917	L. R. Watkins, JP
O. B. Phillips (father F. J. Phillips consented)	Ruth Ward (father E. B. Ward consented)	04 Jul 1917	L. R. Watkins, JP
Lige Ethridge	Lillie Evans	04 Jul 1917	L. R. Watkins, JP
Owen Walton	Bernice Ramsey	24 Jun 1917 05 Jul 1917 filed	F. Klingensmith, JP
William Cassidy	Ixa Web	30 Jun 1917 05 Jul 1917 filed	W. F. Hudson, MG
Sid Clayton	Millie Rister	04 Jul 1917 05 Jul 1917 filed	M. O. Hickerson, JP

GROOM	BRIDE	DATE	SOLEMNIZED BY
Drury Long (mother Mrs. Allie Long consented)	Stella Cate	07 Jul 1917	S. H. White, JP
G. A. Wagner, St. Louis MO	Marie Clayton	07 Jul 1917	A. J. Crowe, JP
Resret Riggins	Lilly Williams	07 Jul 1917	Jos. M. Brasher, Judge of Probate
Mack Pillon	Jenette McClintock	07 Jul 1917	Jos. M. Brasher, Judge of Probate
C. A. Keirsey	Grace L. Ping	08 Jul 1917; 10 Jul 1917 filed	R. D. Keirsey, JP
Jim Harris	L. C. Gardner	16 Jun 1917; 10 Jul 1917 filed	J. T. Wedington, MG
W. R. Shaw	Ruby Moore	10 Jul 1917; 12 Jul 1917 filed	J. H. McFarland, JP
Vossie Hamilton	Eva Taylor	14 Jul 1917	E. D. Jones, MG
Lieutenant Mason	Alice Martin	14 Jul 1916; 16 Jul 1917 filed	Jos. M. Brasher, Judge of Probate
Arista Hepler	Gertie Wyatt	14 Jul 1917; 16 Jul 1917 filed	A. J. Crowe, JP
S. W. Sharp	Ella M. Duncan	16 Jul 1917	P. G. Throgmorton, MG
Van Piney	Merlie Thornton	15 Jul 1917; 16 Jul 1917 filed	R. D. Keirsey
G. W. Ray, Dyer Co. TN	May__ Norman, Dyer Co. TN	16 Jul 1917; 17 Jul 1917 filed	L. R. Watkins, JP
Walter Jones	Pauline Johnson	09 Jul 1917; 17 Jul 1917 filed	L. R. Watkins, JP
William Grean	Luella May Davis	20 Jul 1917; 21 Jul 1917 filed	J. M. Argo, JP

GROOM	BRIDE	DATE	SOLEMNIZED BY
Jess Penfip (Pensip)	Eva Bilderback (father Willie Bilderback consented)	21 Jul 1917 23 Jul 1917 filed	W. F. Henson, JP
Ed Lamb	Bessie Heflin	22 Jul 1917 23 Jul 1917 filed	F. Klingensmith, JP
N. F. Pike	Alice Merrick	21 Jul 1917 23 Jul 1917 filed	W. W. Corbett, JP
Carl Riles	May Fisher	22 Jul 1917 24 Jul 1917 filed	L. A. Ruddle, JP
W. M. Bullock	Josephine Callis	24 Jul 1917	Jos. M. Brasher, Judge of Probate
Orvel Dean	Cecil Wagster (father Q. C. Wagster consented)	24 Jul 1917 26 Jul 1917 filed	W. F. Hudson, MG
Frank G. Downing	Anna May Hinshaw (father J. E. Hinshaw consented)	28 Jul 1917 31 Jul 1917 filed	W. W. Corbett, JP
Bob Washington Shelby Co. TN	Willie Davis Shelby Co. TN	31 Jul 1917	L. R. Watkins, JP
Manuel Nearings	Lulu Settles	28 Jul 1917 31 Jul 1917 filed	C. P Browning, MG
G. W. Mollett	Anna Rushton	27 Jul 1917 31 Jul 1917 filed	C. P. Browning, MG
H. Williams Fulton Co. KY	Pearl Sanders Dunklin Co. MO	21 Apr 1917 02 Aug 1917 filed	P. G. Throgmorton, MG
Hoke R. Chism (father Nathaniel Chism consented)	Lillie M. Kesner	28 Jul 1917 04 Aug 1917 filed	J. J. Wilson, MG
E. H. Davenport	Neva Hopkins	03 Aug 1917 06 Aug 1917 filed	J. E. Randell, MG
Walter Shannon	Lelia Stokes	04 Aug 1917 07 Aug 1917 filed	H. A. Hardeman, MG

GROOM	BRIDE	DATE	SOLEMNIZED BY
W. J. Dorris	Naomi Hall	04 Aug 1917	
		07 Aug 1917 filed	F. Klingensmith, JP
Asa Austin	Perleen Magers	05 Aug 1917	
Henderson Co. KY		07 Aug 1917 filed	L. R. Watkins, JP
James M. McBride	Stella M. Potts	08 Aug 1917	
(parents of both parties consented)		10 Aug 1917 filed	Orlando Clifford, JP
Kurt Weathers	Henrietta White		
NO RETURN MADE ON THIS LICENSE			
John W. Shepard	Lyda Methehuson	04 Aug 1917	
	Shelby Co. TN	10 Aug 1917 filed	L. R. Watkins, JP
John Davis	Ella Walker	11 Aug 1917	Jos. M. Brasher,
Lake Co. TN	Lake Co. TN		Judge of Probate
W. L. Collins (father	Bertha Lackey (guardian	04 Aug 1917	
W. H. Collins consented)	Willie Hutson consented)	13 Aug 1917 filed	A. L. Hall, JP
Marvin Shenault	Annie A. Spears (father	09 Aug 1917	
Dunklin Co. MO	W. R. Spears consented)		
	Dunklin Co. MO	13 Aug 1917 filed	G. A. Owens, MG
Charley Ketchener	Linnie L. Burton (father	09 Aug 1917	
	W. T. Burton consented)	13 Aug 1917 filed	W. F. Hudson, MG
William V. Cole	Florence Cole	10 Aug 1917	
Mississippi Co. Ark	Mississippi Co. Ark	13 Aug 1917 filed	W. W. Corbett, JP
Hazel Adams	Annie Mannings	13 Aug 1917	Jos. M. Brasher,
			Judge of Probate
Sullivan Crawford	Ruby Jones	09 Aug 1917	
		14 Aug 1917 filed	Jake Farris, MG
Randolph Williamson	Cren Chappels	13 Aug 1917	
		14 Aug 1917 filed	P. H. Heathcock, JP
George McGinty	Fay Quinlan (father	15 Aug 1917	
	W M. Quinlan consented)	16 Aug 1917 filed	P. G. Throgmorton, MG

GROOM	BRIDE	DATE	SOLEMNIZED BY
Henry T. Myers Jr.	Myrtle I. Robinson	09 Aug 1917	
		17 Aug 1917 filed	F. Klingensmith, JP
Ben Buckley	Minnie Scheper	19 Aug 1917	
		20 Aug 1917 filed	G. G. Bowen, JP
H. D. Franks	Frances Hayes (father	19 Aug 1917	
Marion Co. IA	J. R. Hayes consented)	22 Aug 1917 filed	W. J. Richardson, MG
John D. Heinrichan	Ola DePriest (father	21 Aug 1917	
	Tom DePriest consented)	23 Aug 1917 filed	Orlando Clifford, JP
Sherley Jones	Sadie Leach	22 Aug 1917	
		24 Aug 1917 filed	L. R. Watkins, JP
J. A. Knighton	Mary Stone	22 Aug 1917	
		24 Aug 1917 filed	L. R. Watkins, JP
C. N. McClanahan	Gladys Ivy (mother	24 Aug 1917	
	Fannie Ivy consented)	25 Aug 1917 filed	Q. T. Friend, JP
Lee Pickerill	Lillian Hall	20 Aug 1913	
		28 Aug 1917 filed	P. G. Throgmorton, MG
Dave Summers	Edna Jackson (guardian	26 Aug 1917	
	J. H. McGee consented)	28 Aug 1917 filed	James A. Jones, JP
Claud Neal	Lucile Baker	29 Aug 1917	
Hopkins Co. KY	Alexander Co. IL		L. R. Watkins, JP
James Baugh (guardian	Mary Thomas (mother	03 Sep 1917	Jos. M. Brasher,
J. R. Cummings consented)	Mrs. P. P. Thomas consented)	04 Sep 1917 filed	Judge of Probate
Ed Ware	Bertha Stockard	03 Sep 1917	
Mississippi Co. Ark	Mississippi Co. Ark	04 Sep 1917 filed	L. R. Watkins, JP
Will Isachson	Mrs. Pearl Burnett	25 Aug 1917	
		05 Sep 1917 filed	W. W. Corbett, JP
William A. Powers	Esther Hufstedler	07 Sep 1917	
New Madrid Co. MO			O. T. Wilson

GROOM	BRIDE	DATE	SOLEMNIZED BY
Dave Winston	Queeney Maxwell	08 Sep 1917	Jos. M. Brasher, Judge of Probate
Willie Washington	Willie Cawthon	02 Sep 1917 10 Sep 1917 filed	J. A. Hardeman, MG
Elizah Henderson	Bettie Coker	08 Sep 1917	Jos. M. Brasher, Judge of Probate

A. C. Parrett
  Mississippi Co. Ark
	Adel Pickerson
	  St. Louis, MO
		10 Sep 1917
		12 Sep 1917 filed
			W. W. Corbett, JP

Claud Bashen	Mary Lawrence	14 Sep 1917 17 Sep 1917 filed	W. W. Corbett, JP
Laywer McGraw	Mary Stewart Mississippi Co. Ark	15 Sep 1917 17 Sep 1917 filed	L. R. Watkins, JP
Nathan Cate	Sarah Alexander	15 Sep 1917 17 Sep 1917 filed	L. R. Watkins, JP

Marvin Adair
  Calloway Co. MO
	Viola Pressy
	  St. Louis, MO
		17 Sep 1917	Jos. M. Brasher, Judge of Probate

Robert Russell	Hattie Adams	16 Sep 1917 (?) 14 Sep 1917 (?)	J. H. Robinson, MG

Walter Groves
  Cape Girardeau Co. MO
	Bessie Hillinghurst
	  Cape Girardeau Co. MO
		18 Sep 1917	Jos. M. Brasher, Judge of Probate

Bernard Ruby	Eva Collins	17 Sep 1917 19 Sep 1917 filed	L. R. Watkins, JP
Charlie Edwards	Mabel Jones	19 Sep 1917 20 Sep 1917 filed	G. G. Bowen, JP
Frederick William Barnes	Annie Florence McCage	09 Sep 1917 21 Sep 1917 filed	Wm. H. Setzer, MG

J. O. O'Conner
  New Madrid Co. MO
	Belle Black
	  New Madrid Co. MO
		21 Sep 1917
		22 Sep 1917 filed
			L. R. Watkins, JP

GROOM	BRIDE	DATE	SOLEMNIZED BY
John Hendrix	Pet Poplin	22 Sep 1917	
Lake Co. TN			L. R. Watkins, JP
Leonard Wall	Edna Johnson	22 Sep 1917	Jos. M. Brasher, Judge of Probate
Odie Hemphill	N. Jones	22 Sep 1917	L. R. Watkins, JP
Lee Little	Mae Belle Duncan	21 Sep 1917	
Dyer Co. TN	Dyer Co. TN	24 Sep 1917 filed	W. W. Corbett, JP
Qather Barnett	Lois Gammons	23 Sep 1917	
		24 Sep 1917 filed	W. H. Northern, JP
Elbert Arendell	Esther Little	25 Sep 1917	Jos. M. Brasher, Judge of Probate
Lee Thweet	Emma Engram	25 Sep 1917	L. R. Watkins, JP
James Elkins	Eva May Dempsey	08 Sep 1917	
		26 Sep 1917 filed	J. T. Wedington, MG
Robert Mangram	Jessie Wilson	17 Aug 1917	
		26 Sep 1917 filed	J. T Wedington, MG
L. M Griffith	Annie Lee Fisher	26 Sep 1917	F. Klingsmith, JP
J.T. Neal	Gussie Hawks	26 Sep 1917	
		28 Sep 1917 filed	L. A. Ruddle, JP
Henry Johnson	Mary Cowman (Common)	24 Sep 1917	
		29 Sep 1917 filed	P. N. Walker, MG
G. W. Hutson	Kate Hopper	29 Sep 1917	L. R., Watkins, JP
B. G. Gordon	Lula Jardon	23 Sep 1917	
	Mississippi Co. Ark	01 Oct 1917 filed	S. M. Arthur, MG
Charlie Brown	Lizzie Ross	23 Sep 1917	
		01 Oct 1917 filed	S. M. Arthur, MG
Willie Clay	Alice Smart	23 Sep 1917	
		01 Oct 1917 filed	S. M. Arthur, MG

GROOM	BRIDE	DATE	SOLEMNIZED BY
Ned Tracy	Pansy Cooper	27 Sep 1917 01 Oct 1917 filed	W. W. Corbett, JP
Ollie Battie	Emma Hall	29 Sep 1917 01 Oct 1917 filed	Pearl N. Walker, MG
Anderson Brewer Mississippi Co. Ark	Lillie Bradford	01 Oct 1917	Jos. M. Brasher, Judge of Probate
Robert Campbell Mississippi Co. Ark	Lizzie Wayen Mississippi Co. Ark	01 Oct 1917	Jos M. Brasher, Judge of Probate
John Thomas Dunklin Co. MO	Katie Green Dunklin Co. MO	07 Oct 1917 (?) 01 Oct 1917 filed (?)	S. M. Arthur, MG
J. A. McCants	Mae Henderson	13 Sep 1917 04 Oct 1917 filed	T. G. Fallin, MG
Willie Ussery	Mandie Haynes	05 Oct 1917 06 Oct 1917 filed	G. G. Bowen, JP
William Graham	Florence Talkington	06 Oct 1917 08 Oct 1917 filed	L. R. Watkins, JP
Lonnie Bardwell Gibson Co. TN	Ora Nesbbitt Gibson Co. TN	06 Oct 1917 08 Oct 1917 filed	L. R. Watkins, JP
Auther Neal	Lila Parham	07 Oct 1917 09 Oct 1917 filed	Orlando Clifford, JP
Ed Armsur	Ella Drinkwater	09 Oct 1917	Jos. M. Brasher, Judge of Probate
George Berryman	Emma Jones	07 Oct 1917 10 Oct 1917 filed	M. O. Hickerson, JP
Henry Knight	Ida Floyd	11 Oct 1917	O. J. Friend, JP
Lawrence Oxford	Velva Chaffin (father J. W. Chaffin consented)	07 Oct 1917 13 Oct 1917 filed	A. N. Burrus, MG
James Wilson	Hattie Williams	12 Oct 1917 13 Oct 1917 filed	W. W. Corbett, JP

GROOM	BRIDE	DATE	SOLEMNIZED BY

George Fishback
  Mississippi Co. Ark
	Mary Andrews	13 Oct 1917	Jos. M. Brasher,
			  Judge of Probate

Fred Williams
  Lonoak Co. Ark
	Lillie Williams
	  Lonoak Co. Ark
		13 Oct 1917	Jos. M. Brasher
			  Judge of Probate

D. E. Nichols	Carrie Nations	11 Oct 1917 13 Oct 1917 filed	L. R. Watkins, JP
J. H. Hawkins	Mary Bailey	15 Oct 1917	Jos. M. Brasher, Judge of Probate

G. W. Felts
  Mississippi Co. Ark
	Bertha M. Elkins
	  Mississippi Co. Ark
		15 Oct 1917	W. W. Corbett

Otis Ball (father
  J. M. Ball consented)
	Rosey Tidwell (father
	  F. M. Tidwell consented)
		10 Oct 1917
		  16 Oct 1917 filed
			F. Klingensmith, JP

John Glover	Lethia Turner	13 Oct 1917 16 Oct 1917 filed	L. R. Watkins, JP
Russell Davis	Olie Newell	13 Oct 1917 16 Oct 1917 filed	L. R. Watkins, JP
Andy Henderson	Lucy Williams	15 Oct 1917 16 Oct 1917 filed	R. B. Story, MG

Ellett Cobb (father
  W. E. Cobb consented)
	Lorene Morgan	17 Oct 1917
		  18 Oct 1917 filed
			L. R. Watkins, JP

Fate Knott	Lizzie Dase
	  Rankin Co. MS
		16 Oct 1917
		  19 Oct 1917 filed
			L. R. Watkins, JP

Frank McKinney
  Shelby Co. TN
	Ella Light
	  Shelby Co. TN
		19 Oct 1917	L. R. Watkins, JP

William Tull	Ruth Ellen Jones (father
	  L. C. Jones consented)
		11 Oct 1917
		  20 Oct 1917 filed
			W. W. Tarkington, JP

Wiley Manning	Lee White	20 Oct 1917	T. G. Fallin, MG
John Allen	Addie Smith	12 Oct 1917 22 Oct 1917 filed	J. A. Hardeman, MG

GROOM	BRIDE	DATE	SOLEMNIZED BY
John Hurley	Anna Neeley (father J. L. Neeley consented)	22 Oct 1917 23 Oct 1917 filed	L. R. Watkins, JP
Homer Davis	Sue Curtis	22 Oct 1917 23 Oct 1917 filed	L. R. Watkins, JP
Louin Steapherson	Bissie Robison	21 Oct 1917 24 Oct 1917 filed	R. W. Critz, MG
Cleave Clay	May T. Toy (Foy) (mother Mrs. Mattie Ursery consented)	24 Oct 1917	L. R. Watkins, JP

Willie Frankems
  Dunklin Co. MO
	Ruby Sanders
	  Dunklin Co. MO
		24 Oct 1917	L. R. Watkins, JP

L. R. Hess
  New Madrid Co. MO
	Grace Pikey (?)
	  New Madrid Co. MO
		15 Oct 1917
		26 Oct 1917 filed
			John McCarthy, MG

George Johnson	Mattie Cook	29 Oct 1917	Jos. M. Brasher, Judge of Probate
Albert Robertson	Gertrude Hanley	27 Oct 1917 29 Oct 1917 filed	L. R. Watkins, JP
William H. Woodward	Margaret Sanders (mother Mattie Sanders consented)	27 Oct 1917 29 Oct 1917 filed	L. R. Watkins, JP
G.E. DeLisle New Madrid Co. MO	Madie D. Downing	28 Oct 1917 30 Oct 1917 filed	J. L. Baker, JP
Wiley Hankins	Mabel Ross	27 Oct 1917 30 Oct 1917 filed	J. J. Wilson, MG
Sterling Crews Reynolds	Gertrude Roberts Low Monroe Co. MO	27 Oct 1917 31 Oct 1917 filed	Charles F. Edwards, MG
Edwin W. Hale	Nettie Thomas	29 Oct 1917 02 Nov 1917 filed	G. G. Bowen, JP
B. J. M. Harvey	Ora D. Turner	28 Oct 1917 02 Nov 1917 filed	T. G. Fallin, MG

GROOM	BRIDE	DATE	SOLEMNIZED BY
Thomas Howard Dunklin Co. MO	Millie Stone Dunklin Co. MO	03 Nov 1917	Jos. M. Brasher, Judge of Probate
Clarence Blagg Cross Co. Ark	Pearl Murray (guardian John Murray consented)	05 Nov 1917	Jos. M. Brasher, Judge of Probate
Henry Gerring New Madrid Co. MO	Esther Wright New Madrid Co. MO	03 Nov 1917 05 Nov 1917 filed	L. R. Watkins, JP
Nevill Grant Mississippi Co. Ark	Hattie Foe Mississippi Co. Ark	05 Nov 1917	Jos. M. Brasher, Judge of Probate
Charley Larie Shelby Co. TN	Mattie Dakey (Dukey) Shelby Co. TN	05 Nov 1917	L. R. Watkins, JP
J. F. Pierce	Nora Mathis	04 Nov 1917 05 Nov 1917 filed	W. W. Corbett, JP
Thomas Shelby	Stella Mason	03 Nov 1917 05 Nov 1917 filed	L. R. Watkins, JP
William Shortridge	Ira Thompson	03 Nov 1917 05 Nov 1917 filed	L. R. Watkins, JP
H. N. Bolton	Laura Scarbrough	07 Nov 1917 08 Nov 1917 filed	W. W. Corbett, JP
Richard Johnson	Ruby Taylor	06 Nov 1917 08 Nov 1917 filed	L. R. Watkins, JP
Ed Perkins Dunklin Co. MO	Ethel Ford Dunklin Co. MO	07 Nov 19117 08 Nov 1917 filed	W. W.Corbett, JP
John I. Turnbow Dyer Co. TN	Rhea Rorer (father G. W. Rorer consented) Dyer Co. TN	07 Nov 1917 08 Nov 1917 filed	L. R. Watkins, JP
Guy Chism Mississippi Co. Ark	Laura Kendig Mississippi Co. Ark	10 Nov 1917	Jos. M. Brasher, Judge of Probate
Lee Colton	Hal Wright	14 Oct 1917 10 Nov 1917 filed	Timothy Grimes, MG

GROOM	BRIDE	DATE	SOLEMNIZED BY

Ed Hall
  Carroll Co. TN
	Mary Nesbit
	  Carroll Co. TN
		10 Nov 1917	Jos. M. Brasher,
			  Judge of Probate

Willie Mack Henry	Ada Mack Williams	10 Nov 1917	Jos. M. Brasher, Judge of Probate
Leonard Hickerson (father J. H. Hickerson consented)	Dollie Richardson	04 Nov 1917 10 Nov 1917 filed	H. J. Woolverton, JP

Abe Early
  Mississippi Co. Ark
	Eula Smith
	  Mississippi Co. Ark
		13 Nov 1917	Jos. M. Brasher,
			  Judge of Probate

Jimmie Sims Dyer Co. TN	Francis Arnold	12 Nov 1917 13 Nov 1917 filed	D. M. Busby, MG
C. C. Davenport Mississippi Co. Ark	Samantha Jordan	11 Nov 1917 14 Nov 1917 filed	H. F. Wright, MG

James Jackson
  Dyer Co. TN
	Lucy Anderson
	  Dyer Co. TN
		14 Nov 1917	Jos. M. Brasher,
			  Judge of Probate

Price Autrey	Beulah Roberts	11 Nov 1917 15 Nov 1917 filed	S. S. Back, MG
Will Edell Mississippi Co. Ark	Nellie Wilson	15 Nov 1917	L. R. Watkins, JP
Isiah Johnson	Annie Mayes (guardian Bob Finner consented)	10 Nov 1917 15 Nov 1917 filed	L. R. Watkins, JP

Alex Tomkins
  Dyer Co. TN
	Lottie Belle Mayes
	  Dyer Co. TN
		10 Nov 1917
		15 Nov 1917 filed
			L. R. Watkins, JP

James Abbott	Paralee Robinson	17 Nov 1917	Jos. M. Brasher, Judge of Probate

Isam Barnard
  Mississippi Co. Ark
	Tillie Osier
	  Mississippi Co. Ark
		17 Nov 1917	Jos. M. Brasher,
			  Judge of Probate

Albert Dunn	Roxie Dukes	14 Nov 1917	P. N. Walker, MG
E. T. Maxwell	Dora Sprole	16 Nov 1917 17 Nov 1917 filed	G. G. Bowen, JP

GROOM	BRIDE	DATE	SOLEMNIZED BY
Ira Summers 　Dyer Co. TN	Eva Price 　Lake Co. TN	17 Nov 1917	Jos. M. Brasher, 　Judge of Probate
Silas Miles Goble 　Mississippi Co. Ark	Ida May Lovewell 　Mississippi Co. Ark	19 Nov 1917	Jos. M. Brasher, 　Judge of Probate
Ray Holt 　New Madrid Co. MO	Mrs. Winnie Tanner 　New Madrid Co. MO	18 Nov 1917 　19 Nov 1917 filed	W. K. Brunson, MG
Joe Little	Nellie Fletcher	19 Nov 1917	Jos. M. Brasher, 　Judge of Probate
Odie Stewart 　Mississippi Co. Ark	Nina Hazel	03 Nov 1917 　19 Nov 1917 filed	F. J. Mispagel, MG
G. W. Hobson	Robbie McGee	17 Nov 1917 　20 Nov 1917 filed	J. N. McFarland, JP
S. S. Jackson 　Cape Girardeau Co. MO	Normal Holman 　Cape Girardeau Co. MO	17 Nov 1917 　20 Nov 1917 filed	John McCarthy, MG
Albert Toliver 　Dyer Co. TN	Della Greene 　Dyer Co. TN	18 Nov 1917 　21 Nov 1917 filed	J. R. Hopkins, MG
Fred Webster	Ella Brassfield	21 Nov 1917	Jos. M. Brasher, 　Judge of Probate
Willie Gordon	Blanche Whitelow	17 Nov 1917 　22 Nov 1917 filed	L. R. Watkins, JP
Wilmar Davis	Cora Morse	23 Nov 1917	Jos. M. Brasher, 　Judge of Probate
Halbert S. Green 　Mississippi Co. Ark	Nellie McDaniel 　Mississippi Co. Ark	20 Nov 1917 　23 Nov 1917 filed	R. W. Critz, MG
Ernest Fowlkes	A. Trice	24 Nov 1917 　26 Nov 1917 filed	L. R. Watkins, JP
W. H. Mayner	Mary Lane	25 Nov 1917 　26 Nov 1917 filed	G. G. Bowen, JP

GROOM	BRIDE	DATE	SOLEMNIZED BY

Willie Johnson
  Dunklin Co. MO
	Josie Miller
	  Dunklin Co. MO
		25 Nov 1917
		26 Nov 1917 filed
			John McCarthy, MG

Rollie McGrath Dunklin Co. MO	Evie Miller	26 Nov 1917	F. Klingensmith, JP
Thomas M. Ray	Ludie M. Campbell	23 Nov 1917 26 Nov 1917 filed	S. E. Redman, JP
Emmett Richardson	Louie Brewer	26 Nov 1917	F. Klingensmith, JP
Sim Samford	M. F. Stewart	05 Sep 1917 26 Nov 1917 filed	S. E. Redman, JP
T. R. Simons	Lou McRill	24 Nov 1917 26 Nov 1917 filed	L. R. Watkins, JP

J. M. Sparks
  Dyer Co. TN
	Lula Ramsey
	  Dyer Co. TN
		24 Nov 1917
		26 Nov 1917 filed
			L. R. Watkins, JP

Burt Franks Marion Co. IA	Mary S. Hanks	25 Nov 1917 27 Nov 1917 filed	M. A. Hickerson, JP
George James	Virginia Miller	23 Nov 1917 27 Nov 1917 filed	S. W. Elliott, MG
Robert Michell	Nannie Gaston	27 Nov 1917	Jos. M. Brasher, Judge of Probate
George Washington	Vina Prewitt	29 Oct 1917 27 Nov 1917 filed	M. C. Springer, MG
W. N. Davis	Lucy Seats Lake Co. TN	25 Nov 1917 28 Nov 1917 filed	J. A. Hardeman, JP
R. C. Tucker	Pearl Cox	15 Nov 1917 29 Nov 1917 filed	B. T. Wilson, JP

Bryon Averill (mother
  Mrs. J. P. Sanders consented)
	Flossie Tanner (father
	  Henry Tanner consented)
		28 Nov 1917
		30 Nov 1917 filed
			J. J. Wilson, MG

I. H. Pearson	S. C. Glidewell	30 Nov 1917	Jos. M. Brasher, Judge of Probate

GROOM	BRIDE	DATE	SOLEMNIZED BY
Charles R. Ramsey	F. E. Thrasher	27 Nov 1917	
		30 Nov 1917 filed	J. J. Wilson, MG
Adley Willard	Leafie Davis	24 Nov 1917	
Dyer Co. TN		30 Nov 1917 filed	W. W. Corbett, JP
Thomas Wright	Pauline Newcomb	30 Nov 1917	Jos. M. Brasher, Judge of Probate
Jess H. Alsup	Evie Clydie Moore	01 Dec 1917	L. R. Watkins, JP
O. B. Beachom	Meadel Hunt	28 Nov 1917	
		01 Dec 1917 filed	J. R. Hopkins, MG
W. H. Beck	Lizzie Dye	01 Dec 1917	L. R. Watkins, JP
Harry Cooper	Alfa Coulter	01 Dec 1917	L. R. Watkins, JP
Mississippi Co. Ark	Mississippi Co. Ark		
E. C. Dishennett	Lena Westerneau	26 Nov 1917	
		01 Dec 1917 filed	L. R. Watkins, JP
L. V. Hatley	Pearl Morgan	30 Nov 1917	
		01 Dec 1917 filed	L. R. Watkins, JP
Johnnie Hurt (mother Mabel Holloman consented)	Arrilla McDougal (father Will McDougal consented)	27 Nov 1917 01 Dec 1917 filed	L. R. Watkins, JP
Will Norwood	Ruby Ursery	01 Dec 1917	Jos. M. Brasher, Judge of Probate
Clay Latham	Daisy Conoy	01 Dec 1917 filed	Jos. M. Brasher, Judge of Probate
Jesse Mabry	Bettie Edrington	01 Dec 1917	
Mississippi Co. ark	Mississippi Co. Ark		L. R. Watkins, JP
R. W. Vanpelt	Lillian Rushing	29 Nov 1917	
Woodruff Co. Ark	Woodruff Co. Ark	01 Dec 1917 filed	L. R. Watkins, JP
J. T. Williams	Lizzie Higgins	01 Dec 1917	Jos. M. Brasher, Judge of Probate

GROOM	BRIDE	DATE	SOLEMNIZED BY
J. S. Allsup	Della Fisher	01 Dec 1917 03 Dec 1917 filed	L. R. Watkins, JP
B. Austin	Lottie McCollum	03 Dec 1917	Jos. M. Brasher, Judge of Probate
William Clayton	Maud McBroom	01 Dec 1917 03 Dec 1917 filed	L. R. Watkins, JP
Walter Dunn	Mrs. Mabel Cooper	01 Dec 1917 03 Dec 1917 filed	L. R. Watkins, JP
C. W. Ellis	Alberta Ashville	03 Dec 1917	Jos. M. Brasher, Judge of Probate

James Everett Hager (father
  Edward Hager consented)
  Craighead Co. Ark
	Dollie Christian
	  Craighead Co. Ark
		03 Dec 1917	L. R. Watkins, JP

E. C. Lee	Minnie Harris	26 Nov 1917 03 Dec 1917 filed	S. E. Redman, JP
Lewis Mayo (mother Mrs. Bette Mayo consented)	Mabel Leek	01 Dec 1917 03 Dec 1917 filed	L. R. Watkins, JP
T. N. Rolan	Isaphine Moore	01 Dec 1917 03 Dec 1917 filed	L. R. Watkins, JP

W. A. Strahan (Shahan)
  Dunklin Co. MO
	Errie Chaney
	  Dunklin Co. MO
		03 Dec 1917	Jos. M. Brasher,
			Judge of Probate

John Sloan	Mollie Smith	01 Dec 1917 03 Dec 1917 filed	L. R. Watkins, JP
Cleveland Crawford	Almeda Farris	18 Nov 1917 04 Dec 1917 filed	J. Grimes, JP
Martin Nix	Nora Casey	09 Oct 1917 05 Dec 1917 filed	Arthur Pool, JP
W. D. Davenport Mississippi Co. Ark	Rae Ellis	03 Dec 1917 07 Dec 1917 filed	J. L. Pinkston, MG

GROOM	BRIDE	DATE	SOLEMNIZED BY
Arthur McGinthy	May Adkins	03 Dec 1917 07 Dec 1917 filed	L. R. Watkins, JP
Noah Stallings	Lanie Hankins	03 Dec 1917 07 Dec 1917 filed	L. R. Watkins, JP
John Linsey	Lucile Clark	06 Dec 1917 08 Dec 1917 filed	J. H. McFarland, JP
Asa Pankey	Bertha Prince (father J. L. Prince consented)	15 Nov 1917 08 Dec 1917 filed	H. L. Chapman, MG
W. G. Shepard	Gertrude Black Clay Co. IL	08 Dec 1917	C. P. Browning, MG
Joseph M. Tucker	Hattie M. Hurley	09 Dec 1917 10 Dec 1917 filed	F. Klingensmith, JP
J. N. Malugen	Pearl Anderson	11 Dec 1917	L. R. Watkins, JP
Buddie Moore Lake Co. TN	Allie B. Brazier Lake Co. TN	07 Dec 1917 11 Dec 1917 filed	L. R. Watkins, JP
D. M. Eaton Mississippi Co. Ark	Mrs. Bessie Ellis Mississippi Co. Ark	06 Dec 1917 12 Dec 1917 filed	F. Klingensmith, JP
Will Jones	Lula Lee	17 Dec 1917 (?) 12 Dec 1917 filed (?)	Jos. M. Brasher, Judge of Probate
Charlie Reed (father R. D. Reed consented)	Lena Sorrell	13 Dec 1917	F. Klingensmith, JP
Joe Stewart Mississippi Co. Ark	Mary Harmon Mississippi Co. Ark	17 Dec 1917	Jos. M. Brasher, Judge of Probate
Dolph Walker	Gertie Tate	07 Dec 1917 17 Dec 1917 filed	C. L. Bryan, JP
Fred Bady Crittenden Co. Ark	Lula Johnson Crittenden Co. Ark	13 Dec 1917 18 Dec 1917 filed	L. R. Watkins, JP

GROOM	BRIDE	DATE	SOLEMNIZED BY
Marvin Dilldine	Jewell Evans	16 Dec 1917 18 Dec 1917 filed	J. L. Pinkston, MG
William Ernest Ellis	Mollie Beatrice Jones	14 Dec 1917 18 Dec 1917 filed	L. R. Watkins, JP

End of Book 8

PEMISCOT COUNTY MISSOURI MARRIAGE RECORDS 12-18-1917 THROUGH 12-6-1922

Beginning of Book 9

GROOM	BRIDE	DATE	SOLEMNIZED BY

Henry Hicks
  Mississippi Co. Ark
	Dora Tilman
	  Mississippi Co. Ark
		18 Dec 1917	Jos. M. Brasher,
			  Judge of Probate

Henry Martin	Beatrice Hopgood	15 Dec 1917 18 Dec 1917 filed	L. R. Watkins, JP

R. D. Newbern
  Mississippi Co. Ark
	Lodie Frambo
	  Mississippi Co. Ark
		18 Dec 1917	L. R. Watkins, JP

Albert Galloway	Roxie Williams	15 Dec 1917 17 Dec 1917 filed	J. L. Baker, JP

Ollie Jackson
  Mississippi Co. Ark
	Callie Reynolds
	  Mississippi Co. Ark
		19 Dec 1917	Jos. M. Brasher,
			  Judge of Probate

George Brown
  New Madrid Co. MO
	Lelia Prewitt	10 Dec 1917
		  20 Dec 1917 filed
			O. J. Friend, JP

Leonard Murphy (guardian
  J. R. Cononers consented)
	Ada Sawyer	11 Dec 1917
		  20 Dec 1917 filed
			O. J. Friend, JP

W. W. Huckabee	Della Mae Peterson
	  Greene Co. MO
		15 Dec 1917
		  21 Dec 1917 filed
			G. G. Bowen, JP

Arthur Jones	Florence Chaney	19 Dec 1917 21 Dec 1917 filed	L. R. Watkins, JP

GROOM	BRIDE	DATE	SOLEMNIZED BY
D. T. Mauller 　Douglass Co. NE	Luone Von Rothberg 　Douglass Co. NE	19 Dec 1917 　21 Dec 1917 filed	L. R. Watkins, JP
John H. Ellis	Willie Channell	21 Dec 1917	L. R. Watkins, JP
Robert Parr 　Dunklin Co. MO	Vivian Miller 　Dunklin Co. MO	18 Dec 1917 　21 Dec 1917 filed	L. R. Watkins, JP
John Smith	Mary B. Davis	21 Dec 1917	Jos. M. Brasher, 　Judge of Probate
P. E. Tucker	Ovie Irene Pounds	21 Dec 1917	L. R. Watkins, JP
P. N. Northern	Cora Hale	13 Dec 1917 　22 Dec 1917 filed	S. E. Redman, JP
Scott Wallace 　New Madrid Co. MO	Mrs. M. C. Genische 　Jefferson Co. KY	22 Dec 1917	C. P. Browning, MG
George Wesley	Willie Mayes	22 Dec 1917	Jos. M. Brasher, 　Judge of Probate
Grover Brasher	Birdie Franks	24 Dec 1917	Jos. M. Brasher, 　Judge of Probate
Walter Carpenter	Anna Owens	24 Dec 1917	L. R. Watkins, JP
Marshall Earp 　Dunklin Co. MO	May Oldham 　Dunklin Co. MO	22 Dec 1917 　24 Dec 1917 filed	C. P. Browning, MG
William May	Altie Miller	21 Dec 1917 　24 Dec 1917 filed	L. R. Watkins, JP
Lee Quick 　Lake Co. TN	Clara Corder 　Lake Co. TN	22 Dec 1917 　24 Dec 1917 filed	L. R. Watkins, JP
Oscar West	Hassie Tidwell	22 Dec 1917 　24 Dec 1917 filed	L. R. Watkins, JP
Eugene Tipton	Susie Mitchell	22 Dec 1917 　26 Dec 1917 filed	L. Garner, JP
George T. Anderson 　Washington Co. MS	Iola Paul 　Dunklin Co. MO	27 Dec 1917	L. R. Watkins, JP

GROOM	BRIDE	DATE	SOLEMNIZED BY
Harry Bumb	Ella Marshall	25 Dec 1917	
		27 Dec 1917 filed	John McCarthy, MG
E. B. Ward (father Jno. B. Ward consented)	Augusta Calern	23 Dec 1917 27 Dec 1917 filed	R. W. Critz, MG
Amos Churchwell	Jessie Swinney (father Jess Swinney consented)	25 Dec 1917 27 Dec 1917 filed	P. H. Heathcock, JP
Henry Craig Mississippi Co. Ark	Maggie Luter Mississippi Co. Ark	27 Dec 1917	L. R. Watkins, JP
John Franks	Mrs. Docia Kelley	27 Dec 1917	Jos. M. Brasher, Judge of Probate
Henry Carter (stepfather Jas. Earls consented)	Tommie Moore (father Ben Moore consented)	26 Dec 1917 28 Dec 1917 filed	G. G. Bowen, JP
Lem Harper	Virgie Williams	24 Dec 1917 28 Dec 1917 filed	G. G. Bowen, JP
Sinclair Bradford	Ineer Mabins	29 Dec 1917	Jos. M. Brasher, Judge of Probate
Clarence Dooley New Madrid Co. MO	Bessie Craig New Madrid Co. MO	31 Dec 1917	L. R. Watkins, JP
Joe Carter	Tina Avery	29 Dec 1917 31 Dec 1917 filed	L. R. Watkins, JP
Scott Ferrell	Mary C. Coleman	29 Dec 1917 31 Dec 1917 filed	J. Murrey Taylor, MG
William Riley Lake Co. TN	Ermon Hayes Lake Co. TN	31 Dec 1916 (?) 31 Dec 1917 filed	L. R. Watkins, JP
Cinnie A. Barber	Ivey Walker	26 Dec 1917 01 Jan 1918 filed	C. L. Bryan, JP
Bill Cole Mississippi Co. Ark	Rudell Jones Mississippi Co. Ark	26 Dec 1917 01 Jan 1918 filed	G. W. McNeal, MG

GROOM	BRIDE	DATE	SOLEMNIZED BY
Tom Glass 　Mississippi Co. Ark	Nellie Batts 　Mississippi Co. Ark	30 Dec 1917 01 Jan 1918 filed	J. A. Hardeman, MG
Harlan E. Williams 　Cape Girardeau Co. MO	Lillie May Sprayberry	24 Dec 1917 02 Jan 1918 filed	S. H. Tabb, MG
Louis Gremand	Rosa Lee Estes	30 Dec 1917 04 Jan 1918 filed	J. L. Baker, JP
Hubert Cook	Maxie Sherron	05 Jan 1918 07 Jan 1918 filed	C. L. Bryan, JP
Moses Gorden 　Stoddard Co. MO	Julia Steel 　Stoddard Co. MO	07 Jan 1918	Jos. M. Brasher, 　Judge of Probate
Archie Harris	Laura Lyon	05 Jan 1918 07 Jan 1918 filed	E. A. McKinney, MG
George Jordan	Susie Currin	22 Dec 1917 08 Jan 1918 filed	W. J. Gray, MG
Henry Foster 　Mississippi Co. Ark	Eliza Hills 　Mississippi Co. Ark	09 Jan 1918	J. C. Burrus, JP
Willie Jones	Minnie Williams	09 Jan 1918	J. C. Burrus, JP
B. F. Fisk 　Dunklin Co. MO	Evalina Hubbard 　Dunklin Co. MO	08 Jan 1918 15 Jan 1918 filed	L. R. Watkins, JP
Willie Kieley 　Lake Co. TN	Bessie Cayton 　Lake Co. TN	07 Jan 1918 15 Jan 1918 filed	L. R. Watkins, JP
John L. Moss	Teresa Robinson	14 Jan 1918 18 Jan 1918 filed	F. J. Mispagel, MG
Frank Reed	Gertrude Walker	18 Jan 1918	L. R. Watkins, JP
Marshall Bradford 　Mississippi Co. Ark	Lillie Sanders 　Mississippi Co. Ark	19 Jan 1918	J. C. Burrus, JP
John Harris 　Poinsette Co. Ark	Nannie Bates 　Poinsette Co. ark	19 Jan 1918	J. C. Burrus, JP

GROOM	BRIDE	DATE	SOLEMNIZED BY
H. A. Blair	Belle Blair	19 Jan 1918 21 Jan 1918 filed	J. C. Burrus, JP
Arthur Dean	Laura Thornton	21 Jan 1918	Jos. M. Brasher, Judge of Probate

Alvin Allen (father
  Wm. Allen consented)
	Carrie Williams (stepfather
	  Pete Brasher consented)
		21 Jan 1918
		27 Jan 1918 filed
			G. C. Stromire, JP

Sam Dilldine	Mattie Hensey	15 Jan 1918 22 Jan 1918 filed	Wm. H. Setzer, MG
Luna Pool (father J. S. Pool consented)	Mary Lumby(Lumley)	21 Jan 1918 22 Jan 1918 filed	G. C. Stromire, JP
Charles G. Ross	May C. Tipton	02 Jan 1918 22 Jan 1918 filed	Wm. H. Setzer, MG
A. L. Cochran	Mary Dockery (father W. T. Dockery consented)	22 Jan 1918 23 Jan 1918 filed	L. R. Watkins, JP
Henry Wheeler	Elva Ruddle	22 Jan 1918 24 Jan 1918 filed	R. J. Ford, JP

John C. Pace
  Craighead Co. Ark
	Bertha Crain
	  Greene Co. Ark
		25 Jan 1918	Jos. M. Brasher,
			Judge of Probate

E. W. Conner	Mary Mathenia	23 Jan 1918 26 Jan 1918 filed	G. G. Bowen, JP
Dave Goodrich	Mary D. Wilks	25 Jan 1918 26 Jan 1918 filed	J. C. Burrus, JP
John Trout	Nannie Dye	10 Jan 1918 28 Jan 1918 filed	S. H. Tabb, MG
Culin Cunard	Cora Bracy	26 Jan 1918 30 Jan 1918 filed	M. O. Hickerson, JP
Sidney Green (stepfather Will Evans consented)	Rosa Nails	31 Jan 1918	L. R. Watkins, JP

GROOM	BRIDE	DATE	SOLEMNIZED BY
Lee Huckaba	Pearl Foster	28 Jan 1918	
		31 Jan 1918 filed	G. G. Bowen, JP
Lloyd Kirksey	Mary Huckaba	28 Jan 1918	
		31 Jan 1918 filed	G. G. Bowen, JP
Floyd Mayfield	Annie Sherrill (mother Rosa Sherrill consented)	24 Jan 1918 31 Jan 1918 filed	L. R. Watkins, JP
Albert Hastings	Josie Cole	01 Feb 1918	
		04 Feb 1918 filed	John T. Self, MG
Ned Brooks	Mary Single	25 Dec 1917	
		05 Feb 1918 filed	J. S. Cotton, MG
John R. Hanbold New Madrid Co. MO	Iod R. Hawkins New Madrid Co. MO	05 Feb 1918	J. C. Burrus, JP
Berry Austin Mississippi Co. Ark	Etta Wilson Mississippi Co. Ark	06 Feb 1918	Jos. M. Brasher, Judge of Probate
Fred Somerall	Mabel Parker	05 Feb 1918 04 Feb 1918 (?) filed	J. H. McFarland, JP
Fred Erwin	Emma Curperton	07 Feb 1918	J. C. Burrus, JP
Harry Grantham	Effie Lingeman	07 Feb 1918 09 Feb 1918 filed	L. R. Watkins, JP
R. W. McClaughy Jr.	Virginia B. Hunter	07 Feb 1918 09 Feb 1918 filed	John McCarthy, MG
H. B. Jones	Edna Donaldson	11 Feb 1918	F. Klingensmith, JP
J. S. Reaves	Lucy Clark	11 Feb 1918 12 Feb 1918 filed	J. M. Argo, JP
Luther Robinson Mississippi Co. Ark	Grace Howe Mississippi Co. Ark	13 Feb 1918	Jos. M. Brasher, Judge of Probate
G. W. Travis Mississippi Co. Ark	Lizzie Hughes Mississippi Co. Ark	10 Feb 1918 13 Feb 1918 filed	L. R. Watkins, JP

GROOM	BRIDE	DATE	SOLEMNIZED BY

Oscar Jobe
   Mississippi Co. Ark
	Edna Harper
	   Mississippi Co. Ark
		13 Feb 1918
		14 Feb 1918 filed
			L. R. Watkins, JP

R. J. Tatum	Mayne Williams	13 Feb 1918 (?) 12 Feb 1918 filed	John McCarthy, MG
Ethelbert A. Clayton	Minerva Parkhurst	03 Dec 1918 (?) 15 Feb 1918 filed	W. W. Corbett, JP
John I. Adams	Eliza L. Carroll	22 Nov 1917 15 Feb 1918 filed	W. W. Corbett, JP
Tommie Davis	Virginia Ruffin	16 Feb 1918	Jos. M. Brasher, Judge of Probate
Rance Lewis	Louisa Green	26 Jan 1918 16 Feb 1918 filed	T. Grimes, MG

Calvin T. Shepard (father
   W. I. Shepard consented)
	Mame Estele Dowdy (mother
	   Mrs. Martha Dowdy consented)
		26 Jan 1918
		16 Feb 1918 filed
			A. J. Johnson, MG

Arthur Tyree	Lettie Patrick	19 Jan 1918 16 Feb 1918 filed	Elder Wilson

David Hill
   Mississippi Co. Ark
	Rosa Lee
	   Mississippi Co. Ark
		18 Feb 1918	J. C. Burrus, JP

Dan Johnson	Mary Warren	04 Feb 1918 18 Feb 1918 filed	J. W. D. Mayes, MG
Willie Stinson	Ethel Flippo	17 Feb 1918	John McCarthy, MG
Ben Wade	Mary Bulla	18 Feb 1918	J. C. Burrus, JP
James Davis	Anna Gremard	17 Feb 1918 20 Feb 1918 filed	J. L. Baker, JP
S. J. Jenkins	Anna B. Williams	20 Feb 1918 21 Feb 1918 filed	Jos. M. Brasher, Judge of Probate
Lee Blake	Ellen Price	20 Feb 1918 22 Feb 1918 filed	L. R. Watkins, JP

GROOM	BRIDE	DATE	SOLEMNIZED BY
Omer H. Hodge	Minnie A. Smith	21 Fe 1918	
Craighead Co. Ark	Craighead Co. Ark	22 Feb 1918 filed	L. R. Watkins, JP
Henry Rogers	Daisy Lindsey	23 Feb 1918	Jos. M. Brasher,
Mississippi Co. Ark	Mississippi Co. Ark		Judge of Probate
Sidney Ball	Nannie Brown	21 Feb 1918	
Mississippi Co. Ark	Mississippi Co. Ark	25 Feb 1918 filed	R. W. Critz, MG
Drew Clark	Lee Burna Rogers	24 Feb 1918	
		25 Feb 1918 filed	L. R. Watkins, JP
W. J. Harrington	Lottie M. Thornton	24 Feb 1918	
		25 Feb 1918 filed	J. M. Argo, JP
John Hazel	Belle Griffith	23 Feb 1918	
		25 Feb 1918 filed	L. R. Watkins, JP
Jake Holoman	Mary Ann Wallace	25 Feb 1918	Jos. M. Brasher,
Mississippi Co. Ark	Mississippi Co. Ark		Judge of Probate
Sine Montgomery	Alice Cunningham	25 Feb 1918	Jos. M. Brasher
Mississippi Co. Ark	Mississippi Co. Ark		Judge of Probate
John Ferguson	Lannie Walton	25 Feb 1918	
Mississippi Co. Ark		26 Feb 1918 filed	L. R. Watkins, JP
Spencer Baker	Janie Chism	27 Feb 1918	Jos. M. Brasher,
			Judge of Probate
Henry W. Parker	Eva E. Etherly	26 Feb 1918	
Pulaski Co. IL		27 Feb 1918 filed	John McCarthy, MG
Woodie Burton	Birdie Thomason	27 Feb 1918	J. I. Keaton, JP
Willis Mitchell	Georgie Baker	01 Mar 1918	
		02 Mar 1918 filed	J. C. Burrus, JP
Joe Peters	Ella Hill	26 Feb 1918	
		02 Mar 1918 filed	W. W. Corbett, JP
John R. Wilkerson	Ora I. Santhoff	27 Feb 1918	
New Madrid Co. MO		02 Mar 1918 filed	L. R. Watkins, JP

GROOM	BRIDE	DATE	SOLEMNIZED BY

Elmer Berry
  Clay Co. Ark
	Mary Jackson
	  Clay Co. Ark
		04 Mar 1918	Jos. M. Brasher,
			Judge of Probate

Basil I. Edwards	Grace M. Raidt	01 Mar 1918 04 Mar 1918 filed	F. J. Mispagel, Cath Priest

Carl Pinnon (father
  W. P. Pinnon consented)
	Lillian Rhodes (stepfather
	  W. O. Rhodes consented)
		23 Feb 1918
		04 Mar 1918 filed
			C. P. Browning, MG

Sam Burnett	Mordella Beard	05 Mar 1918	Jos. M. Brasher, Judge of Probate
E. A. Crawford	Martha Strand	04 Mar 1918 06 Mar 1918 filed	L. R. Watkins, JP
Please Loves	Ruth Swoope	05 Mar 1918 06 Mar 1918 filed	L. R. Watkins, JP

Manuel Bell
  Mississippi Co. Ark
	Anna Thompson
	  Mississippi Co. Ark
		07 Mar 1918	Jos. M. Brasher,
			Judge of Probate

C. F. Clark	Viola Puckett	01 Mar 1918 07 Mar 1918 filed	G. G. Bowen, JP
Arthur Swims	May Turner (father Martin Turner consented)	06 Mar 1918 08 Mar 1918 filed	John H. Fisher, JP
Elmer Creasy	Omega Hughes	09 Mar 1918	L. R. Watkins, JP

John Glassglow
  New Madrid Co. MO
	Louise Eastman
	  New Madrid Co. MO
		06 Mar 1918
		09 Mar 1918 filed
			L. R. Watkins, JP

Walter Long	Annie Jordan	09 Mar 1918	J. c. Burrus, JP
George Morton	Mollie McKay	09 Mar 1918	Jos. M. Brasher, Judge of Probate
James Phillips (parents Mr. & Mrs. M. L. Phillips consented)	Gladys Duncan	09 Mar 1918 11 Mar 1918 filed	Wm. H. Setzer, MG
Claude Richard Barnett	Ora Broglin	09 Mar 1918 11 Mar 1918 filed	J. M. Argo, JP

GROOM	BRIDE	DATE	SOLEMNIZED BY
John Taylor	Delcenie Parker	12 Mar 1918	Jos. M. Brasher, Judge of Probate
Auther Robertson	Martha Beale	13 Mar 1918	Jos. M. Brasher, Judge of Probate

William Harper
  Dunklin Co. MO
	Cubell Massey
	  Dunklin Co. MO
		09 Mar 1918
		14 Mar 1918 filed
			C. P. Browning, MG

Alf Lee (father
  W. E. Lee consented)
  Lake Co. TN
	Rosetta Pruett
	
	  Lake Co. TN
		14 Mar 1918	J. C. Burrus, JP

Robert E. Lesley	Lura May Staub	13 Mar 1918 14 Mar 1918 filed	L. R. Watkins, JP
Coleman Parker	Louella Sumrall	23 Feb 1918 14 Mar 1918 filed	W. J. Gray, MG
Louis Cotton	Georgia Lytle	15 Mar 1918	Jos. M. Brasher, Judge of Probate
A. G. Brock	Mattie Evans	16 Mar 1918	J. C. Burrus, JP

David Nunnery (mother
  Sarah Capfeles consented)
	Anna Criss (mother
	  Laura Ballinger consented)
		10 Mar 1918
		18 Mar 1918 filed
			R. L. Hall, JP

Shirley Clark
  Lake Co. TN
	Lizzie Brodie
	  Lake Co. TN
		19 Mar 1918	T. G. Fallin, MG

Carl B. Looney (father J. E. Looney consented)	Ada Belle Hamlett	17 Mar 1918 19 Mar 1918 filed	A. R. Ready, MG
Ervie Overton	Elzie Ellis	16 Mar 1918 19 Mar 1918 filed	G. G. Bowen, JP

Albert Odell (father
  J. F. Odell consented)
	Cordie Morgan (father
	  Tom Morgan consented)
		17 Mar 1918
		21 Mar 1918 filed
			W. M. Duncan, MG

George Smith	Eula Corbin	21 Mar 1918	Jos. M. Brasher, Judge of Probate

GROOM	BRIDE	DATE	SOLEMNIZED BY
Henry M. Boshear	Emma Smiley	09 Mar 1918 22 Mar 1918 filed	W. W. Tarkington, JP
Clarence Draper	Ella Ward	23 Mar 1918	J. C. Burrus, JP
Robert Shelton	Clara Hodge	23 Mar 1918	J. C. Burrus, JP
John Foster	Blanche Rutledge	23 Mar 1918	J. C. Burrus, JP
Will Lee	Effie Thomas	20 Mar 1918	L. R. Watkins, JP

Sulivin Mitchell
  Mississippi Co. Ark
	Nettie Wallace
	  Mississippi Co. Ark
		25 Mar 1918	J. C. Burrus, JP

Harry Hayes	May Wright	27 Mar 1918	J.C. Burrus, JP
Kin McCulby	Vera Queen	(2)6 Mar 1918 27 Mar 1918 filed	F. Klingensmith, JP
William Tucker	Bessie Stovall	27 Mar 1918 29 Mar 1918 filed	S. E. Redman, JP

Ellis Jones
  Mississippi Co. Ark
	Susie Rucker
	  Mississippi Co. Ark
		30 Mar 1918	J. C. Burrus, JP

Earl Ledbetter	Bertha Williams	27 Mar 1918 30 Mar 1918 filed	L. R. Watkins, JP
Henry Smith	Mary Osdell	29 Mar 1918 30 Mar 1918 filed	L. R. Watkins, JP
N. S. Bush	Rosa Rusging	30 Mar 1918 01 Apr 1918 filed	F. M. Gwin, JP
Kidd Darsey	Tilda Page	18 Mar 1918 01 Apr 1918 filed	J. W. D. Mayes, MG

Matt Johnson
  Mississippi Co. Ark
	Mary Wilson
	  Mississippi Co. Ark
		09 Mar 1918
		01 Apr 1918 filed
			M. C. Springer, MG

James E. Moore	Mattie L. Rooker (Booker) (mother M. E. Booker consented)	31 Mar 1918 01 Apr 1918 filed	J. M. Argo, JP

Barney Putnam
  Perry Co. IL
	Luverna Kirkpatrick
	  Perry Co. IL
		01 Apr 1918	Jos. M. Brasher,
			  Judge of Probate

GROOM	BRIDE	DATE	SOLEMNIZED BY
Oscar Dickerson	Eva Reaves	02 Apr 1918	Jos. M. Brasher, Judge of Probate
Ira Foster	Georgie Adams	30 Mar 1918 02 Apr 1918 filed	J. A. Hardeman, MG
S. D. Stewart	Murl Edwards	31 Mar 1918 02 Apr 1918 filed	W. K. Brimson, MG
E. Prater	MayBelle Barksdale	02 Apr 1918 03 Apr 1918 filed	J. C. Burrus, JP
Richard Gibson	Marie Smith	13 Mar 1918 04 Apr 1918 filed	C. E. Johnson, MG
Joe Palmer	Linnie Baird	27 Mar 1918 04 Apr 1918 filed	J. R. Hopkins, MG
R. L. Rogers	Flossie Odell Scott Co. MO	30 Mar 1918 04 Apr 1918 filed	F. E. Jones, MG
Lyman H. Sides	Sylvia Stancil	31 Mar 1918 04 Apr 1918 filed	C. P. Browning, MG
Nathan Hamell	Jennie Parham	06 Apr 1918	Jos. M. Brasher, Judge of Probate
Ben Fields	Letha Nelson	05 Mar 1918 08 Apr 1918 filed	W. W. Corbett, JP
Chester Gray (stepfather Frank Saunders consented)	Arthuda Ring	18 Feb 1918 08 Apr 1918 filed	W. W. Corbett, JP
Sam Green	Leona Johnson	23 Feb 1918 08 Apr 1918 filed	W. W. Corbett, JP

Parmer M. Hendrix
  Lake Co. TN
	Francis York
	  Lake Co. TN
		01 Apr 1918
		08 Apr 1918 filed
			W. W. Corbett, JP

Henry Johnson	Leona Crenshaw	30 Mar 1918 08 Apr 1918 filed	W. W. Corbett, JP

GROOM	BRIDE	DATE	SOLEMNIZED BY
Dan Nailor	Sophia Carter	08 Apr 1918	Jos. M. Brasher, Judge of Probate

J. B. Ramsay
  Fulton Co. KY
	Iona Earnheart	08 Mar 1918
		  08 Apr 1918 filed
			W. W. Corbett, JP

Sam Watts
  Mississippi Co. Ark
	Florence Jackson
	  Mississippi Co. Ark
		08 Apr 1918	Jos. M. Brasher, Judge of Probate

Sherley Jones	Lillian Smith	09 Apr 1918	J. C. Burrus, JP
Henry Long	Katie Brown	09 Apr 1918	J. C. Burrus, JP

W. H. Northern	Mea Kennedy
	  Grant Co. Ark
		08 Apr 1918
		  09 Apr 1918 filed
			L. R. Watkins, JP

Aladin C. Foust
    Consent of parents of both parties
	Effie Ball	13 Jan 1918
		  10 Apr 1918 filed
			W. D. Hudgens, Judge County Ct.

Thomas Spry	Stella Norman	11 Apr 1918 12 Apr 1918 filed	J. M. Argo, JP
Robert Drain	Dora Pillis	10 Feb 1918 13 Apr 1918 filed	S. M. Arthur, MG
G. M. O'Neal	Ora Carmack Dunklin Co. MO	13 Apr 1918	J. C. Burrus, JP
Henry Penny	Alice Collins	13 Apr 1918	Jos. M. Brasher, Judge of Probate

E. E. Hawkins
  Mississippi Co. Ark
	Emmer Cother
	  Mississippi Co. Ark
		15 Apr 1918	J. C. Burrus, JP

Granville Gotcher	Inez Williams	13 Apr 1918 16 Apr 1918 filed	F. J. Mispagel Cath. Priest
Jesse Newberry	Lindy Pulley	11 Apr 1918 16 Apr 1918 filed	L. R. Watkins, JP
Fred Scott	Julia House	16 Apr 1918	J. R. Hopkins, MG
W. M. Smith Shelby Co. TN	Clara A. Morrison	16 Apr 1918	Jos. S. Newsom, MG

GROOM	BRIDE	DATE	SOLEMNIZED BY
Frank S. Vogel	Dola Heiffen	16 Apr 1918	F. J. Mispagel, Cath Priest

Sam Brandon
  New Madrid Co. MO
	Mary King
	  New Madrid Co. MO
		15 Apr 1918
		17 Apr 1918 filed
			M. O. Hickerson, JP

J. M. Maher
  Craighead Co. Ark
	Myrtle Gorden
	  Craighead Co. Ark
		17 Apr 1918	Jos. M. Brasher,
			Judge of Probate

O. A. Williams	Ollie Palmer	14 Apr 1918 17 Apr 1918 filed	C. L. Bryan, JP
Walter Randall	Ethel Ward	17 Apr 1918 18 Apr 1918 filed	A. R. Ready, MG
Tolbert Riddle	Pearl Green	17 Apr 1918 18 Apr 1918 filed	A. R. Ready, MG
Arthur E. Bracy	Eligia D. Dillard	07 Oct 1916 (?) 19 Apr 1918 filed	H. J. Washington, JP
Thomas Brown	Cora Brown	14 Apr 1918 22 Apr 1918 filed	W. W. Corbett, JP
J. B. Wilson	Lettis Thompson Cook Co. IL	20 Apr 1918 22 Apr 1918 filed	A. N. Burris, MG
Lafayette Frame (father Jon Frame consented)	Grace Buchannon	20 Apr 1918 23 Apr 1918 filed	G. G. Bowen, JP
C. E. Murphy	Ader M. Anderson	17 Apr 1918 23 Apr 1918 filed	Wm. H. Setzer, MG

G. N. Wilson
  Lauderdale Co. TN
	Mamie Bridgewater
	  Dyer Co. TN
		25 Apr 1918	J. C. Burrus, JP

Mark King
  Mississippi Co. Ark
	Fannie Rogers
	  Mississippi Co. Ark
		27 Apr 1918	J. C. Burrus, JP

Arthus Boss	Alma Thompson	16 Apr 1918 29 Apr 1918 filed	S. E. Redman, JP

GROOM	BRIDE	DATE	SOLEMNIZED BY
Joseph Gann (mother Addie White consented)	Bessie White (mother Annie White consented)	29 Apr 1918	Jos. M. Brasher, Judge of Probate
Granville Taylor	Manda Garfield	15 Apr 1918 29 Apr 1918 filed	T. Grimes, MG
C. S. Wagoner	Nancy May Head	29 Apr 1918	L. R. Watkins, JP
Amieal Price	Etta Sawyer	01 May 1918 02 May 1918 filed	John McCarthy, MG
Sterling Slavins	Esther Jackson (guardian Curtis Jackson consented)	28 Apr 1918 02 May 1918 filed	J. J. Wilson, MG
Alfred Virgin	Elmer Pendergraf	28 Apr 1918 02 May 1918 filed	J. T. Keaton, JP
Arthur Parker Dunklin Co. MO	Ora Brewer Dunklin co. MO	04 May 1918	J. C. Burrus, JP
Dell Smith (mother Rosa Smith consented)	Besie Garrigus (mother Myrtle McFarland consented)	04 May 1918	Jos. M. Brasher, Judge of Probate
W. H. Hiles Jackson Co. MO	Irena Woods	06 May 1918	Jos. M. Brasher, Judge of Probate
Riley Smith New Madrid Co. MO	Annie Little New Madrid Co. MO	17 Apr 1918 07 May 1918 filed	W. S. Shires, MG
Robert Phillips East Carroll Co. LA	Hattie Devine East Carroll Co. LA	07 May 1918	Jos. M. Brasher, Judge of Probate
Albert Pendergrass Quay Co. NM	Mattie Little	06 May 1918 08 May 1918 filed	James A. Jones, JP
George Williams	Virgie Martin	04 May 1918 07 May 1918 filed	L. R. Watkins, JP
Jessie Head	Irene Hunt	04 May 1918 07 May 1918 filed	L. R. Watkins, JP
C. C. Adams	Mrs. Audrey Shore	04 May 1918 07 May 1918 filed	L. Robt. Watkins, JP

GROOM	BRIDE	DATE	SOLEMNIZED BY
Robert Pitts	Retta New (father E. F. New consented)	12 May 1918 15 May 1918 filed	F. Klingensmith, JP
Arthur Richardson	Willie Smith (mother Mrs. Birdie Smith consented)	13 May 1918 14 May 1918 filed	J. M. Argo, JP
Thomas Barrett	Ora Sorrell	13 May 1918 15 May 1918 filed	J. J. Wilson, MG
David Scott	Mattie Bartlett	28 Apr 1918 16 May 1918 filed	W. W. Corbett, JP
E. C. Thomas	Louella Irwin	14 May 1918 16 May 1918 filed	S. H. White, JP
Corbett Dye	Gracie Perry	11 May 1918 17 May 1918 filed	R. D. Kiersey, JP
Douglass Nunnery	Floyd Asher	14 May 1918 17 May 1918 filed	J. H. McFarland, JP
J. W. Bishop	Emma Wyatt	18 May 1918	J. C. Burrus, JP
Ephraim Brown	Elva Ragsdale Mississippi Co. Ark	19 May 1918 20 May 1918 filed	J. C. Burrus, JP
Willie Wallace Wilson	Clara Whitaker	21 May 1918	J. C. Burrus, JP
Richard Brown	Ruth Fowler	18 May 1918 22 May 1918 filed	John T. Self, MG
J. R. Johnston	Willie Nixon (mother Daisy Below consented)	18 May 1918 22 May 1918 filed	J. H. McFarland, JP
Willie Nicholson	Maye H. Simmons	25 Apr 1918 23 May 1918 filed	W. J. Gray, MG
L. L. Anderson	Florence Hubbard (father William Hubbard consented)	09 May 1918 25 May 1918 filed	S. E. Redman, JP
V. Cowan New Madrid Co. MO	Rosie Wright New Madrid Co. MO	27 May 1918	Jos. M. Brasher, Judge of Probate

GROOM	BRIDE	DATE	SOLEMNIZED BY
Willie Dobbs	Callie Allen	25 May 1918	
		27 May 1918 filed	L. R. Watkins, JP
W. F. Harper Mississippi Co. Ark	Mrs. Mollie Hall	26 May 1918 27 May 1918 filed	John T. Self, MG

James Turner (guardian
  Mrs. Emma Culp consented)
	Mary E. Culp	27 May 1918	Jos. M. Brasher,
			  Judge of Probate

Clyde Lovins (father
  George Lovins consented)
	Dollie Cable (mother
	  N___ Eason consented)
		26 May 1918
		28 May 1918 filed
			L. W. Clark, MG

Virgil Farr	Irene Davis	19 May 1918 31 May 1918 filed	W. W. Corbett, JP
F. G. Vaughn Scott Co. IL	B. E. Porter	25 May 1918 31 May 1918 filed	W. W. Corbett, JP
Charlie Beard	Bettie May New (father E. F. New consented)	25 May 1918 31 May 1918 filed	Frank Klingensmith, JP
Ben Duncan	Ella Chappell	30 May 1918 31 May 1918 filed	G. G. Bowen, JP
Claud King	Susie Thomas	30 May 1918 31 May 1918 filed	W. W. Corbett, JP
Marshall Porter	Roberta Donald	31 May 1918	Thos. G. Fallin, MG
Curtis Alexander	Delcie Jones	03 Jun 1918	S. H. White, JP
Ed Collins	Ethel Mitchell	02 Jun 1918 03 Jun 1918 filed	L. R. Watkins, JP
Carliss Jones	Annie May Clayton	03 Jun 1918	S. H. White, JP
Will Parker	Ellen Williams	03 Jun 1918	L. R. Watkins, JP

Carter Sherrill
  Mississippi Co. Ark
	Nancy Woodruff
	  Mississippi Co. Ark
		03 Jun 1918	Jos. M. Brasher,
			  Judge of Probate

Henry Wade	Ethel Pearson	01 Jun 1918 03 Jun 1918 filed	L. R. Watkins, JP

GROOM	BRIDE	DATE	SOLEMNIZED BY
W. P. Mitchell	Elsie Lunsford Dunklin Co. MO	04 Jun 1918	Jos. M. Brasher, Judge of Probate
William Morris	R. E. Sutton	02 Jun 1918 04 Jun 1918 filed	J. H. McFarland, JP

Isaac Thomas
  Mississippi Co. Ark
	Viether Resper
	  Mississippi Co. Ark
		04 Jun 1918	Jos. M. Brasher,
			Judge of Probate

William J. Flanagan St. Louis MO	Florence E. Frederick	26 May 1918 06 May 1918 filed	F. J. Mispagel Cath. Priest
G. W. Dean	Nellie Keys	03 Jun 1918 06 Jun 1918 filed	W. W. Corbett, JP
C. A. Stanton	Mrs. A. R. Phelps	01 Jun 1918 07 Jun 1918 filed	W. W. Corbett, JP

Hiram C. Douglass
  Greene Co. Ark
	Flora May Hutchen
	  Dunklin Co. MO
		08 Jun 1918	Wm. H. Setzer, MG

W. M. Moody	Cora Wilson	07 Jun 1918 08 Jun 1918 filed	John T. Bruce, MG
Van L. Powell	Maggie Walker	05 Jun 1918 08 Jun 1918 filed	Wm. H. Setzer, MG
Oscar Winters	Idella Gallian	03 Jun 1918 08 Jun 1918 filed	P. N. Walker, MG

Charlie Young
  Shelby Co. TN
	Dorothy Griffith
	  Shelby Co. TN
		08 Jun 1918	J. C. Burrus, JP

N. M. Holmes	Jennie Robertson	10 Jun 1918	Jos. M. Brasher, Judge of Probate
Tom Partee	Mary M. Brown	06 Jun 1918 11 Jun 1918 filed	J. A. Hardeman, MG
Ben White	Mary Green	01 Jun 1918 11 Jun 1918 filed	J. A. Hardeman, MG

GROOM	BRIDE	DATE	SOLEMNIZED BY
D. A. Davie	Tillie Cooksey	15 Apr 1918	
Fayette Co. IL	Dunklin Co. IL	14 Jun 1918 filed	M. F. Crowe, MG
Henry Cornell	May Jones	15 Jun 1918	Jos. M. Brasher, Judge of Probate
John Wade	Georgie Reed	17 Jun 1918	Jos. M. Brasher, Judge of Probate
William R. Baird	Josie Wilmus	16 Jun 1918	
		18 Jun 1918 filed	L. C. Clark, MG
William Edward Hightower	Sallie Moore	16 Jun 1918	
		18 Jun 1918 filed	G. G. Bowen, JP
Will Lawrence	Katie B. White	16 Jun 1918	
		18 Jun 1918 filed	J. T. Keaton, JP
John S. Story	Jessie Pully	15 Jun 1918	
		18 Jun 1918 filed	G. G. Bowen, JP
J. M. White	Mossie May Hooker	16 Jun 1918	
		18 Jun 1918 filed	B. D. Dean, Evangelist
Jess Jackson	Mary Welch (mother Martha Bettie Ferrell consented)	15 Jun 1918 19 Jun 1918 filed	C. L. Bryan, JP
Will Jackson Overall	Ida Bell Williams	19 Jun 1918	Jos. M. Brasher, Judge of Probate
J. W. Robbins	May R. Kelley	05 Jun 1918	
		19 Jun 1918 filed	Howard Peters, MG
Hillard Baker	Virgie Rufus	20 Jun 1918	J. C. Burrus, JP
Frank C. Tucker	Elnora L. Cunningham	18 Jun 1918	
New Haven Co. CT		20 Jun 1918 filed	John McCarthy, MG
Samuel Neal	Eva Haislip	11 Jun 1918	
		21 Jun 1918 filed	W. W. Corbett, JP
Joseph Rocha	Elsie Corbin	14 Jun 1918	
		21 Jun 1918 filed	W. W. Corbett, JP

GROOM	BRIDE	DATE	SOLEMNIZED BY
Alford Gwaltney	Mattie Woodward	20 Jun 1918	
		21 Jun 1918 filed	W. W. Corbett, JP
John Adams	Emma Richardson	07 May 1918	
Dunklin Co. MO	Dunklin Co. MO	22 Jun 1918 filed	W. W. Pemberton, JP
	Marriage in Dunklin Co. MO		
Marshall Allen	Mandy Swanagan	22 Jun 1918	
Mississippi Co. Ark	Mississippi Co. Ark		J. C. Burrus, JP
Charley Horn	Lillie Williams	22 Jun 1918	
		24 Jun 1918 filed	J. C. Burrus, JP
Sam Lone (Love)	Nora Webster	09 Jun 1918	
	Mississippi Co. Ark	24 Jun 1918 filed	L. R. Watkins, JP
R. M. Sisk	Esther Riley	08 Jun 1918	
		24 Jun 1918 filed	L. R. Watkins, JP
William Spearman	Mary Bailey	11 Jun 1918	
		24 Jun 1918 filed	J. W. Gatlin, MG
Chas. Weaver	Emma Jackson	17 Jun 1918	
		24 Jun 1918 filed	J. H. McFarland, JP
M. H. Knox	Florence Walker	25 Jun 1918	J. C. Burrus, JP
Peter Hayes	Cornelius Heywood	26 Jun 1918	
Shelby Co. TN	Shelby Co. TN		L. R. Watkins, JP
George Thomas	Delia Kirk	27 Jun 1918	Jos. M. Brasher,
Mississippi Co. Ark			Judge of Probate
Charlie Fulton	Lena White	29 Jun 1918	Jos. M. Brasher,
New Madrid Co. MO	New Madrid Co. MO		Judge of Probate
Adolphus Smith	Clara Pugh	29 Jun 1918	J. C. Burrus, JP
Guy Husttedde	Mable Askew	23 Jun 1918	F. J. Mispagel
		01 Jul 1918 filed	Cath. Priest
M. L. Taylor	Louise Terror	30 Jun 1918	
		02 Jul 1918 filed	John McCarthy, MG

GROOM	BRIDE	DATE	SOLEMNIZED BY
J. C. Levrit	Sarah Jane Williamson	29 Jun 1918 03 Jul 1918 filed	S.R. Redman, JP
Robert Morgan Mississippi Co. Ark	Annie Rowser Mississippi Co. Ark	28 Jun 1918 03 Jul 1918 filed	W. W. Corbett, JP
Will Sanders	Susie Simmons	29 Jun 1918 03 Jul 1918 filed	J. R. Hopkins, MG
Willie Johnson Dunklin Co. MO	Lue Meshears Dunklin Co. MO	04 Jul 1918 05 Jul 1918 filed	J. C. Burrus, JP
Richard D. Sanders	Pearl E. Chism	03 Jul 1918 05 Jul 1918 filed	John T. Self, MG
Wesley Barron (father S. A. Barron consented)	Dovey Lockley (father J.D. Lockley consented)	24 Jun 1918 06 Jul 1918 filed	S. E. Redman, JP
George Brewer	Lee Mansil	06 Jul 1918	J. C. Burrus, JP
W. A. Crippin	Susie Mullen	09 Jun 1918 06 Jul 1918 filed	R. D. Keirsey, JP
Van Fisher	Forereed White (father Tom White consented)	22 Jun 1918 08 Jul 1918 filed	Sam Piggee, MG
Jim Smith Dyer Co. TN	Annie Hardin Dyer Co. TN	05 Jul 1918 08 Jul 1918 filed	Sam Piggee, MG
Ernest Dell	Ollie Hawthorne	09 Jul 1918	J. C. Burrus, JP
Willie Oliver	Minnie Franklin	09 Jul 1918	Jos. M. Brasher, Judge of Probate
Ernest Johnson	Emma Smith	10 Jul 1918	Jos. M. Brasher, Judge of Probate
Willie Perkins	Teressa Herron	27 Apr 1918 12 Jul 1918 filed	H. Whiteside, MG
Andrew Pullam	Mrytle Hogue	11 Jul 1918 13 Jul 1918 filed	F. M. Gwin, JP

GROOM	BRIDE	DATE	SOLEMNIZED BY
Ben Stotler	Clara May Weather	13 Jul 1918	Jos. M. Brasher, Judge of Probate
Charlie Barnes	Brittie Williams	10 Mar 1918 15 Jul 1918 filed	Timothy Grimes, MG
Willie Williams	Georgie Rowell	15 Jul 1918	Jos. M. Brasher, Judge of Probate

Jake Dellihood
  Mississippi Co. Ark
	Hattie Yeargan
	  Mississippi Co. Ark
		17 Jul 1918	Jos. M. Brasher Judge of Probate

Dan Lee	Virginia Seals	13 Jul 1918 17 Jul 1918 filed	J. R. Hopkins, MG

Jesse Galloway
  Obion Co. TN
	Maggie Akres
	  Obion Co. TN
		18 Jul 1918
		19 Jul 1918 filed
			C. L. Dennis, MG

E. L. Mitchell Clay Co. Ark	Mary Lape	17 Jul 1918 19 Jul 1918 filed	C. B. Browning, MG
Will Shelton	Jennie M. Ward	19 Jul 1918	Jos. M. Brasher, Judge of Probate
Ed Foster	Clara Dockery	18 Jul 1918 20 Jul 1918 filed	Rev. Cox, MG

Thomas Simpson
  Mississippi Co. Ark
	Mattie Barnett
	  Mississippi Co. Ark
		26 Jul 1918
		20 Jul 1918 (?) filed
			J. C. Burrus, JP

Fred Austin	Elsie Stewart	20 Jul 1918 22 Jul 1918 filed	J. L. Baker, JP
J. C. Camper	Rhoda Moss	24 Jul 1918	J. C. Burrus, JP

Willie A. Edmaiston
  Dyer Co. TN
	Rosa McCollough
	  Obion Co. TN
		23 Jul 1918
		24 Jul 1918 filed
			J. C. Burrus, JP

W. M. Falkner	D. Hart (Hurt)	23 Jul 1918 24 Jul 1918 filed	A. S. J. Baldridge, MG
Henry Lewis	Annie Lee Thomas	27 Jul 1918 29 Jul 1918 filed	J. C. Burrus, JP

GROOM	BRIDE	DATE	SOLEMNIZED BY
John Thomas	Priney Ella Miller	25 Jul 1918 31 Jul 1918 filed	J. H. McFarland, JP

Ed White
  Mississippi Co. Ark
	Minnie Patterson
	  Mississippi Co. Ark
		29 Jul 1918
		31 Jul 1918 filed
			J. A. Hardeman, JP

Clyde Creasy (father
  J. C. Creasy consented)
	Arlie Penrod
	  New Madrid Co. MO
		28 Jul 1918
		01 Aug 1918 filed
			W. K. Brunson, MG

Chas. Largent	Madge Brock	31 Jul 1918 01 Aug 1918 filed	J. C. Burrus, JP
Dobb Howell	Mattie Vancleve	30 Jul 1918 03 Aug 1918 filed	L. R. Watkins, JP

Lucius Stone
  Dunklin Co. MO
Married in Dunklin Co. MO
	Lucy McCord
	  Dunklin Co. MO
		01 Aug 1918
		03 Aug 1918 filed
			Edward Lee Stovall, MG

Henry Campbell
  Mississippi Co. Ark
	Malissa Stephenson
	  Mississippi Co. Ark
		03 Aug 1918
		05 Aug 1918 filed
			Jos. M. Brasher,
			  Judge of Probate

Joe Ellis
  Lake Co. TN
	Margaret Arbuckle
	  Lake Co. TN
		05 Aug 1918	Jos. M. Brasher,
			  Judge of Probate

J. M. Faris	Nola A. Barnett	01 Aug 1918	R. D. Keirsey, JP

John Woods
  Mississippi Co. Ark
	Winnie Montgomery
	  Mississippi Co. Ark
		05 Aug 1918	Jos. M. Brasher,
			  Judge of Probate

R. N. Barksdale	Gurtha Gurlin	05 Aug 1918 07 Aug 1918 filed	L. R. Watkins, JP
Reg.R. Beezley (father (C. C. Beezley consented)	Ruth W. Crockett	07 Aug 1918	Wm. H. Setzer, MG

Boney Roberts
  Lake Co. TN
	Lura Gullian
	  Lake Co. TN
		06 Aug 1918
		07 Aug 1918 filed
			J. C. Burrus, JP

G. W. Turner
  Dunklin Co. MO
	Rosa Scott
	  Dunklin Co. MO
		05 Aug 1918
		7 Aug 1918 filed
			J. C. Burrus, JP

Dalas Durden	Effie Carter	10 Aug 1918	F. Klingensmith, JP

GROOM	BRIDE	DATE	SOLEMNIZED BY
G. W. Wilks	Ida McFarland	10 Aug 1918	L. Robt. Watkins, JP
Thomas Gray	Jennie Turner	10 Aug 1918	
		12 Aug 1918 filed	S. H. White, JP
Will Johnson	Willie Hart	12 Aug 1918	Jos. M. Brasher, Judge of Probate
Patrick McKinney	Lula Hutson	12 Aug 1918	J. C. Burrus, JP
Hugh W. McCuiston Montgomery Co. MS	Grace Buckhead Madison Co. TN	30 Jun 1918 13 Aug 1918 filed	C. P. Browning, MG
Clyde H. Farrow	Clydia Woodard	14 Aug 1918	C. P. Browning, MG
Marion Halloway	Elsie Grace	14 Aug 1918	Jos. M. Brasher, Judge of Probate
Lexie Moore Mississippi Co. Ark	Madge Damon Mississippi Co. Ark	15 Aug 1918	W. W. Corbett, JP
James T. Fuller Dunklin Co. MO	Eula Davis Dunklin Co. MO	17 Aug 1918	Jos. M. Brasher, Judge of Probate
Gus Scott	Lottie Richardson	17 Aug 1918	Jos. M. Brasher Judge of Probate
David Holdman (father W. T. Holdman consented)	Agatha Redman	19 Aug 1918	Jos. M. Brasher. Judge of Probate
John Murray	Phelma Murphy	19 Aug 1918	Jos. M. Brasher, Judge of Probate
J. W. Carmean	Effie Bono St. Genevieve Co. MO	18 Aug 1918 20 Aug 1918 filed	W. Ward Smith, MG
Robert L. Morrow	Alta Hale	19 Aug 1918 20 Aug 1918 filed	W. W. Corbett, JP
Ed Harris	Sarah Cain	22 Aug 1918	W. W. Corbett, JP
Henry Byers	Lucy Harrington	21 Aug 1918 23 Aug 1918 filed	R. D. Keirsey, JP

GROOM	BRIDE	DATE	SOLEMNIZED BY
Carmel Hepler (father Ken Hepler consented)	Bertha Wyatt (father W. L. Wyatt consented)	22 Aug 1918 24 Aug 1918 filed	J. C. Burrus, JP
Willie Wilson (father G. W. Wilson consented)	Lula Harrington	24 Aug 1918	L. R. Watkins, JP
Simon Gates	Bessie Martin	28 Aug 1918	Jos. M. Brasher, Judge of Probate
W. V. Short	Georgie Ratliff	28 Aug 1918	Jos. M. Brasher, Judge of Probate
J. P. Barnes Lake Co. TN	Ralpta Gordon Lake Co. TN	27 Aug 1918 29 Aug 1918 filed	W. W. Corbett, JP
Hurley Demar	Mildred Holland	29 Aug 1918	J. C. Burrus, JP
Eddie Hilton	Nora Myers	30 Aug 1918	W. W. Corbett, JP
Willie Jackson	Omma Bailey	02 Sep 1918	Jos. M. Brasher, Judge of Probate
J. F. Odell	Martha Morgan	01 Sep 1918 02 Sep 1918 filed	G. A. Owens, MG
George Ross	Angeline Allen	01 Sep 1918 02 Sep 1918 filed	C. L. Bryan, JP
Tom Standback Mississippi Co. Ark	Viola Carter Mississippi Co. Ark	02 Sep 1918	W. W. Corbett, JP
Luther Cain (guardian Warren Wallace consented)	Maudie Horn (father Dan Horn consented)	31 Aug 1918 03 Sep 1918 filed	J. T. Keaton, JP
Sam Clifton (father J. D. Clifton consented)	Mattie Fulgham (stepfather N. M. Moore consented)	31 Aug 1918 04 Sep 1918 filed	M. O. Hickerson, JP
Henry Fizer Dyer Co. TN	Lou Price Dyer Co. TN	03 Sep 1918 04 Sep 1918 filed	Jos. M. Brasher, Judge of Probate
Harvey Stubbs (guardian C. G. Stegall consented)	Willie L. Stegall (father C. G. Stegall consented)	03 Sep 1918 04 Sep 1918 filed	J. T. Keaton, JP

GROOM	BRIDE	DATE	SOLEMNIZED BY
Carmie Bryant	Odell Anderson	04 Sep 1918	
		05 Sep 1918 filed	S. E. Redman, JP
Albert Lucas	Mary Miller	05 Sep 1918	
New Madrid Co. MO	New Madrid Co. MO		J. C. Burrus, JP
Willie Hasting	Ruthie Anglin (father J. N. Anglin consented)	01 Sep 1918 06 Sep 1918 filed	R. D. Keirsey, JP
Frank Turner	Vallie Hamilton	06 Sep 1918	J. C. Burrus, JP
Edward L. Waldrop (father J. T. Waldrop consented)	Edith Hamlett (father R. F. Hamlett consented)	04 Sep 1918 06 Sep 1918 filed	R.D.Keirsey, JP
Jesse Bolen	Louise Anderson	07 Sep 1918	
Mississippi Co. Ark	Mississippi Co. Ark		J. C. Burrus, JP
Henry Nelson	Johnie Thomas	31 Aug 1918 09 Sep 1918 filed	J. A. Hardeman, MG
I. K. Northcut	Lorine Southern	09 Sep 1918	J. C. Burrus, JP
Lawrence Womack	Margie Jones	08 Sep 1918	
Mississippi Co. Ark		09 Sep 1918 filed	John H. Boone, MG
H. R. Doan (mother Mrs. Myrtle Skaggs consented)	Eutha Sodes	10 Sept 1918	J. C. Burrus, JP
Allie Echols	Willie Muese	10 Sep 1918	Jos. M. Brasher, Judge of Probate
Monroe Elliott	Allice Martin	07 Sept 1918 10 Sep 1918 filed	J. R. Hopkins, MG
James J. Franklin	May Liza Johnson	10 Sep 1918	Jos. M. Brasher,
Mississippi Co. Ark	Mississippi Co. Ark		Judge of Probate
Albert Fuller	Mamie Smith	10 Sep 1918	Jos. M. Brasher,
	Mississippi Co. Ark		Judge of Probate
Mose Sanders	Roxie Booze	10 Sep 1918	
Mississippi Co. Ark	Mississippi Co. Ark		J. C. Burrus, JP

GROOM	BRIDE	DATE	SOLEMNIZED BY
John Wimpee Greene Co. Ark	Florence Poe	10 Sep 1918	J. C. Burrus, JP
William Turner	Lelia Booker	11 Sep 1918	Jos. M. Brasher, Judge of Probate

B. H. Hollier
  Mississippi Co. Ark
	Ida Smalley
	  Mississippi Co. Ark
		12 Sep 1918
		  13 Sep 1918 filed
			J. C. Burrus, JP

Frank M. Jordan	Grace Arnold	11 Sep 1918 13 Sep 1918 filed	W. F. Hudson, MG

Willie Smith
  Lake Co. TN
	Lillie Morgan
	  Lake Co. TN
		13 Sep 1918	J. C. Burrus, JP

Walter Tanner	Eula Meatte	11 Sep 1918 13 Sep 1918 filed	J. T. Keaton, JP

Edwin Tankersley (guardian
  J. F. Bowman consented)
	Ival Bowman (father
	  J. F. Bowman consented)
		14 Sep 1918	W. W. Corbett, JP

Cressie Overton (father
  Ben Overton consented)
  Mississippi Co. Ark
	Eula Collier (father
	  Frank Collier consented)
		14 Sep 1918
		
		15 Sep 1918 filed
			J. C. Burrus, JP

J. L. Moore	Veva Bunch	14 Sep 1918 17 Sep 1918 filed	W. F. Hudson, MG
Mack Rhodes	Carrie Johnson	17 Sep 1918	Jos. M. Brasher, Judge of Probate
Luther Cantrell	Mary L. Bondurant	14 Sep 1918 18 Sep 1918 filed	Wm. H. Setzer, MG
John S. Stanfield	Mary L. Bivins	15 Sep 1918 18 Sep 1918 filed	W. D. Patterson, MG
Albert Webb	Ethel Fisher (father M. Fisher consented)	14 Sep 1918 18 Sep 1918 filed	John T. Self, MG
Albert Green	Cherie Smith	21 Sep 1918	J. C. Burrus, JP

GROOM	BRIDE	DATE	SOLEMNIZED BY
Johnie Owens	Eunice Butler	21 Sep 1918	J. C. Burrus, JP
John Everrright	Ella Ash	02 Sep 1918	
		23 Sep 1918 filed	W. M. Cooper, MG
Will Foster	Madie Jones	20 Sep 1918	
		24 Sep 1918 filed	J. K. Keaton, JP
Sammie Jones	Delisha Carroll	25 Sep 1918	Jos. M. Brasher,
Poinset Co. Ark	Poinset Co. Ark		Judge of Probate
Henry Perry	Dora Gorsby	27 Sep 1918	Jos. M. Brasher,
			Judge of Probate
Roy Nesby	Annie Dudley	07 Sep 1918	
		28 Sep 1918 filed	Sam Piggee, MG
Jim Rushing	Nellie Smith	28 Sep 1918	Jos. M. Brasher,
Mississippi Co. MO	Mississippi Co. MO		Judge of Probate
P. H. Holloman	Mattie Henry	30 Sep 1918	
Dell (city), Ark	Dell (city), Ark		J. C. Burrus, JP
L. C. Spencer	Mary R. Popham	01 Oct 1918	
		02 Oct 1918 filed	John T. Self, MG
John Ballard	Ella Euwins	01 Oct 1918	Jos. M. Brasher,
Mississippi Co. Ark	Mississippi Co. Ark		Judge of Probate
John R. Mathenia	Mima Pully	01 Oct 1918	J. C. Burrus, JP
Charley Barber	Mary Washington	01 Oct 1918	
		02 Oct 1918 filed	E. A. McKinney, MG
Claud Brumley (father	Ardena Northcut	30 Sep 1918	
A. M. Brumley consented)		02 Oct 1918 filed	J. W. Heathcock, JP
John Rutledge	Hettie Robertson	02 Oct 1918	Jos. M. Brasher,
Poinset Co. Ark	Poinset Co. Ark		Judge of Probate
Jess Harris	Carrie Phillips	03 Oct 1918	Jos. M. Brasher,
			Judge of Probate

GROOM	BRIDE	DATE	SOLEMNIZED BY

E. H. Mayfield
  Dunklin Co. MO
	Alice Helm
	  Dunklin Co. MO
		03 Oct 1918	Jos. M. Brasher,
			  Judge of Probate

Joseph Mendenhall	Mary Wolverton (father
	  W. M. Wolverton consented)
		29 Sep 1918
		  04 Oct 1918 filed
			Jos. D. Newsom, MG

Simon Kimbrough	Mary E. Gardner	05 Oct 1918	Jos. M. Brasher, Judge of Probate
J. H. Bailey	Maggie Dean	07 Oct 1918	W. W. Corbett, JP

William Jones	bertie Alexander	05 Oct 1918
		  07 Oct 1918 filed
			Jos. M. Brasher,
			  Judge of Probate

Isaac Stewart	Chanie Taylor	30 Sep 1918 07 Oct 1918 filed	J. W. Gatlin, MG
Willie Hagans	Marie Myers	08 Oct 1918	Jos. M. Brasher, Judge of Probate

John Jenkins (father
  T. L. Jenkins consented)
	Maggie Irwin	06 Oct 1918
		  08 Oct 1918 filed
			G. G. Bowen, JP

William J. Morgan
  Pulaska (?)Co. Ark
	Louise Wallingford
	  McCracken Co. KY
		08 Oct 1918	Jos. M. Brasher,
			  Judge of Probate

Henry Williams	Maggie Banks	07 Oct 1918 08 Oct 1918 filed	J. C. Burrus, JP

Clarence Reeves (father
  W. F. Reeves consented)
	Elsie Franzmann	08 Oct 1918
		  09 Oct 1918 filed
			Geo. W. Watkins, JP

Tommie Williams	Mamie Ruff	05 Oct 1918 09 Oct 1918 filed	Geo. W. Watkins, JP
Tom Clifton	Eunice Patton	11 Oct 1918	M. O. Hickerson, JP
Robert Dowdy	Grace Gurlin	11 Oct 1918	Geo. W. Watkins, JP

Jno. Everett
  Dyer Co. TN
	Rachel T. Battles	29 Sep 1918
		  11 Oct 1918 filed
			H. M. Turnbow, JP

Edward E. Gaither	Alice Autry (guardian Mrs.
	  Lee Hampton consented)
		03 Oct 1918
		  11 Oct 1918 filed
			M. O. Morris, MG

GROOM	BRIDE	DATE	SOLEMNIZED BY
Lonnie Crayton	Alberta Lackwell (mother Georgie Lackwell consented)	08 Oct 1918 12 Oct 1918 filed	Manuel Freeman, MG
O. B. Cunningham	Gertrude Morley	06 Oct 1918 12 Oct 1918 filed	Wm. H. Setzer, MG
Augusta Bell	Catherine Smith (father Jim Smith consented)	13 Oct 1918 14 Oct 1918 filed	G. G. Bowen, JP
Frank McDonald	Alice Lewis	14 Oct 1918	J. C. Burrus, JP

George Bailey
  Crittenden Co. Ark
	Mary Lewis
	  Crittenden Co. Ark
		15 Oct 1918	Jos. M. Brasher,
			  Judge of Probate

Will Johnson	Rosa Lee Williams	12 Oct 1918 15 Oct 1918 filed	W. W. Corbett, JP
Ollie Lafferty	Nannie Aletha Watson	12 Oct 1918 15 Oct 1918 filed	J. T. Keaton, JP
Frank McCallum	Elmer Copeland	25 Sep 1918 18 Oct 1918 filed	W. A. Harrison, JP
George Hutchinson	Bertha Kimble	19 Oct 1918	Jos. M. Brasher, Judge of Probate

Joe Jurden
  Fulton Co. KY
	Oma Fuqua
	  Fulton Co. KY
		21 Oct 1918	J. C. Burrus, JP

Dairy Prairie
  Poinset Co. Ark
	Nellie Warner
	  Poinset Co. Ark
		19 Oct 1918
		21 Oct 1918 filed
			J. C. Burrus, JP

Brooks Burtley	Felsie Bradford	28 Oct 1918	Jos. M. Brasher, Judge of Probate

Charles Mabry
  Mississippi Co. Ark
	Mrs. T. E. Cunningham
	  Mississippi Co. Ark
		29 Oct 1918	Jos. M. Brasher,
			  Judge of Probate

Will Smith	Lillie Roy	28 Oct 1918 29 Oct 1918 filed	J. C. Burrus, JP
Lee Hayes	Williem Pully	1 Nov 1918	Jos. M. Brasher, Judge of Probate

GROOM	BRIDE	DATE	SOLEMNIZED BY
Dan Ledbetter	Ethel Belt	30 Oct 1918	
		01 Nov 1918 filed	S. H. White, JP
Dee Bell	Roberta Grey	04 Nov 1918	Jos. M. Brasher,
Shelby Co. TN	Shelby Co. TN		Judge of Probate
E. A. Reynolds	Ella Guthery	04 Nov 1918	Jos. M. Brasher,
			Judge of Probate
Elex Sanders	Nora Bizzell (mother	02 Nov 1918	
	Lizzie Bizzell consented)	06 Nov 1918 filed	J. C. Burrus, JP
Nathanial Showers	Callie Ransom	06 Nov 1918	J. C. Burrus, JP
John Taylor	Florence Piggee	06 Nov 1918	J. C. Burrus, JP
H. B. Thonan	Viola Brown	05 Nov 1918	
		06 Nov 1918 filed	J. C. Burrus, JP
John Fly	Agnes Eastman	02 Nov 1918	
		08 Nov 1918 filed	Geo. W. Watkins, JP
C. R. Johnson	Cora M. Simpson	04 Nov 1918	
		11 Nov 1918 filed	F. M. Gwin, JP
Joe Lester	Ebbie Grimes	06 Nov 1918	
		11 Nov 1918 filed	H. L. Chapman, MG
Dock Johnson	Hattie Edwards	12 Nov 1918	
Crittenden Co. Ark	Crittenden Co. Ark		J. C. Burrus, JP
George Robertson	Georgie Belchie	11 Nov 1918	
Mississippi Co. Ark	Mississippi Co. Ark	12 Nov 1918 filed	J. C. Burrus, JP
George Terret	Mattie Bright (father	12 Nov 1918	Jos. M. Brasher,
	Ben Bright consented)	13 Nov 1918 filed	Judge of Probate
Pete Conley	Mayzella Conley	11 Nov 1918	
Mississippi Co. Ark	Mississippi Co. Ark	14 Nov 1918 filed	James A. Jones, JP
Peter Nunn (father	Ruby Fleming	12 Nov 1918	
Henry Nunn consented)		13 Nov 1918 filed	J. T. Keaton, JP

GROOM	BRIDE	DATE	SOLEMNIZED BY

Sam Jones
  Mississippi Co. Ark
	Lizzie Smith
	  Mississippi Co. Ark
		16 Nov 1918	Jos. M. Brasher,
			  Judge of Probate

William Cecil (guardian Bud Saulsberry consented)	Zilphas Saulsberry	17 Nov 1918 18 Nov 1918 filed	W. M. Cooper, MG
John Spencer	Pauline Sales	04 Nov 1918 18 Nov 1918 filed	J. W. D. Mayes, MG
Charlie Ankton	Annie Chambers	19 Nov 1918	Jos. M. Brasher, Judge of Probate
John H. Robb	Edith Moore (father George Moore consented)	20 Nov 1918	J. C. Burrus, JP

John Sexton
  Fulton Co. KY
	Ethel Ward
	  Scott Co. MO
		19 Nov 1918
		20 Nov 1918 filed
			J. C. Burrus, JP

A. W. Striddin	Ethel Eaves (father M. J. Eaves consented)	20 Nov 1918	J. C. Burrus, JP
Frank Fobb (Robb)	Mattie Scott	17 Nov 1918 21 Nov 1918 filed	Ervin Bates, MG

James Warren	Emma McCoy (mother
	  Minnie Gilbert consented)
		21 Nov 1918	Jos. M. Brasher,
			  Judge of Probate

Tom Wilburn	Lavinia Harris	22 Nov 1918	Geo. W. Watkins, JP

Willie Mathews
  Mississippi Co. Ark
	Bethel Reed
	  Mississippi Co. Ark
		25 Nov 1918	Jos. M. Brasher,
			  Judge of Probate

E. C. Roberts	Rosa Hasley	25 Nov 1918 26 Nov 1918 filed	J. C. Burrus, JP
Webb Wyatt	Allie Brown	23 Nov 1918 25 Nov 1918 filed	J. C. Burrus, JP

Henry Jones
  Mississippi Co. Ark
	Irene Taylor
	  Mississippi Co. Ark
		27 Nov 1918	Jos. M. Brasher,
			  Judge of Probate

Jim Monroe
  Mississippi Co. Ark
	Katie Lynch
	  Mississippi Co. Ark
		29 Nov 1918	Jos. M. Brasher,
			  Judge of Probate

GROOM	BRIDE	DATE	SOLEMNIZED BY
George Andrews	Ida Slay	21 Nov 1918 30 Nov 1918 filed	R. W. Critz, MG
Joe Tidwell	Pearl Pulley (mother Niema Mathenia consented)	30 Nov 1918	Jos. M. Brasher, Judge of Probate
Eligho Washington	Viola Lewis	25 Nov 1918 30 Nov 1918 filed	Jos. M. Brasher, Judge of Probate
Sam Winters Mississippi Co. Ark	Leva Johnson Mississippi Co. Ark	30 Nov 1918	J. C. Burrus, JP
Jim Cosky (Casky)	Ola Angeline	28 Nov 1918 02 Dec 1918 filed	Geo. W. Watkins, JP
Richard Johnson	Nellie Nealy	02 Dec 1918	Jos. M. Brasher, Judge of Probate
J. E. Adkins	Gertie Byers (father M. L. Byers consented)	25 Nov 1918 04 Dec 1918 filed	R. D. Keirsey, JP
George Byers	Lessie Hatley	02 Dec 1918 04 Dec 1918 filed	R. D. Keirsey, JP
W. O. Cleviclence	Nora Acors	03 Dec 1918 04 Dec 1918 filed	O. J. Friend, JP
Paul Collins	Luella Williams	01 Dec 1918 04 Dec 1918 filed	John W. Gatlin, MG
A. T. Miller Poinset Co. Ark	L. E. Ferguson Poinset Co. Ark	23 Nov 1918 04 Dec 1918 filed	Jos. M. Brasher, Judge of Probate
Harry Norman	Minnie Shaw	09 Nov 1918 04 Dec 1918 filed	R. W. Critz, MG
Miles S. Rhodes	Annie Lee Moore	04 Dec 1918 05 Dec 1918 filed	O. J. Friend, JP
Tom Smith Mississippi Co. Ark	Tennie Mans (Maus) Mississippi Co. Ark	06 Dec 1918	Jos. M. Brasher, Judge of Probate

GROOM	BRIDE	DATE	SOLEMNIZED BY
Robert Nichols	Fannie Ragan	07 Dec 1918	Jos. M. Brasher, Judge of Probate
George Ray	Estelle Parish	07 Dec 1918	Jos. M. Brasher, Judge of Probate
Jim Holman Mississippi Co. Ark	Millie Hiwliard Mississippi Co. Ark	09 Dec 1918	Jos. M. Brasher, Judge of Probate
Hinee Knox	Pearl Tate	09 Dec 1918	Jos. M. Brasher, Judge of Probate
Arthur Woods (father J. E. Woods consented)	Lillie Goodson (father J. G. Goodson consented)	07 Dec 1918 09 Dec 1918 filed	J. L. Shaffer, JP
Dewey Johnson	Dollie Vaughn (father J. L. Vaughn consented)	09 Dec 1918 10 Dec 1918 filed	Floyd Hogan, JP
Henry Lane	Daisy Fulwood	10 Dec 1918	Jos. M. Brasher, Judge of Probate
D. C. Miller	Nellie Gowen	11 Dec 1918	Jos. M. Brasher, Judge of Probate
W. I. Edwards	Dora Stewart	12 Dec 1918 13 Dec 1918 filed	John McCarthy, MG
Leroy Brooks (father Jim Brooks consented)	Toy Smith	07 Dec 1918 14 Dec 1918 filed	Geo. W. Watkins, JP
Will Walker	Murelle Bruce	14 Dec 1918	Geo. W. Watkins, JP
Charles Hooker (father John Hooker consented)	Alma Ray (mother Louise Kirkpatrick consented)	08 Dec 1918 14 Dec 1918 filed	H. J. Woolverton, JP
Lewis Johnson Mississippi Co. Ark	Blanche Campbell Mississippi Co. Ark	14 Dec 1918	Jos. M. Brasher, Judge of Probate
Louis Rogers	Sallie Martin	09 Dec 1918 14 Dec 1918 filed	J. R. Hopkins, MG
Oscar Siggers	Idella Harris	26 Nov 1918 16 Dec 1918 filed	M. O. Morris, MG

GROOM	BRIDE	DATE	SOLEMNIZED BY
Arthur Wilbanks	Willie Connerly	14 Dec 1918 16 Dec 1918 filed	J. C. Burrus, JP
W. G. Hagemann	Mary Clark	28 Nov 1918 17 Dec 1918 filed	F. J. Mispagel, Cath. Priest
Emmet Parkins	Mary Sanders	15 Dec 1918 17 Dec 1918 filed	R. E. Burns, JP
T. F. Weaver	Ivie Davis	13 Dec 1918 17 Dec 1918 filed	W. M. Duncan, MG
Wylie Wallace	Leota Holder	17 Dec 1918 18 Dec 1918 filed	M. O. Hickerson, JP
Guy Usery (father L. F. Usery consented)	Allie Wilson (father Geo. Wilson consented)	18 Dec 1918 19 Dec 1918 filed	Geo. W. Watkins, JP
Ernest Fisher	Emma Cannon	07 Dec 1918 20 Dec 1918 filed	J. S. Stanfield, JP
Will Scott Mississippi Co. Ark	Fannie Dickson Mississippi Co. Ark	21 Dec 1918	J. C. Burrus, JP
William Kelley Tipton	Ruth May Kinnamon (father J. T. Kinnamon consented)	21 Dec 1918	Geo. W. Watkins, JP
Ben Vick	Lorenza Davis	21 Dec 1918	Jos. M. Brasher, Judge of Probate
George Richardson	Mary Powell	09 Oct 1918 23 Dec 1918 filed	L. A. Hopper, JP
Rias King Mississippi Co. Ark	Emma Wilson	16 Dec 1918 24 Dec 1918 filed	J. A. Hardeman, MG
James Richardson	Sallie Dalton	10 Dec 1918 24 Dec 1918 filed	J. A. Hardeman, MG
William E. Brazier	Marie Dunceath (father W. E. Dunceath consented)	25 Dec 1918 26 Dec 1918 fled	Geo. W. Watkins, JP

GROOM	BRIDE	DATE	SOLEMNIZED BY
Luther Calvin 　Mississippi Co. Ark	Marion Woods 　Mississippi Co. Ark	26 Dec 1918	Jos. M. Brasher, 　Judge of Probate
Culley Howard	Jincy Colders	24 Dec 1918 　26 Dec 1918 filed	J. C. Burrus, JP
Elmer Howard	Lizzie Carlders	24 Dec 1918 　26 Dec 1918 filed	J. C. Burrus, JP
John Martin (guardian 　Sam Martin consented)	Golda Malugen (father 　H. E. Malugen consented)	21 Dec 1918 　26 Dec 1918 filed	Geo. W. Watkins, JP
Willie Montgomery (mother 　Willie Smith consented 　Mississippi Co. Ark	Gracie Woods (mother 　Winnie Woods consented) 　Mississippi Co. Ark	26 Dec 1918	Jos. M. Brasher, 　Judge of Probate
L. W. Williams (guardian 　Fred Williams consented)	Anna Lindsley	26 Dec 1918	Geo. W. Watkins, JP
Walter Duncan	Minnie B. Stubblefield	25 Dec 1918 　27 Dec 1918 filed	R. K. Miller, JP
S. W. Mainard 　New Madrid Co. MO	Hattie J. Husband 　Stoddard Co. MO	25 Dec 1918 　27 Dec 1918 filed	J. L. Woolverton, MG
I. K. Northcut	Lonnie Southard	24 Dec 1918 　17 Dec 1918 filed	J. W. Heathcock, JP
L. M. Pierce	Laura Moore	27 Dec 1918	Geo. W. Watkins, JP
Henry Price	Irene Ferguson	23 Dec 1918 　27 Dec 1918 filed	C. Taylor, MG
Lacey Bush (mother 　Mrs. Alice Bush consented)	Pearl Morton	24 Dec 1918 　28 Dec 1918 filed	J. J. Wilson, MG
Walter Sims	Annie Cole	28 Dec 1918	J. C. Burrus, JP
Will Tucker 　Mississippi Co. Ark	Luxie Gardner 　Mississippi Co. Ark	28 Dec 1918	Geo. W. Watkins, JP
E. L. Houlks	Lois Rutledge	30 Dec 1918	J. C. Burrus, JP

GROOM	BRIDE	DATE	SOLEMNIZED BY

M. C. McCoy
  Mississippi Co. Ark
	Annie Gray
	  Mississippi Co. Ark
		30 Dec 1918	J. C. Burrus, JP

J. B. Wilson	Etta Elliott	28 Dec 1918 30 Dec 1918 filed	John McCarthy, MG
Daniel Alexander	Nora Hardin	27 Dec 1918 31 Dec 1918 filed	J. L. Baker, JP

S.G. Bogard
  White Co. Ark
	Sylvania Pool	19 Dec 1918
		  31 Dec 1918 filed
			H. L. Chapman

J. F. Hess
  Shelby Co. TN
	Beatrice Swan
	  Shelby Co. TN
		31 Dec 1918
		  01 Jan 1919 filed
			J. C. Burrus, JP

Willie Jones
  Mississippi Co.Ark
	Georgie Woods
	  Mississippi Co. Ark
		01 Jan 1919	J. C. Burrus, JP

T. N. Keeling
  Mississippi Co. Ark
	Fannie Riley	30 Dec 1918
		  01 Jan 1919 filed
			Geo. W. Watkins, JP

B. F. Williams	Mary Putnam	31 Dec 1918 01 Jan 1919 filed	Geo. W.Watkins, JP
Henry Anderson	Martha James	29 Jan 1918 02 Jan 1919 filed	W. J. Gray, MG
Malvin Brown	Clara Headden	30 Dec 1918 02 Jan 1919 filed	F. M.Gwin, JP
Carl Sellers	Zella Maynord	24 Dec 1918 02 Jan 1918 (?) filed	R. D. Keirsey, JP
Tilmon Hall	Mattie Green	02 Jan 1919 06 Jan 1919 filed	T. Brevard, MG

Will Scott
  Lake Co. TN
	Jessie Crafton
	  Lake Co. TN
		06 Jan 1919	Jos. M. Brasher,
			Judge of Probate

Virgil Brown	Minnie Brown	02 Jan 1919	O. J. Friend, JP
Joe McClendon	Mollie Sandefur	06 Jan 1919 08 Jan 1919 filed	G. G. Bowen, JP

GROOM	BRIDE	DATE	SOLEMNIZED BY

Elvis Emmons
  New Madrid Co. MO
	Birdie Porter
	  New Madrid Co. MO
		05 Jan 1919
		  09 Jan 1919 filed
			C. Taylor, MG

W. R. Ezell	Mrs. Emma L. Hutson	01 Jan 1919 09 Jan 1919 filed	W. M. Duncan, MG
Andy Pounds	Annie Ayers	08 Jan 1919 09 Jan 1919 filed	J. C. Burrus, JP
Lum Bell	Nellie Robinson	10 Jan 1919	J. C. Burrus, JP

Walter Chinchie (uncle
  Will Smotherman consented)
	Susie Tramble (Tromble)	09 Jan 1919
		  10 Jan 1919 filed
			J. C. Burrus, JP

Tollie Bell (father Toni Bell consented)	Edith Newson	11 Jan 1919	J. C. Burrus, JP
Frank Estes	Eva Brown	04 Jan 1919 11 Jan 1919 filed	Jas. S. Newsom, MG

Floyd Houston
  Shelby Co. TN
	Gladys Walker
	  Shelby Co. TN
		11 Jan 1919	Jos. M. Brasher,
			  Judge of Probate

Hilliam Murphey
  Mississippi Co. Ark
	Flora Sanders
	  Mississippi Co. Ark
		13 Jan 1919	Jos. M. Brasher,
			  Judge of Probate

Ben Griffin	Janie Thomas	13 Jan 1919 15 Jan 1919 filed	Geo. W. Watkins, JP

Jim Whimper
  Mississippi Co. Ark
	Bertha Jones
	  Mississippi Co. Ark
		15 Jan 1919	J. C. Burrus, JP

Allen Chambers (guardian
  Louis Johnson consented)
  Mississippi Co. Ark
	Debora Mathis (mother
	  Miley Mathis consented)
	  Mississippi Co. Ark
		17 Jan 1919	J. C. Burrus, JP

W. L. Macklin	Chloe Ganes	21 Jan 1919	B. F. Plamer, JP

Charles Roberts
  Lake Co. TN
	Georgia Cayton
	  Lake Co. TN
		20 Jan 1919	Geo. W. Watkins, JP

H. W. Cunningham
  Mississippi Co. Ark
	E. R. Farmer
	  Mississippi Co. Ark
		21 Jan 1919	Jos. M. Brasher,
			  Judge of Probate

GROOM	BRIDE	DATE	SOLEMNIZED BY

Samuel Areh
  New Madrid Co. MO
	Gracie Hodge
	  New Madrid Co. MO
		20 Jan 1919
		  22 Jan 1919 filed
			A. R. Ready, MG

Miller Simpson
  Dyer Co. TN
	Nell Warren
	  Dyer Co. TN
		21 Jan 1919
		  22 Jan 1919 filed
			E. A. McKinney, MG

Joseph M. Turnbow	Jessie E. Pate	22 Jan 1919	Jos. M. Brasher, Judge of Probate
Irvin Norton	Sallie Neal (father W. Neal consented)	23 Jan 1919	O. J. Friend, JP

Roy Alexander (mother
  Nettie Alexander consented)
	Tollie Smith	04 Jan 1919
		  24 Jan 1919 filed
			Wm. H. Setzer, MG

Mexico Patrick	Lizzie Pendergrass	24 Dec 1918 24 Jan 1919 filed	Wm H. Setzer, MG
Will Canady	Clara Lee	19 Jan 1919 25 Jan 1919 filed	S. Piggee, MG
William Gray	Mary Taylor	17 Jan 1919 25 Jan 1919 filed	O. J. Cullins, MG
Leonard Mayo	Mildred Downs	20 Jan 1919 25 Jan 1919 filed	J. C. Burrus, JP

Isom Baxter	Willie Garrett (father
	  A. W. Garrett consented)
		14 Jan 1919
		  27 Jan 1919 filed
			C. A. Wells, JP

W. L. Davis	Fannie McMahan	28 Jan 1919	Jos. M. Brasher, Judge of Probate
Clarence Fisher	Lillie Stafford	26 Jan 1919 28 Jan 1919 filed	J. L. Baker, JP
Richard Heidelberg	Tillie Puckett	25 Jan 1919 30 Jan 1919 filed	G. G. Bowen, JP

Ben Kaskey
  Shelby Co. TN
	Daisy Wooten
	  Shelby Co. TN
		29 Jan 1919
		  30 Jan 1919 filed
			Geo. W. Watkins, JP

GROOM	BRIDE	DATE	SOLEMNIZED BY
George Johnson	L. V. White	01 Feb 1919	Jos. M. Brasher, Judge of Probate
Tommie Lee Lewis Cape Girardeau Co. MO	May Keys	02 Jan 1919 01 Feb 1919 filed	O. J. Friend, JP

William Simmons
  Mississippi Co. Ark
	Emma Hannons
	  Mississippi Co. Ark
		01 Feb 1919	Jos. M. Brasher, Judge of Probate

Joe McGee
  Mississippi Co. Ark
	Mattie Lane
	  Mississippi Co. Ark
		03 Feb 1919	Jos. M. Brasher, Judge of Probate

Idell Vaughn	Chanie Watson	23 Jan 1919 03 Feb 1919 filed	J. A. Bardeman, MG
Morris Hicks	Lula Swain	03 Feb 1919 04 Feb 1919 filed	Geo. W. Watkins, JP

Sam Penrod
  New Madrid Co. MO
	Dollie Wilson
	  New Madrid Co. MO
		02 Feb 1919
		04 Feb 1919 filed
			Robert Warren, MG

John Henry Sparks	Francis Allison	03 Feb 1919 04 Feb 1919 filed	T. C. Boswell, MG
J. W. Cheshire New Madrid Co. MO	Exie Nolan	05 Feb 1919 06 Feb 1919 filed	Jos. M. Brasher, Judge of Probate
Lige Grass	Ella Fields	03 Feb 1919 06 Feb 1919 filed	J. R. Hopkins, MG
Alford McGinty	Ollie Clayton (father W.W. Clayton consented)	05 Feb 1919 06 Feb 1919 filed	J. M. Argo, JP

Robert Tidwell
  New Madrid Co. MO
	Anna Duncan (father
	  L. B. Duncan consented)
	  New Madrid Co. MO
	    Married in New Madrid Co. MO
		05 Feb 1919
		
		06 Feb 1919 filed
			R. K. Miller JP

Eugene White	Mattie Parham	07 Feb 1919	Jos. M. Brasher, Judge of Probate
Frank Smith	May Hicks	08 Feb 1919	Geo. W. Watkins, JP

GROOM	BRIDE	DATE	SOLEMNIZED BY
Jim Strong	Sallie Cogwell	08 Feb 1919	Geo. W. Watkins, JP
Will Robertson	Lelia Holmes	08 Feb 1919 10 Feb 1919 filed	M. C. Preston, MG
Charley Bell	Addie May Hagan	29 Jan 1919 11 Feb 1919 filed	H. M. Turnbow, JP
Arthur Clendenen (guardian Jos. J. Long consented)	Mertie Jeter	09 Feb 1919 11 Feb 1919 filed	J. L. Baker, JP
W. R. Turner	Ocie Hamilton (father T. B. Hamilton consented)	09 Feb 1919 11 Feb 1919 filed	L. C. Spencer, MG
L. A. Wammack	Eva Moyers	08 Feb 1919 11 Feb 1919 filed	A. R. Ready, MG
G. W. Cowthan	Eliza Bell	12 Feb 1919	J. C. Burrus, JP
D. V. Cravens Mississippi Co. Ark	Lillie Goff Mississippi Co. Ark	12 Feb 1919 13 Feb 1919 filed	T. C. Boswell, MG
Jake Evans	Lillie Webb	11 Feb 1919 13 Feb 1919 filed	S. H. White, JP
J. J. Marley	Louilla Marrs (mother Mary Piland consented)	12 Feb 1919 13 Feb 1919 filed	Geo. W. Watkins, JP
Henry J. Samford Dunklin Co. MO	Callie Mitchell Dunklin Co. MO	13 Feb 1919	J. C. Burrus, JP
J. K. Short	Kate Warren	12 Feb 1919 13 Feb 1919 filed	J. C. Burrus, JP
Charlie Young	Martha Lindsey	13 Feb 1919	J. C. Burrus, JP
Luke Hatley Lake Co. TN	Sudie Glass	15 Feb 1919	J. C. Burrus, JP
Lurly Ridley	Johnnie Lovell	15 Feb 1919	Jos. M. Brasher, Judge of Probate
Albert Cross	Florence Hammontree (father J. F. Hammontree consented)	11 Feb 1919 17 Feb 1919 filed	S. E. Redman, JP

GROOM	BRIDE	DATE	SOLEMNIZED BY
Robert Crosser New Madrid Co. MO	Edna Hurley	15 Feb 1919 17 Feb 1919 filed	Geo. W. Watkins, JP

J. D. Dyer
  Lake Co. TN
	Maudie Davidson
	  Lake Co. TN
		17 Feb 1919	J. C. Burrus, JP

Joseph D. Kinley (mother S. E. Kinley consented)	Nellie Cloe Wilferd	3 Jan 1919	S. E. Redman, JP

Lewis Edwards
  Mississippi Co. Ark
	Ruby Jones
	  Mississippi Co. Ark
		17 Feb 1919
		18 Feb 1919 filed
			M. O. Morris, MG

John Gaines
  Webster Co. KY
	Bessie Gifford
	  St. Louis MO
		18 Feb 1919	Geo. W. Watkins, JP

William Marcus	Velma Pate (father
	  Phillip Pate consented)
		18 Feb 1919	Jos. M. Brasher,
			  Judge of Probate

George W. Maxwell
  Dyer Co. TN
	Virginia Brigance
	  Dyer Co. TN
		17 Feb 1919
		18 Feb 1919 filed
			M. O. Morris, MG

James Small	Florence Houston	17 Feb 1919 18 Feb 1919 filed	E. A. McKinney, MG

Ed Smith
  Mississippi Co. Ark
	Canilieus Fowler
	  Mississippi Co. Ark
		18 Feb 1919	J. C. Burrus, JP

Ben Thomas
  Dyer Co. TN
	Julia May Key
	  Dyer Co. TN
		18 Feb 1919	Geo. W. Watkins, JP

Roy N. Rutherford	Louise Mangrum	18 Feb 1919 19 Feb 1919 filed	John McCarthy, MG

Lanson Lockett
  New Madrid Co. MO
	Lillie Dunkin
	  New Madrid Co. MO
		19 Feb 1919
		20 Feb 1919 filed
			R. K. Miller, JP

Lee Pitman	Sallie Dial	19 Feb 1919 20 Feb 1919 filed	O. J. Friend, MG (?), JP
H. C. Coram	Laura F. Collins	19 Feb 1919 21 Feb 1919 filed	J. E. Randell, MG

GROOM	BRIDE	DATE	SOLEMNIZED BY
W. B. Wall	Agnes Burns	21 Feb 1919	
Obion Co. TN	Toombs Co. GA		J. C. Burrus, JP
Robert Tate	Irene Leeke	21 Feb 1919	
		24 Feb 1919 filed	Geo. W. Watkins, JP
Will Aaron	Lillie Sauls	16 Feb 1919	
New Madrid Co. MO	New Madrid Co. MO	25 Feb 1919 filed	A. F. Parker, JP
Major Fisher	Gertrude Meller	26 Feb 1919	S. V. Garland, MG
Willie Lashot	Eula Berry	23 Feb 1919	
		26 Feb 1919 filed	J. S. Stanffield, JP
Willis Whitelock	Lottie Good (Goad) (mother Eliza Good consented)	26 Feb 1919 27 Feb 1919 filed	J. M. Argo, JP
Henry C. Felton	Dollie E. Melstino	24 Feb 1919	
Lake Co. TN	Lake Co. TN	28 Feb 1919 filed	John McCarthy, MG
John E. Raudebush	Laura Norment	27 Feb 1919	
		28 Feb 1919 filed	John McCarthy, MG
J. L. Bugg	Josie Richardson	01 Mar 1919	
Mississippi Co. Ark	New Madrid Co. MO		J. C. Burrus, JP
Henry H. Collins	Amy May Lock	19 Feb 1919	
		01 Mar 1919 filed	Wm. H. Setzer, MG
Nathan Davis	Mattie Harris	26 Feb 1919	
		01 Mar 1919 filed	H. M. Turnbow, JP
Dan Johnson	Mary Woods	01 Mar 1919	Jos. M. Brasher, Judge of Probate
W. D. Pate	Emma Berryman	26 Feb 1919	
		01 Mar 1919 filed	H. J. Woolverton, JP
James E. Sowell	Lula Brumley	16 Feb 1919	
		01 Mar 1919 filed	Wm. H. Setzer, MG
Sam Whitfield	Louise Royal	02 Mar 1919	
Mississippi Co. Ark	Mississippi Co. Ark		E. A. McKinney, MG

GROOM	BRIDE	DATE	SOLEMNIZED BY
Oddie Ward	Mary Norris	03 Mar 1919	Jos. M. Brasher, Judge of Probate

Felix Bullington
  New Madrid Co. MO
	Mary Estes
	  New Madrid Co. MO
		02 Mar 1919
		04 Mar 1919 filed
			R. K. Miller, JP

David K. Hedges	Grace Staling	23 Feb 1919 04 Mar 1919 filed	B. F. Palmer, JP
Ed McKnight	Polly Perry	21 Feb 1919 04 Mar 1919 filed	Sam Piggee, MG
Albert Tarver	Carrie Wilson	04 Mar 1919	J. C. Burrus, JP
James Chester Watts	Jettie Gettings	01 Mar 1919 04 Mar 1919 filed	Geo. W. Watkins, JP
Jess Wilson	Pearl Hawkins	01 Mar 1919 04 Mar 1919 filed	P. R. Warren, MG
Edgar Ellis Chambers	Alice W. Ennis (father C. S. Ennis consented)	01 Mar 1919 05 Mar 1919 filed	W. H. Hudson, MG

Ben Minner
  Butler Co. MO
	Leva Vaughn
	  Poinsett Co. Ark
		04 Mar 1919
		05 Mar 1919 filed
			(name missing)

Charles Lee Cunningham Jr.	Josephine Ruth Vasterling Cape Girardeau Co. MO	04 Mar 1919 06 Mar 1919 filed	R. L. Russell, MG
Alfred Henry	Florence Dewey	06 Mar 1919	J. C. Burrus, JP
Altha Bowen (father Will Bowen consented)	Mandy Ballard	08 Mar 1919	J. C. Burrus, JP
Clarence D. Clark	Thula Burton	08 Mar 1919	John McCarthy, MG
W. D. Bufford	Mrs. Ada B. Thompson	03 Mar 1919 11 Mar 1919 filed	F. J. Mispagel, Cath. Priest
John Collins	Ethel Boss	10 Mar 1919 11 Mar 1919 filed	Floyd Hogan
James Horner	Blanche Abbott	14 Mar 1919	Jos. M. Brasher Judge of Probate

GROOM	BRIDE	DATE	SOLEMNIZED BY
Sam Brown	Willie Drake	15 Mar 1919	Jos. M. Brasher,
Mississippi Co. Ark	Mississippi Co. Ark		Judge of Probate
Rexie Wilson	Armenia Walker	14 Mar 1919	
		15 Mar 1919 filed	G. G. Bowen, JP
Hez Arnold	Ethel Lewis	17 Mar 1919	
New Madrid Co. MO	New Madrid Co. MO		Geo. W. Watkins, JP
Taylor Brown	Virgie Lee King	18 Mar 1919	Jos. M. Brasher,
Mississippi Co. Ark	Mississippi Co. Ark		Judge of Probate
Claud Farris (father	Lucy Davidson (mother	17 Mar 1919	
J. M. Farris consented)	Mary Davidson consented)	19 Mar 1919 filed	J. W. Heathcock, JP
D. L. Lemiex	Mattie Suggs	19 Mar 1919	Jos. M. Brasher,
Mississippi Co. Ark	Mississippi Co. Ark		Judge of Probate
Darrel Dean Cox	Blanche Carlyle Cook	18 Mar 1919	
Marion Co. IL	Dexter (Stoddard) Co. MO	20 Mar 1919 filed	Jesse B. Cash, MG
Logan Hayes	Luvinia Washington	17 Mar 1919	
		20 Mar 1919 filed	Ervin Bates, MG
John Newton	Nellie Fisher (father	19 Mar 1919	
	J. S. Fisher consented)	21 Mar 1919 filed	John S. Stanfield, JP
Dorsey Talley	Eveline King	19 Mar 1919	
		21 Mar 1919 filed	Geo. W. Watkins, JP
Sid Johnson	Henry Keaton	21 Mar 1919	
		22 Mar 1919 filed	R. R. Ring, JP
Jess Walker	Birdie Smith (mother	22 Mar 1919	
	Nettie Smith consented)		J. C. Burrus, JP
E. Cranford	Lucinda Adams	19 Mar 1919	
		24 Mar 1919 filed	P. R. Warren, MG
Joe Hendrix	Minnie Powell	24 Mar 1919	J. C. Burrus, JP
R. E. Bivens	Lizzie Wallace	25 Mar 1919	O. J. Friend, JP

GROOM	BRIDE	DATE	SOLEMNIZED BY

Charlie Terry
  New Madrid Co. MO
	Florence Leonberger
	  New Madrid Co. MO
		25 Mar 1919	Jos. M. Brasher,
			  Judge of Probate

Monroe Tilcree	Annie Williams	18 Mar 1919 25 Mar 1919 filed	John W. Turner, MG

J. A. Baker
  Shelby Co. TN
	W. B. High
	  Shelby Co. TN
		26 Mar 1919	Jos. M. Brasher,
			  Judge of Probate

Henry L. Shaw
  Mississippi Co. Ark
	Mary Freeman
	  Mississippi Co. Ark
		28 Mar 1919	J. C. Burrus, JP

Luther Anderson
  Mississippi Co. Ark
	Minnie Taylor
	  Mississippi Co. Ark
		29 Mar 1919	Jos. M. Brasher,
			  Judge of Probate

P. M. Ford
  Mississippi Co. Ark
	Ester Hinkle (mother
	  Eliza Vance consented)
	  Mississippi Co. Ark
		29 Mar 1919	Jos. M. Brasher,
			  Judge of Probate

Jim Hucks	Fannie Hughes	27 Mar 1919 29 Mar 1919 filed	John S. Stanfield, JP

Will Lloyd
  Mississippi Co. Ark
	Emma Holden (Holder)
	  Mississippi Co. Ark
		31 Mar 1919	J. C. Burrus, JP

John Johnson	Tressie Arnold	30 Mar 1919 31 Mar 1919 filed	J. C. Burrus, JP
John W. Marrs	Freda LaGrand	29 Mar 1919 31 Mar 1919 filed	F. M. Gwin, JP

Will Cassidy
  Mississippi Co. Ark
	Cora Moore
	  Mississippi Co. Ark
		02 Apr 1919	J. C. Burrus, JP

Ernest Irons	Mary Cross	29 Mar 1919 02 Apr 1919 filed	Geo. W. Watkins, JP

John F. Mitchell	Lona Stokes
	  Johnson Co. IL
		03 Apr 1919
		  04 Apr 1919 filed
			Geo. W. Watkins, JP

Curtis Allen	Blanche Williams	04 Apr 1919 05 Apr 1919 filed	J. C. Burrus, JP

GROOM	BRIDE	DATE	SOLEMNIZED BY

Mack K. Mason
  Tipton Co. TN
	Ellen Morris	05 Apr 1919	Jos. M. Brasher,
			  Judge of Probate

Joseph Fortner (father
  B. W. Fortner consented)
	Hattie Carter	05 Apr 1919
		  07 Apr 1919 filed
			F. M. Gwin, JP

Geo E. Dudley
  Shelby Co. TN
	Mabel Bushy
	  Scott Co. MO
		08 Apr 1919	Geo W. Watkins, JP

Will Dunevant
  Mississippi Co. Ark
	Alleze Vanderson
	  Mississippi Co. Ark
		09 Apr 1919	Geo. W. Watkins, JP

Finis Dodson	Bert Puckett	10 Apr 1919	Geo W. Watkins, JP
Alvy Parr	Jewell Rogers	10 Apr 1919	Jos. M. Brasher, Judge of Probate
Sam Bilbney	Lessie Vestal	15 Feb 1919 11 Apr 1919 filed	J. M. Stromire, MG

Floyd Jones
  Lawrence Co. Ark
	Ruth Pride	28 Mar 1919
		  11 Apr 1919 filed
			John McCarthy, MG

Ernest Williamson (guardian
  J. P. Ash consented)
	Louisa Ash (father
	  J. P. Ash consented)
		09 Apr 1919
		  11 Apr 1919 filed
			S. H. White, JP

Jesse Anderson	Florence Hall	12 Apr 1919	J. C. Burrus, JP
Ernest Fowlkes	Emma Perry	07 Apr 1919 12 Apr 1919 filed	Sam Piggee, MG

Ora Grant
  Randolph Co. IL
	Agnes Baskin
	  Jackson Co. IL
		12 Apr 1919	Jos. M. Brasher,
			  Judge of Probate

Jim George	Mary Mosley	12 Apr 1919	W. D. Hudgens, Assoc. Judge County Court
J. H. Dean	Susan Palmer	12 Apr 1919 15 Apr 1919 filed	W. H. Cranford, MG
Ralph C. Durham	Maggie M. Ross	14 Apr 1919 15 Apr 1919 filed	J. C. Burrus, JP

GROOM	BRIDE	DATE	SOLEMNIZED BY
Jim Barnes	Mary Lee Washington	16 Apr 1919	E. C. Speer, Presiding Judge County Court
Louis Frazier	Georgie Lee Poke	12 Apr 1919 16 Apr 1919 filed	W. F. Hudson, MG
Rally Hawkins	Mattie L. Appleton	14 Apr 1919 17 Apr 1919 filed	J. M. Stromire, MG
W. E. Chilton	M. B. Pendergrass	17 Apr 1919 18 Apr 1919 filed	Jos. M. Brasher, Judge of Probate
Henry Lane	Daisy Fulwood	16 Apr 1919 18 Apr 1919 filed	S. H. White, JP
James P. Patterson	N. I. Easton	14 Apr 1919 18 Apr 1919 filed	G. A. Owens, MG
H. B. Bobo	Louie (Lovie) Smith	19 Apr 1919	Jos. M. Brasher, Judge of Probate
Leslie Norman	Connie Michie	18 Apr 1919 19 Apr 1919 filed	Geo W. Watkins, JP
Ervin Underwood	Pankey Thompkins	19 Apr 1919	E. C. Speer, Presiding Judge County Court
Anderson Cain	Eliza Searinge	29 Mar 1919 21 Apr 1919 filed	Timothy Grimes, MG
Edgar Downs	Beulah Lacy	20 Apr 1919 21 Apr 1919 filed	J. C. Burrus, JP
Andrew Jones	Silla Burton	13 Apr 1919 21 Apr 1919 filed	Timothy Grimes, MG
William P. Smith (father Tom Smith consented)	Willie French	19 Apr 1919 21 Apr 1919 filed	O. J. Friend, JP
Dave Thornton	Bettie Winnows	13 Apr 1919 21 Apr 1919 filed	H. E. Shepherd, MG

GROOM	BRIDE	DATE	SOLEMNIZED BY

Oscar Davis
  Mississippi Co. Ark
	Pearlie Simmons
	  Mississippi Co. Ark
		23 Apr 1919	Jos. M. Brasher,
			Judge of Probate

Willie Hutson	Bertha Truitt	21 Apr 1919 23 Apr 1919 filed	Geo. W. Watkins, JP
John Nix	Maymie Deaton	21 Apr 1919 23 Apr 1919 filed	J. D. Long, MG

Frank Owens
  Mississippi Co. Ark
	Clara Thomas
	  Mississippi Co. Ark
		23 Apr 1919	Jos. M. Brasher,
			Judge of Probate

W. J. Coburn	Martha Weaver	24 Apr 1919 25 Apr 1919 filed	Geo. W. Watkins, JP
Frank Dudney	Lillie Wilks	26 Apr 1919	J. C. Burrus, JP
Ed Fite	Retta Biggs (father C. M. Biggs consented)	26 Apr 1919	Geo. W.Watkins, JP
Jeff Woods	Mary Miller	26 Apr 1919	G. G. Bowen, JP

Charles Garrett (mother
  Mellie Johnson consented)
	Martha Hurt (mother
	  Mabel Hurt consented)
		21 Apr 1919
		28 Apr 1919 filed
			S. Piggee, MG

Fred Goza	Louise Beasley	28 Apr 1919	J. C. Burrus, JP
George Pearson	Bertha Tate	27 Apr 1919 28 Apr 1919 filed	Geo. W. Watkins, JP
Dillard D. Rogers	Beulah Grant	28 Apr 1919	J. C. Burrus, JP
G. A. Hammerslip	Allie Grace Powell	05 May 1919 05 Jun 1919 (?) filed	John McCarthy, MG
Ed Wallace	Posey Jackson	05 May 1919	Geo. W. Watkins, JP

Sam Perkins
  Mississippi Co. Ark
	Canilieus Taylor
	  Mississippi Co. Ark
		(no date)
		06 May 1919
			Geo. W. Watkins, JP

	This is a Mississippi Co. MO marriage license executed in Pemiscot Co. MO		
J. A. Williams	Lula Dover	06 May 1919	Geo. W.Watkins, JP
Henry Davis	Lautesha Clark	08 May 1919	Jos. M. Brasher, Judge of Probate

GROOM	BRIDE	DATE	SOLEMNIZED BY
Acy Abshire	Lettie Scott	07 May 1919 08 May 1919 filed	J. J. Wilson, MG
Henry Fields New Madrid Co. MO	Edith Crow New Madrid Co. MO	10 May 1919	J. C. Burrus, JP
	New Madrid Co. marriage license executed in Pemiscot Co. MO		
Percy Williams Mississippi Co. Ark	Della Mann Mississippi Co. Ark	10 May 1919	Geo. W. Watkins,
	Mississippi Co. MO marriage license executed in Pemiscot Co. MO		
J. S. Bethel	Lula Briant	02 May 1919 12 May 1919 filed	P. R. Warren
Otis Fancher Shelby Co. TN	Nadine Wilson Shelby Co. TN	11 May 1919 12 May 1919 filed	John McCarthy, MG
Johnie Johnson	Elvie Spencer	12 May 1919	E. C. Speer, Presiding Judge County Court
Harvey Phillips	Bertha Brown (father J. T. Brown consented)	11 May 1919 12 May 1919 filed	R. R. Ring, JP
Joe Walker Mississippi Co. Ark	Bertha Moton Mississippi Co. Ark	08 May 1919 13 May 1919 filed	R. W. Critz, MG
	Mississippi Co. MO marriage license executed in Pemiscot Co. MO		
Robert Bennett (father W. L. Bennett consented)	Eva Hooper	14 May 1919	Geo. W. Watking, JP
Walter Lashley Mississippi Co. Ark	Elizabeth Murphy	13 May 1919 14 May 1919 filed	Geo. W. Watkins, JP
	Mississippi Co. MO marriage license executed in Pemiscot Co. MO		
C. G. Stegall	Leona Laster	11 May 1911 15 May 1919 filed	John S. Stanfield, JP
Earl Lewis Mississippi Co. Ark	Rosa Allen Mississippi Co. Ark	12 May 1919 15 May 1919 filed	S. H. White, JP

GROOM	BRIDE	DATE	SOLEMNIZED BY
Goah Patterson	Edith Teel	14 May 1919	
		15 May 1919 filed	F. M. Gwin, JP
Charlie Hart	Emma Washington	21 Apr 1919	
		15 May 1919 filed	J. A. Hardeman, MG
Charlie Nevels	Pearl Daniels	23 Apr 1919	
		15 May 1919 filed	J. A. Hardeman, MG
W. F. Ferguson	Nora Casey	13 May 1919	
		17 May 1919 filed	John H. Fisher, JP
P. J. Grant	Katie Brooks	18 May 1919	
		19 May 1919 filed	J. G. Barns, JP
Henry Henley	Minnie Booze	19 May 1919	Jos. M. Brasher,
Mississippi Co. Ark	Mississippi Co. Ark		Judge of Probate
Mississippi Co. MO marriage license executed in Pemiscot Co. MO			
James S. Mathenia	Melvina Wright	18 May 1919	
		19 May 1919 filed	G. G. Bowen, JP
T. C. Sparks	Mary A. Crawford	20 May 1919	
Lake Co. TN	Lake Co. TN		J. C. Burrus, JP
Lake Co. MO (TN) marriage license executed in Pemiscot Co. MO			
Lee Warren	Marie Whitelow	20 May 1919	Jos. M. Brasher
Mississippi Co. Ark	Mississippi Co. Ark		Judge of Probate
Mississippi Co. MO marriage license executed in Pemiscot Co. MO			
James Smothers	Ona Williams	14 May 1919	
Saline Co. IL	New Madrid Co. MO	22 May 1919 filed	Geo. W. Watkins, JP
Ed Jolly	Lizzie Johnson	22 May 1919	Jos. M. Brasher,
			Judge of Probate
Louis H. McClure	Lula Terry	21 May 1919	
		23 May 1919 filed	R. E. Burns, JP
Clarence Hooker	Mamie Hillan	17 May 1919	
		24 May 1919 filed	N. M. Moore, JP

GROOM	BRIDE	DATE	SOLEMNIZED BY
Ed Nix	Hattie May Weathers	24 May 1919	J. C. Burrus, JP
Alvis Maxwell Lake Co. TN	Carrie Richardson	24 May 1919	J. C. Burrus, JP
R. H. Coller (Collier, Caller)	Ruby A. River	20 Apr 1919 26 Apr 1919 filed	Wm. H. Setzer, MG
John Van Ausdall	Christine Rogers	25 May 1919 26 May 1919 filed	Wm. H. Setzer, MG
Milas Crump	Viola Jones	26 May 1919	Wm. H. Setzer, MG
Guy H. Barbee	Mary Agnes Spaulding	25 May 1919 27 May 1919 filed	F. J. Mispagel, Cath. Priest
James Hall	Myrtle Slaydon	24 May 1919 28 May 1919 filed	J. W. Heathcock, JP
A. M. Morefield	Mrs. Asiehee Rowland New Madrid Co. MO	25 May 1919 28 May 1919 filed	P. R. Warren, MG

John E. Poe
  New Madrid Co. MO
	Flossie Moon
	  New Madrid Co. MO
		26 May 1919
		30 May 1919 filed
			John S. Stanfield, JP

Oliver Ritchie	Cora Rogers	28 May 1919 30 May 1919 filed	John S. Stanfield, JP
James T. Kinnamon	Nola Farris	27 May 1919 31 May 1919 filed	S. W. Manard MG
Clifford Cooper	Vera Dial	31 May 1919	Geo. W. Watkins, JP
James Crawford	Linnie Ketcham	02 Jun 1919	Geo. W. Watkins, JP
Samuel Baker	Hattie Barnes	01 Jun 1919 03 Jun 1919 filed	H. M. Turnbow, JP
J. J. Sweet	Forest Bishop	01 Jun 1919 04 Jun 1919 filed	Del Bushy
Willie Brown	Katie Compton	27 Apr 1919 05 Jun 1919 filed	J. C. Cotton, MG

GROOM	BRIDE	DATE	SOLEMNIZED BY
Orval McKinnon 　New Madrid Co. MO	Sallie Litchfield 　New Madrid Co. MO	04 Jun 1919 05 Jun 1919 filed	J. C. Lescher, JP
Samuel Stokes	Mary A. Parish	04 Jun 1919 05 Jun 1919 filed	Charles M. Haney per 　John McCarthy, MG
Glenn C. Bales	Rosa M. Caldwell	04 May 1919 06 Jun 1919 filed	Geo. W. Watkins, JP
J. R. Hastings	May Smith	02 Jun 1919 06 Jun 1919 filed	J. C. Burrus, JP
Henry T. Simpson	Letitia F. Mc Farland	08 Jun 1919 09 Jun 1919 filed	John McCarthy, MG
Charley Vance	Maxie Walker	08 Jun 1919 09 Jun 1919 filed	J. C. Burrus, JP
Steadman Peace 　Crittenden Co. Ark	Willie Freeman (Freemer) 　Crittenden Co. Ark	08 Jun 1919 09 Jun 1919 filed	J. C. Burrus, JP
Stanley L. Dark	Claudie Trasper (mother 　Velma Meatte consented)	26 May1919 10 Jun 1919 filed	A. F. Parker, JP
C. A. Harrington	Minarva Dyer (guardian 　S. P. Oates consented)	11 Jun 1919	J. M. Argo, JP
J. W. VanPelt	Bettie Cabbins	12 Jun 1919 14 Jun 1919 filed	J. C. Burrus, JP
Jack Wilson	Rosa Brown	13 Jun 1919 14 Jun 1919 filed	Jos. M. Brahser, 　Judge of Probate
Lawson Cole	Mrs. Lelia Nearn (Hearn)	17 Jun 1919 14 Jun 1919 (?) filed	J. C. Burrus, JP
Gage Knight 　New Madrid Co. MO	Sarah Reaves 　Cape Girardeau Co. MO	16 Jun 1919	Jos. M. Brasher, 　Judge of Probate
John R. Cole	Mrs. Charlie Pullian Out of order p. 394	04 Jun 1919 17 Jun 1919 filed	W. E. Collins, MG

GROOM	BRIDE	DATE	SOLEMNIZED BY
Willie Davis	Delia Greer	14 Jun 1919	
		19 Jun 1919 filed	R. E. Burns, JP
Cleveland Morris	Emma Greer	14 Jun 1919	
		19 Jun 1919 filed	R. E. Burns, JP
Lovell R. King	Ruth E. Dailey	16 Jun 1919	
		17 Jun 1919 filed	Jas. S. Newson, MG
Joe Massey	Ida Burris	17 Jun 1919	
	Lake Co. TN		J. C. Burrus, JP
Henry E. Hall	Lorine Ferguson	17 Jun 1919	F. J. Mispagel,
		18 Jun 1919 filed	Cath. Priest
Robert L. Nichols	Bessie Frazille	16 Jun 1919	
	St. Louis MO	18 Jun 1919 filed	Geo. W. Watkins, JP
Dave Boone	Lillie Richardson (father	14 Jun 1919	
	Geo. Richardson consented)	18 Jun 1919 filed	Geo. W. Watkins, JP
Lynn Harper	Hazel Ferry	15 Jun 1919	
		18 Jun 1919 filed	John H. Fisher, JP
William W. Brown	Bertie May Harris	18 Jun 1919	
		19 Jun 1919 filed	J. C. Burrus, JP
J. H. Chism	Maude Carr	16 Jun 1919	
		19 Jun 1919 filed	F. M. Gwin, JP
Henry Asvane (Osvane, Acvane)	Lucretia Wright	21 Jun 1919	Jos. M. Brasher,
			Judge of Probate
Cerry Brown	Lula Wells	21 Jun 1919	
New Madrid Co. MO	New Madrid Co. MO		J. C. Burrus, JP
Arthur Bates	Geneva Sanders	21 Jun 1919	Jos. M. Brasher,
			Judge of Probate
Lee Neal	Annie Mitchell	22 Jun 1919	
		23 Jun 1919 filed	J. C. Burrus, JP

GROOM	BRIDE	DATE	SOLEMNIZED BY
Peter Fizer 　Lake Co. TN	Ethel May Enix 　Lake Co. TN	24 Jun 1919	Jos. M. Brasher, 　Judge of Probate
Willie L. Moore	Vallie L. Davis	24 Jun 1919	John W. Jacob, MG
Vernon Reese	Mrs. Bethel Porterfield	24 Jun 1919 25 Jun 1919 filed	J. M. Argo, JP
Clyde Casey (father 　Sherman Casey consented)	Augusta Gross (mother 　Dano Stephens consented)	25 Jun 1919	J. C. Burrus, JP
Walter Jones	Ada Mitchell	01 Jun 1919 26 Jun 1919 filed	Walter Metcalf, MG
Merritt Conley	Nellie James (father 　J. T. James consented)	21 Jun 1919 27 Jun 1919 filed	Geo. W. Watkins, JP
Guy Pearson 　Dunklin Co. MO	Hattie Dickson 　Dunklin Co. MO	27 Jun 1919	Jos. M. Brasher, 　Judge of Probate
Allen Robinson	Freddie Alexander	28 Jun 1919	Jos. M. Brasher, 　Judge of Probate
Hilliary McDaniels	Bessie Cooper	28 June 1919 30 June 1919 filed	J. C. Burrus, JP
James Arthur Paul	Ruth Gillett	28 Jun 1919 30 Jun 1919 filed	J. Murrey Taylor, MG
Fred Williams 　Mississippi Co. Ark	Mary Jackson 　Mississippi Co. Ark	28 Jun 1919 03 Jul 1919 filed	Geo. W. Watkins, JP
Everett Russell	Lattie Kirk 　Mississippi Co. Ark	03 Jul 1919	Geo. W. Watkins, JP
Ora Berkshire	Mary L. Parker	05 Jul 1919	J. C. Burrus, JP
Sam Davis	Anna Johnson	05 Jul 1919 07 Jul 1919 filed	Geo. W. Watkins, JP
H. R. Fallowell	Mrs. Mollie Wood 　Cape Girardeau Co. MO	05 Jul 1919 07 Jul 1919 filed	J. C. Burrus, JP

GROOM	BRIDE	DATE	SOLEMNIZED BY
John Stewart	Lucille Jones	05 Jul 1919 07 Jul 1919 filed	Jos. M. Brasher, Judge of Probate
Rudolph Bradley	Zenoba Haggard	06 Jul 1919 07 Jul 1919 filed	J. C. Burrus, JP

Ed Burton
  Mississippi Co. Ark
	Freddie Ward
	  Mississippi Co. Ark
		12 Jul 1919	Jos. M. Brasher,
			Judge of Probate

Lloyd Jenkins	Lucinda Tanner	14 Jul 1919	Jos. M. Brasher, Judge of Probate

Zack Brown
  Mississippi Co. Ark
	Sara McCadden
	  Mississippi Co. Ark
		14 Jul 1919	J. C. Burrus, JP

W. T. Harper	Ida Baynes	08 Jul 1919 15 Jul 1919 filed	H. J. Woolverton, JP
E. A. Parker	Celia Hallenbeck New Madrid Co. MO	09 Jul 1919 15 Jul 1919 filed	W. J. Ward MG
J. J. Garrett	Virginia Orton	04 Jul 1919 19 Jul 1919 filed	Wm. H. Setzer, MG
Herman Ruskin	Anne Disbennett (mother Consented)	19 Jul 1919 21 Jul 1919 filed	J. C. Burrus, JP
George A. Merrill	Florence Wilder	20 Jul 1919 21 Jul 1919 filed	J. C. Burrus, JP
Ulis McElvoy	Louis Siles	20 Jul 1919 21 Jul 1919 filed	J. C. Burrus, JP

These names may be reversed for groom and bride.

GROOM	BRIDE	DATE	SOLEMNIZED BY

Charlie Willett
  Mississippi Co. Ark
	Delia Piggee
	  Mississippi Co. Ark
		21 Jul 1919	Jos. M. Brasher,
			Judge of Probate

A. C. Morefield (father A. M. Morefield consented)	Eva Hankins	20 Jul 1919 22 Jul 1919 filed	P. R. Warren, MG
Henry Lewis Arrige	Lillie Herrell	21 Jul 1919 22 Jul 1919 filed	J. C. Burrus, JP

GROOM	BRIDE	DATE	SOLEMNIZED BY
Hiram Croney	Flora Vincient	22 Jul 1919	J. C. Burrus, JP
David Johnson	Mary Cain	26 Jul 1919	Jos. M. Brasher, Judge of Probate
Charley Wolf	Mary Aurth (mother Josephine Aurth consented)	30 Jun 1919 28 Jul 1919 filed	J. L. Baker, JP
Bennie Statler Mississippi Co. Ark	Bellie Jones Mississippi Co. Ark	26 Jul 1919 28 Jul 1919 filed	Geo. W. Watkins,
Silas Stacks Lake Co. TN	Lessie Adams Lake Co. TN	25 Jul 1919 28 Jul 1919 filed	F. M. Gwin, JP
Lee Fowler	Carrie Moore	25 Jul 1919 28 Jul 1919 filed	Geo. W. Watkins, JP
Joeph Bomar	Bertha Marken (Morton)	26 Jul 1919 28 Jul 1919 filed	Geo. W. Watkins, JP
C. E. Barry New Madrid Co. MO	Ethel Martin	24 Jul 1919 28 Jul 1919 filed	Geo. W. Watkins, JP
Ernest Brummett	Maggie Thomas	20 Jul 1919 28 Jul 1919 filed	B. F. Palmer, JP
E. M. Johnson	Mary Malloy	29 Jul 1919	J. C. Burrus, JP
Saloman Morton	Annie Smith	29 Jul 1919	Jos. M. Brasher, Judge of Probate
Jim Rivers	Ava Dunnivan	02 Aug 1919	J. C. Burrus, JP
Homar Freeman	Della Shaw	03 Aug 1919 04 Aug 1919 filed	Geo. W. Watkins, JP
W. V. Carleton Shelby Co. TN	Mrs. Mattie Porter	02 Aug 1919 04 Aug 1919 filed	J. C. Burrus, JP
Ed Nolden (Nalden)	Katie Allen	04 Aug 1919	J. C. Burrus, JP
David L. Mungle New Madrid Co. MO	Fannie Meatte	03 Aug 1919 05 Aug 1919 filed	W. J. Ward, MG

GROOM	BRIDE	DATE	SOLEMNIZED BY

J. H. Sutton
  New Madrid Co. MO
	Susie Wyatt
	  New Madrid Co. MO
		03 Aug 1919
		06 Aug 1919 filed
			P. R. Warren, MG

Leonard H. Binkley (father L. L. Binkley consented)	Maude Azee	03 Aug 1919 06 Aug 1919 filed	G. G. Bowen, JP

W. B. Haliburton	Rowena Brown (mother
	  M. B. Brown consented)
		06 Aug 1919	Jos. M. Brasher,
			  Judge of Probate

Lawrence Vivrett	Fannie Pullam	09 Aug 1919	Jos. M. Brasher, Judge of Probate
Ferd King	May Patterson	08 Aug 1919 09 Aug 1919 filed	Wm. H. Setzer, MG
Walter Gray	Etta May Hill	06 Aug 1919 09 Aug 1919 filed	Wm. H. Setzer, MG
Gabe Gry	Myrtle Marley	09 Aug 1919	J. J. Wilson, MG
Charles C. Sparks	Tannie Mason	05 Aug 1919 09 Aug 1919 filed	Geo. W. Watkins, JP
William E. Potter	Ethel Alsup (father M. A. Alsup consented)	07 Aug 1919 09 Aug 1919 filed	Geo. W. Watkins, JP
P. L. Williams	Rachael Bishop	31 Jul 1919 11 Aug 1919 filed	R. V. McPreston, MG
Henry Daniel	Roberta Eastwood	04 Aug 1919 11 Aug 1919 filed	S. V. Bates, MG
Ralph McElvain	Wilma McElvain	04 Aug 1919 11 Aug 1919 filed	O. J. Friend, JP
Jake C. Vaughn	Mrs. Mary Henderson	09 Aug 1919 11 Aug 1919 filed	Geo. W. Watkins, JP
Alex Morris	Melvina Jones	11 Aug 1919	Geo. W. Watkins, JP
Shelley S. Shoptaw	Ida Bowman	09 Aug 1919 12 Aug 1919 filed	H. M. Turnbow,

GROOM	BRIDE	DATE	SOLEMNIZED BY
Huston Chism	Mabel Crowell (father W. A. Crowell consented)	10 Aug 1919 12 Aug 1919 filed	G. G. Bowen, JP
J. H. Poe	Effie McClanahan	12 Aug 1919	J. C. Burrus, JP
Marvin Brown	Myrtle Holland	10 Aug 1919 13 Aug 1919 filed	J. J. Wilson, MG
Ray Edwards	Sval B. Tankersley	12 Aug 1919 15 Aug 1919 filed	Geo. W. Watkins, JP
Henry Queen	Sallie Little (mother Mrs. Less Little consented)	14 Aug 1919 15 Aug 1919 filed	Geo. W. Watkins, JP
John H. Gourley	Katie Baird	16 Aug 1919	Jos. M. Brasher, Judge of Proabte
Jefferson Green	Allie Pierce	14 Aug 1919 18 Aug 1919 filed	Wm. H. Setzer, MG

Mack Mitchell
  Mississippi Co. Ark
	Eliza Hughes
	  Mississippi Co. Ark
		18 Aug 1919	J. C. Burrus, JP

Preston Barnes	Sallie Wallace	17 Aug 1919 19 Aug 1919 filed	James W. Fant, MG
Walker Robbins	Willie Holms	16 Aug 1919 22 Aug 1919 filed	B. E. Williams, MG
Bob Clover	Rosie Swinger	23 Aug 1919	Jos. M. Brasher, Judge of Probate
G. W. Hobson	Mary Wright	23 Aug 1919	Jos. M. Brasher, Judge of Proabte
Herman E. Barnett	Ada Mansfield	11 Jun 1919 25 Aug 1919 filed	L. A. Hopper, JP
Joe Griggs	Lizzie Corbin	21 Aug 1919 25 Aug 1919 filed	Geo. W. Watkins, JP
Bill Moran	Della Robison	18 Aug 1919 25 Aug 1919 filed	Geo. W. Watkins, JP

GROOM	BRIDE	DATE	SOLEMNIZED BY
Alfred Edwards	Meda Haywood	23 Aug 1919 25 Aug 1919 filed	J. C. Burrus, JP
Arthur Reed	Della Jennings	25 Aug 1919 27 Aug 1919 filed	J. C. Burrus, JP
Murrow P. Northern	Cadis May Martin	18 Aug 1919 29 Aug 1919 filed	S. E. Redman, JP
Pelmer Malin	Fern Penninger	26 Aug 1919 27 Aug 1919 filed	Geo. W. Watkins, JP
John G. Baker White Co. Ark	Ola Farley (parents consented)	26 Aug 1919 27 Aug 1919 filed	Jos. M. Brasher, Judge of Probate
Willard Robinson	Willie Gray	27 Aug 1919	Geo. W. Watkins, JP
Henry Reed	Alice Smart	25 Aug 1919 28 Aug 1919 filed	S. M. Reed, MG
Charlie Jolliff	Edna Griggs	28 Aug 1919	Jos. M. Brasher, Judge of Probate
Louie Bell	Virgie Martin (guardian J. A. Woodward consented)	29 Aug 1919	Jos. M. Brasher Judge of Probate
William Albert Norment	Margaret Alice Wilks	27 Aug 1919 30 Aug 1919 filed	John McCarthy, MG
Clyde Glass	Florida Garner	29 Aug 1919 30 Aug 1919 filed	J. C. Burrus, JP
A. D. Sparks,	Maudie Foster	30 Aug 1919	Jos. M. Brasher, Judge of Probate
William Wilson	Mrs. Ola M. Priest	30 Aug 1919 01 Sep 1919 filed	J. C. Burrus, JP
Will McGinley	Jennie Bynum	30 Aug 1919 01 Sep 1919 filed	J. C. Burrus, JP
Oliver Williams	May Gattis	31 Aug 1919 01 Sep 1919 filed	J. C. Burrus, JP

GROOM	BRIDE	DATE	SOLEMNIZED BY
James Ramsey	Bertha Duncan	01 Sep 1919	
Dunklin Co. MO	Dunklin Co. MO		J. C. Burrus, JP
George Peay	Vida Kelley	30 Aug 1919	
Gibson Co. TN	New Madrid Co. MO	02 Sep 1919 filed	S. E. Redman, JP
John D. Ferguson	Viola Ward	02 Sep 1919	
New Madrid Co. MO	New Madrid Co. MO		(not filled in)
Robert Welsh	Eva Owens	30 Aug 1919	
		03 Sep 1919 filed	H. J. Woolverton, JP
Will Conway	Mary Alice Slaggle	15 Sep 1919	E. C. Speer, Presiding
Dyer Co. TN	Dyer Co. TN	04 sep 1919 filed	Judge County Court
E. L. Williams	Maude McQuery	03 Sep 1919	
Shelby Co. TN	Shelby Co. TN	05 Sep 1919 filed	H. J. Woolverton, JP
William L. Vanil	Annelah Crawford	05 Sep 1919	J. C. Burrus, JP
William R. Cable	Viola M. Provence	02 Sep 1919	
	Madison Co. IL	06 Sep 1919 filed	S. H. White, JP
C. L. Insel	Lillie May Reed	04 Sep 1919	
		06 Sep 1919 filed	W. F. Hudson, MG
Aaron Cowley	Bee Harris	05 Sep 1919	
		06 Sep 1919 filed	G. G. Bowen, JP
W. M. Armstrong	Rosa Harris	08 Sep 1919	
		09 Sep 1919 filed	J. C. Burrus, JP
Sam Hogan	Lelia Hooker	08 Sep 1919	
		09 Sep 1919 filed	J. C. Burrus, JP
A. S. Lipscomb	Mamie Miles	01 Sep 1919	
		09 Sep 1919 filed	C. S. Caberly, MG
Robert Kinney	Lizzie Lindsey	28 Aug 1919	
		11 Sep 1919 filed	B. E. Williams
T. R. Lamb	Elzema Derman	06 Sep 1919	
		11 Sep 1919 filed	Geo. W. Watkins, JP

GROOM	BRIDE	DATE	SOLEMNIZED BY
Jessie Hensley	Stella Bracey	09 Sep 1919 12 Sep 1919 filed	H. J. Woolverton, JP

Virgil A. Luke
  Pontotoc Co. OK
	Allene Cathey
	  Desoto Co. MS
		05 Sep 1919
		12 Sep 1919 filed
			Wm. H. Setzer, MG

Allen Flanders
  Mississippi Co. Ark
	Rachel Harris
	  Mississippi Co. Ark
		09 Sep 1919
		12 Sep 1919 filed
			O. J. Friend, JP

Chester A. Coker	Lillian West (father Dan West consented)	04 Sep 1919 13 Sep 1919 filed	Jas. S. Newson, MG
Herman Caruthers	Ophelia Bagby	13 Sep 1919	J. C. Burrus, JP
Willie E. Hatley	Beulah Cantrell	11 Sep 1919 15 Sep 1919 filed	S. H. White, JP
Edgar Bryan	Hattie Sweet	17 Sep 1919	J. C. Burrus, JP
Ed Gambill	Mrs. Duffie Brown	17 Sep 1919 18 Sep 1919 filed	J. C. Burrus, JP
George Lucas	Mrs. Mamie Maples	19 Sep 1919	J. M. Argo, JP
D. A. Collins	Florence Bizzell	13 Sep 1919 20 Sep 1919 filed	W. M. Cooper, MG
J. W. Saulsberry	Abigail Reeves	15 Sep 1919 20 Sep 1919 filed	W. M. Cooper, MG
Clarence C. Ward (stepfather W. E. Massey consented)	Jennie Lee Whitfield	18 Sep 1919 20 Sep 1919 filed	G. G. Bowen, JP
Charles R. Alvey	Cara Richie	20 Sep 1919	Jos. M. Brasher, Judge of Probate

Lige Needam
  Dyer Co. TN
	Mary Butler
	  Dyer Co. TN
		22 Sep 1919	D. Wilmetta H. Medealy, MG

Nute Adams	Willie Richardson	25 Sep 1919	J. C. Burrus, JP

Carthel James (father
  A. S. James consented)
	Tommie Johnson	27 Sep 1919	Jos. M. Brasher,
			  Judge of Probate

GROOM	BRIDE	DATE	SOLEMNIZED BY

M. G. Calvert
  Mississippi Co. Ark
	Stella Hill
	  Mississippi Co. Ark
		27 Sep 1919	Geo. W. Watkins, JP

John A. Williams
  Obion Co. TN
	Lizzie Quick
	  Lake Co. TN
		20 Sep 1919
		  27 Sep 1919 filed
			Geo. W. Watkins, JP

C. C. Woodfin
  Mississippi Co. Ark
	M. E. Sutton
	  Mississippi Co. Ark
		29 Sep 1919	J. C. Burrus, JP

Silas Jackson	Callie Williams	29 Sep 1919	Jos. M. Brasher, Judge of Probate

W. C. Keeling
  Mississippi Co. Ark
	Opal Blanchard	29 Sep 1919
		  30 Sep 1919 filed
			J. C. Burrus, JP

Dave Bell	Effie McCamble	29 Sep 1919 30 Sep 1919 filed	J. A. Hardeman, MG
Calvin Glenn	Willie Jordan	30 Aug 1919 30 Sep 1919 filed	J. A. Hardeman, MG

Marvin C. Robinson
  Mississippi Co. Ark
	Iva Arnold
	  Mississippi Co. Ark
		21 Sep 1919
		  01 Oct 1919 filed
			H. L. Chapman, MG

Albert Fry	Sarah Cross	04 Oct 1919
		  06 Oct 1919 filed
			Jos. M. Brasher,
			  Judge of Probate

Brownlow Sessum	Wyette Sexton	05 Oct 1919 06 Oct 1919 filed	H. E. Shepherd, MG
Joseph C. Herron	Harriet Banks	04 Oct 1919 06 Oct 1919 filed	J. C. Burrus, JP

Luther Yarbrough	Lizzie Thomas (father
	  T. Thomas consented)
		05 Oct 1919
		  06 Oct 1919 filed
			J. C. Burrus, JP

S. A. Benham
  Mississippi Co. Ark
	Mary Barton
	  Mississippi Co. Ark
		(Not filled Out--)	

W. S. Sides Jr.	Murrell Burkeen	05 Oct 1919 06 Oct 1919 filed	Elmer Peal, MG

GROOM	BRIDE	DATE	SOLEMNIZED BY
Bryan Caotes (Cates, Coates)	Elizabeth West	05 Oct 1919 06 Oct 1919 filed	J. M. Argo, JP
Richard Dean	Georgie Dean	06 Oct 1919	Jos. M. Brasher, Judge of Probate
James Freeman	Ruthie Morris	28 Sep 1919 07 Oct 1919 filed	J. A. Farris, MG
J. J. Dunnivan	Maude Ellen Bush	06 Oct 1919 07 Oct 1919 filed	J. M. Argo, JP

Roy Harris
  New Madrid Co. MO
	Carnelia Porter
	  New Madrid Co. MO
		07 Oct 1919	Jos. M. Brasher,
			Judge of Probate

John Eatman (Eastman)	Nellie Chesshire	06 Oct 1919 08 Oct 1919 filed	J. J. Wilson, MG
Joseph A. Wallace	Minnie E. Pounds	02 Oct 1919 09 Oct 1919 filed	C. S. Caberly, MG
O. V. Wells	Ruby P. Lipscomb	03 Oct 1919 09 Oct 1919 filed	C. S. Caberly, MG
Roy Mounts	Bessie Caple (mother Flora Lockhart consented)	06 Oct 1919 09 Oct 1919 filed	W. F. Hudson, MG

W. H. Clayton (father
  U. S. Clayton consented)
  New Madrid Co. MO
	Lorena Penrod (father
	  John Penrod consented)
	  New Madrid Co. MO
		05 Oct 1919
		
		09 Oct 1919 filed
			W. W. Ellis, MG

Edwards Woods	Artie Jorden	08 Oct 1919 09 Oct 1919 filed	W. F. Hudson, MG
Milton McLlroy	Armena Campbell	24 Sep 1919 11 Oct 1919 filed	H. M. Turnbow, JP
Linzy Davis	Marie Firmbanks	08 Oct 1919 11 Oct 1919 filed	J. C. Burrus, JP

GROOM	BRIDE	DATE	SOLEMNIZED BY
Harry E. Lawson	Nora Lawrence	09 Oct 1919	
		11 Oct 1919 filed	W. F. Hudson, MG
Capt. W. R. Gallian	Mrs. Mary E. Evans	11 Oct 1919	J. C. Burrus, JP
R. J. Scruggs	Alberta Broakens (Brookers)	11 Oct 1919	Jos. M. Brasher, Judge of Probate
Kirvey Bonner	Annie Woods	11 Oct 1919	Jos. M. Brasher, Judge of Probate
Mississippi Co. Ark	Mississippi Co. Ark		
Robert Daley	Mary Smith	14 Oct 1919	
	Phillips Co. Ark		J. C. Burrus, JP
Fred Enlow	Roberta Holmes	7 Oct 1919	
		15 Oct 1919 filed	G. G. Bowen, JP
Frank Jones	Laura Allen	11 Oct 1919	
		17 Oct 1919 filed	Geo. W. Watkins, JP
Simpson Howard(guardian	Troy Arterberry(stepfather	16 Oct 1919	
W. G. Walton consented)	W. G. Walton consented)	18 Oct 1919 filed	F. M. Gwin, JP
Frank Claybrooks	Caroline Dukes	16 Oct 1919	
		18 Oct 1919 filed	M. Freeman, MG
John Prewitt	Mattie Bowens	18 Oct 1919	J. C. Burrus, JP
J. W. Markham	Victoria Robertson	21 Oct 1919	
Mississippi Co. Ark	Mississippi Co. Ark		F. G. Fallin, MG
Will Davis	Lucinda Wiggins	22 Oct 1919	Jos. M. Brasher, Judge of Probate
Mississippi Co. Ark	Mississippi Co. Ark		
W. A. Turnage	Mrs. Roena Craig	22 Oct 1919	Jos. M. Brasher, Judge of Probate
Arvey Hastings	Ruth Humphrey	22 Oct 1919	
		23 Oct 1919 filed	G. A. Owens, MG
Walter Mullins	Cleopatra Foust	19 Oct 1919	
		24 Oct 1919 filed	J. J. Wilson, MG

GROOM	BRIDE	DATE	SOLEMNIZED BY
Milton Blake	Viola Thompson	25 Oct 1919	J. C. Burrus, JP
Gordon A. Drewry	Anna Pepples	26 Oct 1919 27 Oct 1919 filed	J. C. Burrus, JP
Will Smith	Ary White	18 Oct 1919 29 Oct 1919 filed	H. M. Turnbow, JP
Sam Brown	Mary Graham	25 Oct 1919 30 Oct 1919 filed	S. M. Jacox, MG
J. E. Prewitt	Effie May Smith (mother T. J. Smith consented)	18 Oct 1919 30 Oct 1919 filed	Geo. W. Watkins, JP
Grover N. Cochran(Cockran)	Ollie J. Walter	03 Oct 1919 31 Oct 1919 filed	S. E. Redman, JP
Alex Ross	Mary Williams	01 Nov 1919 03 Nov 1919 filed	J. C. Burrus, JP
E. B. Hyatt Mississippi Co. Ark	Sadie Aliston Mississippi Co. Ark	01 Nov 1919 07 Nov 1919 filed	Geo. W. Watkins, JP
R. P. Craft Mississippi Co. Ark	May E. Walker Mississippi Co. Ark	31 Oct 1919 07 Nov 1919 filed	Geo. W. Watkins, JP
Luther Rone	Lucy Smith	24 Aug 1918 08 Nov 1919 filed	Ben Whitfield, MG
Granville Hayes Decatur Co. TN	Dora Gibson	01 Oct 1919 08 Nov 1919 filed	Wm. H. Setzer, MG
Jim Jones	Zenda Brown	05 Oct 1919 08 Nov 1919 filed	J. Cotton, MG
D. V. Cook Cook Co. IL	Lydia A. Sutton Cook Co. IL	11 Oct 1919 08 Nov 1919 filed	Wm. H. Setzer, MG
Will Easley	Mary Taylor	25 Oct 1919 08 Nov 1919 filed	S. Piggee, MG
Lexie C. Estes	Irene Conley	08 Nov 1919 10 Nov 1919 filed	J. C. Burrus, JP

GROOM	BRIDE	DATE	SOLEMNIZED BY

Walter Smith
  Tunica Co. MS
	Mary Allen
	  Tunica Co. MS
		10 Nov 1919	Jos. M. Brasher,
			  Judge of Probate

Maurice Tistadt	Grace McNell	15 Oct 1919 10 Nov 1919 filed	Elmer Peal, MG
Kid Lewis	Lizzie Adams	11 Nov 1919	Jos. M. Brasher, Judge of Probate

E. M. Nunnery
  Dunklin Co. MO
	Ruth Davidson
	  Dunklin Co. MO
		04 Nov 1919
		  12 Nov 1919 filed
			Geo. W. Watkins, JP

John W. Dyers	Belle McCall	10 Nov 1919 12 Nov 1919 filed	G. G. Bowen, JP
D. T. Dover	Frances Wildee	08 Nov 1919 12 Nov 1919 filed	Geo. W. Watkins, JP
J. H. Moss	Wava Mahan	13 Nov 1919	Jos. M. Brasher, Judge of Probate
Charlie Bell	Essioe Madtzker	13 Nov 1919	Jos. M. Brasher, Judge of Probate
B. L. Cross	Georgie Conner	17 Nov 1919	J. C. Burrus, JP

J. Stockley
  Mississippi Co. Ark
	Pearl Crawford
	  Mississippi Co. Ark
		17 Nov 1919	Elmer Peal, MG

W. M. Sawyers
  Mississippi Co. Ark
	Annie Tucker
	  Mississippi Co. Ark
		17 Nov 1919	Jos. M. Brasher,
			  Judge of Probate

Lloyd Burris (father
  A. N. Burris consented)
	Neva Robertson	18 Nov 1919
		  19 Nov 1919 filed
			Elmer Peal, MG

Sylvester Trigs	Alberta Young	22 Nov 1919	S. H. White, JP
Albert Sanders	Mary Davis	22 Nov 1919	Jos. M. Brasher, Judge of Probate
Andrew Maxey	Icey May Guiden	22 Nov 1919	Jos. M. Brasher, Judge of Probate

GROOM	BRIDE	DATE	SOLEMNIZED BY
Will Sikes	Alice Carr	23 Nov 1919	J. C. Burrus, JP
Mississippi Co. Ark	Mississippi Co. Ark	24 Nov 1919 filed	
Wallace Wade	Beatrice Alden	24 Nov 1919	J. C. Burrus, JP
John Green	Sylvia McGee	24 Nov 1919	Jos. M. Brasher, Judge of Probate
Mississippi Co. Ark	Mississippi Co. Ark		
A. L. Lang	Annie Hardin	24 Nov 1919	Jos. M.Brasher, Judge of Probate
New Madrid Co. MO	New Madrid Co. MO		
Levi Manning	Malinda Jones	18 Nov 1919	M. C. Preston, MG
		27 Nov 1919 filed	
Levi Stewart	Rosa Kelley	28 Nov 1919	Jos. M. Brasher, Judge of Probate
George Sharp	Susia Powers	12 Nov 1919	Geo. W. Watkins, JP
		29 Nov 1919 filed	
H. C. Buchanan	Angie Scott	22 Nov 1919	Geo. W. Watkins, JP
New Madrid Co. MO	New Madrid Co. MO	29 Nov 1919 filed	
Arthur Love (Lane)	Louie (Lovie) Vaughn	28 Nov 1919	Geo. W. Watkins, JP
Mississippi Co. Ark	Mississippi Co. Ark	29 Nov 1919 filed	
John Calvin	Susie Smalt	29 Nov 1919	Geo. W. Watkins, JP
Lee Smith	Quincy Alexander	29 Nov 1919	H. M. Turnbow, JP
		01 Dec 1919 filed	
George Wells	Lucy Colbert	24 Nov 1919	L. A. Hopper, JP
		01 Dec 1919 filed	
Edward Boner	Lula Hodge	29 Nov 1919	J. C. Burrus, JP
Dunklin Co. MO	Dunklin Co. MO	02 Dec 1919 filed	
Archer Cribbs	Lillian Stephens (mother Stella Hamelback consented)	01 Dec 1919 03 Dec 1919 filed	Floyd Hogan, JP
J. C. Reeves	Mabel Burch	30 Nov 1919 03 Dec 1919 filed	Geo. W. Watkins, JP

GROOM	BRIDE	DATE	SOLEMNIZED BY
E. L. Stevenson	Nettie Arnold	02 Dec 1919 03 Dec 1919 filed	W. Wilard, MG
J. B. Bailey	Alma Burton	03 Dec 1919	Jos. M. Brasher, Judge of Probate
Clifford Jones Genesee Co. MI	Etta Sanders	20 Nov 1919 04 Dec 1919 filed	C. E. Stanffer, JP
William A. Guill	Rosa Withrow	03 Dec 1919 04 Dec 1919 filed	J. C. Burrus, JP
Lee Messer	Addie Ward	04 Dec 1919	Jos. M. Brasher, Judge of Probate
Tom Yancey	Madgealine Smith	22 Nov 1919 05 Dec 1919 filed	J. M. Stromire

Ben White (father
  J. C. White consented)
	Emma McArthur (father
	  J. F. McArthur consented)
		30 Nov 1919
		06 Dec 1919 filed
			G. G. Bowen, JP

Arthur Halley	Ethel Price	06 Dec 1919	Jos. M. Brasher, Judge of Probate
George Carter	Rebecca Lee Weber	06 Dec 1919	Jos. M. Brasher, Judge of Probate
Robert Wallpp	Ethel Montgomery	06 Dec 1919	Jos. M. Brasher, Judge of Probate

Neeley Robertson
  Mississippi Co. Ark
	Ola Jones
	  Mississippi Co. Ark
		06 Dec 1919	J. C. Burrus, JP

ChesleyWalker	Ivie Bennett	06 Dec 1919 08 Dec 1919 filed	J. C. Burrus, JP
Nathaniel Evans	Ida M. Rushing (parents consented)	06 Dec 1919 08 Dec 1919 filed	J. C. Burrus, JP

Burlie Curtis
  Mississippi Co. Ark
	Pearl Woods
	  Mississippi Co. Ark
		08 Dec 1919	S. H. White, JP

GROOM	BRIDE	DATE	SOLEMNIZED BY
Oscar Stone New Madrid Co. MO	Mamie Bell Adams (father J. W. Adams consented)	09 Dec 1919	J. L. Baker, JP
W. R. McIntosh	Lillie Ratcliffe	09 Dec 1919	Jos. M. Brasher, Judge of Probate
Henry Vann Mississippi Co. Ark	Bessie Mahame	11 Dec 1919	J. L. Baker, JP
Jesse Vinson Mississippi Co. Ark	Gladys Alvey	06 Dec 1919 11 Dec 1919 filed	R. E. Bump, JP
Luther Dowell	Ada Barton	10 Dec 1919 11 Dec 1919 filed	J. C. Burns, JP
Joe Clayton	Velma Skates (father Mark Green consented)	09 Dec 1919 12 Dec 1919 filed	S. H. White, JP
Howard W. Shade	Estella B. Tipton	10 Dec 1919 12 Dec 1919 filed	C. H. Browning, MG
Calvin Burrows	Birdie Erdsley	11 Dec 1919 12 Dec 1919 filed	J. C. Burns, JP
H. A. Boon Cape Girardeau Co. MO	Clara Wright Howell Co. MO	11 Dec 1919 12 Dec 1919 filed	J. C. Burns, JP
Robert Southern	Eula Petty (father B. T. Petty consented)	14 Dec 1919 15 Dec 1919 filed	G. G. Bowen, JP
J. J. Polen Dunklin Co. MO	Mary T. Bray Dunklin Co. MO	11 Dec 1919 15 Dec 1919 filed	Fletcher S. Crowe, MG
E. F. Harris Mississippi Co. Ark	Lena Robinson	16 Dec 1919	
T. C. Kelley Mississippi Co. Ark	Stella Issac	16 Dec 1919	J. H. Wilson, JP Jos. M. Brasher, Judge of Probate
Paul Frame	Clevie Balentine	02 Dec 1919 16 Dec 1919 filed	C. S. Caberly, MG

GROOM	BRIDE	DATE	SOLEMNIZED BY
W. R. Stokes	Lula Pool	14 Dec 1919	
		16 Dec 1919 filed	J. J. Wilson, MG
J. H. Alexander	Francis Smith	16 Dec 1919	H. M. Turnbow, JP
Richard Williams	Willia Whitley	NOT FILLED OUT	
A. O. Dobbs	Beatrice Gordon	14 Dec 1919	
		18 Dec 1919 filed	L. A. Hopper
Wesly Small	Tiller Williams	15 Dec 1919	
Mississippi Co. Ark	Mississippi Co. Ark	18 Dec 1919 filed	R. W. Williams, MG
Tom Washington	Lucinda Gell	18 Dec 1919	Jos. M. Brasher,
Mississippi Co. Ark	Mississippi Co. Ark		Judge of Probate
T. H. Simpson	Florence Simpson	18 Dec 1919	
		19 Dec 1919 filed	J. C. Burrus, JP
Joe Reeves	Ruby James	16 Dec 1919	
		19 Dec 1919 filed	J. W. Heathcock, JP
John Spare	Clara Cressey	17 Dec 1919	
New Madrid Co. MO	New Madrid Co. MO	19 Dec 1919 filed	H. J. Woolverton, JP
C. S. Smoot	Callie Bowden	20 Dec 1919	J. C. Burrus, JP
Joseph Dockery	Beatrice Moore	20 Dec 1919	Jos. M. Brasher,
		22 Dec 1919 filed	Judge of Probate
Charlie Williams	Emma Walker	22 Dec 1919	Jos. M. Brasher,
			Judge of Probate
Jno. Webster	Fannie Arnold	14 Dec 1919	
		23 Dec 1919 filed	J. A. Hardeman, MG
R.W. Williams	Vina Drummonds	15 Dec 1919	
		23 Dec 1919 filed	J. A. Hardeman, MG
Henry Fox (father	Ruth Duckuart (father	17 Dec 1919	
S. H. Fox consented)	Chas. Duckuart consented		
	New Madrid Co. MO	23 Dec 1919 filed	J. S. Stanfield, JP

GROOM	BRIDE	DATE	SOLEMNIZED BY
Charles Duckworth	Corda Whitley (mother Ellen Whitley consented)	18 Dec 1919 23 Dec 1919 filed	J. S. Stanfield, JP
Everett Woolbright	Esther Newborn (father J. B. Newborn consented)	21 Dec 1919 23 Dec 1919 filed	G. G. Bowen, JP
Pinkard Stephens	Myrtle Payne	23 Dec 1919	Jos. M. Brasher, Judge of Probate
Mervin Wells	Grace Anna Murphy	25 Dec 1919 26 Dec 1919 filed	F. R. Stomp, MG
Quilland (Quillard) Skinner (mother Pheva Skinner consented)	Ruby Jenkins (father E. D. Jenkins consented)	24 Dec 1919 26 Dec 1919 filed	Floyd Hogan, JP
Edgar Fowler	Elizabeth Sinclair (father G. T. Sinclair consented)	24 Dec 1919 26 Dec 1919 filed	W. F. Hudson, MG
Fate Thomas Watt (father Arthur Watt consented)	Letti_ Handley	26 Dec 1919	Jos. M. Brasher, Judge of Probate
Geo. Stafford Dyer Co. TN	Mary Jackson	14 Dec 1919 27 Dec 1919 filed	H. S. Greer, MG
Will Foster New Madrid Co. MO	Mamie Greer New Madrid Co. MO	15 Dec 1919 27 Dec 1919 filed	J. C. Burrus, JP
Oscar Springer	Esther Anderson	23 Dec 1919 27 Dec 1919 filed	H. S. Green, MG
J. S. Sykes	Bessie Arton	25 Dec 1919 27 Dec 1919 filed	Floyd Hogan, JP
Gordon Sharp Montgomery Co. TN	Chloe Ward	24 Dec 1919 27 Dec 1919 filed	J. W. Heathcock, JP
Frank Drake	Truncie Morgan	25 Dec 1919 27 Dec 1919 filed	Floyd Hogan, JP
James E. Fakes (parents consented) New Madrid Co. Mo	Florence E. Breeze (parents consented) New Madrid Co. MO	27 Dec 1919	Jos. M. Brasher, Judge of Probate

GROOM	BRIDE	DATE	SOLEMNIZED BY
William Pollard	Nora Manning	05 Dec 1919	
		29 Dec 1919 filed	Geo. W. Watkins, JP
W. C. Carter	Rosey Griffin	11 Nov 1919	
		29 Dec 1919 filed	John W. Turner, MG
G. D. Mark	Pearl Williamson	10 Dec 1919	
		29 Dec 1919 filed	Geo. W. Watkins, JP
Enoch Channell	Edith Tuberville	11 Dec 1919	
		29 Dec 1919 filed	Geo. W. Watkins, JP
S. W. Garland St. Louis MO	Arther Adams St. Louis MO	15 Dec 1919 29 Dec 1919 filed	Geo. W. Watkins, JP
Frank Cendenen	Martha Black	20 Dec 1919	
		29 Dec 1919 filed	Geo. W. Watkins, JP
Richard Roberts	Ida Bush	24 Dec 1919	
		20 Dec 1919 filed	J. S. Stanfield, JP
James H. Walker	Pearl Reno	28 Dec 1919	
		29 Dec 1919 filed	F. M. Gwin, JP
Elmer LaFoe Scott Co. MO	Hattie Robinson	29 Dec 1919	J. C. Burrus, JP
Joseph Cunningham Dunklin Co. MO	Lizzie Moore	14 Dec 1919 30 Dec 1919 filed	Jos. S. Newbern, MG
Will White	Mandy Reed	20 Dec 1919 30 Dec 1919 filed	Jos. M. Brasher, Judge of Probate
John W. Martin	Stella Alexander	25 Dec 1919 30 Dec 1919 filed	J. M. Betis, MG
Floyd J. Smith (mother Zora E. Smith consented)	Ruby Carker	27 Dec 1919 30 Dec 1919 filed	C. Milard
Carl H. Dillender	Beulah M. Lawrence (father G. W. Lawrence consented)	30 Dec 1919	Jos. M. Brasher, Judge of Probate

GROOM	BRIDE	DATE	SOLEMNIZED BY
Amos Mosier	Eulah May Jones	30 Dec 1919 31 Dec 1919 filed	J. C. Burrus, JP
Tobe Gazell	Hattie Good	20 Dec 1919 31 Dec 1919 filed	T. Willard, MG
Alva Thomas St. Louis MO	Alcie Kane Westmoreland Co. PA	31 Dec 1919	J. C. Burrus, JP
Nillie Thomas	Cora Dillard	23 Dec 1919 05 Jan 1920 filed	H. J. Woolverton, JP
A. A. Wells	Mattie Jones	04 Jan 1920 05 Jan 1920 filed	G. G. Bowen, JP
Edward E. Craig	Florence Sturm (father E. Sturm consented)	03 Jan 1920 05 Jan 1920 filed	O. (?) W. Corbett, JP
A. C. Sullivan	Lucile Downing	27 Dec 1919 06 Jan 1920 filed	Elmer Peal, MG
O. C. Stanley	Minnie Anderson	01 Jan 1920 06 Jan 1920 filed	Elmer Peal, MG
Harvey E. Polk	Willie Dickoff	01 Jan 1920 06 Jan 1920 filed	Geo. W. Watkins, JP
Benjamin D. Perrin Cass Co. IL	Lillian Slatten Jackson Co. MO	01 Jan 1920 06 Jan 1920 filed	Elmer Peal, MG
W. G. Middleton	Bertie Allen York	03 Jan 1920 06 Jan1920 filed	Elmer Peal, MG
Rogers Archibald	Mattie Drayden	03 Jan 1920 06 Jan 1920 filed	Geo. W. Watkins, JP
C. H. Dunkley	Alma Harris	03 Jan 1920 06 Jan 1920 filed	Geo. W. Watkins, JP
Thurman Ivy Lake Co. TN	Ellen Fanzer Lake Co. TN	05 Jan 1920 06 Jan 1920 filed	Geo. W. Watkins, JP
Henry Wheeler	Hattis Ross	06 Jan 1920	Geo. W. Watkins, JP

GROOM	BRIDE	DATE	SOLEMNIZED BY
Lonnie W. Tines	Phullis DeLisle	07 Jan 1920	Jos. M. Brasher, Judge of Probate
C. F. Lucas	Ellen Yiget	07 Jan 1920 08 Jan 1920 filed	J. C. Burrus, JP
George Fields	Clara Thompson	07 Jan 1920 08 Jan 1920 filed	J. W. D. Mayes, MG

Reed Walden
  Mississippi Co. Ark
	Roberta Taylor
	  Mississippi Co. Ark
		08 Jan 1920	J. C. Burrus, JP

John F. Lenti	Christine E. Lemar (?)	08 Jan 1920 10 Jan 1920 filed	F. J. Mispagel, Cath. Priest
Fred Worley	Leva M. James	08 Jan 1920 10 Jan 1920 filed	J. W. Williams, MG
Dall Durtin (Partin)	Inez Stamps	11 Jan 1920 13 Jan 1920 filed	M. C Preston, MG

Rufus Carner
  Mississippi Co. Ark
	Emma Long
	  Mississippi Co. Ark
		15 Dec 1919
		14 Jan 1920 filed
			Wm. H. Setzer, MG

N. M. Conley	Lottie Cole	15 Jan 1920	W. W. Corbett, JP
Louis Smith	Nellie Brown	11 Jan 1920 17 Jan 1920 filed	J. A. Hardeman, MG
James Gool	Catherine Allen	17 Jan 1920	Jos. M. Brasher, Judge of Probate
Willie N. Hawkins	Myrtle E. Morefield	18 Jan 1920	Robert Warren, MG
W. L. Christopher	Tinnie Cardel	04 Jan 1920 21 Jan 1920 filed	J. M. Stromire, MG
Elmer Wheeler	Quincey Little	13 Jan 1920 21 Jan 1920 filed	J. M. Stromire, MG
J. S. Stanfield	Mrs. Florence Johnson	20 Jan 1920 22 Jan 1920 filed	J. Baker, JP

GROOM	BRIDE	DATE	SOLEMNIZED BY
Robb Taylor	Dora Lyons	26 Jan 1920	J. C. Burns, JP
Mississippi Co. Ark	Mississippi Co. Ark		
Will Rusk	Gussie Wilson	25 Jan 1920	
Mississippi Co. Ark	Mississippi Co. Ark	26 Jan 1920 filed	J. C. Burns, JP
Delbert Fry	Una Hayes	22 Jan 1920	
		27 Jan 1920 filed	J. J. Cooper, MG(?)
			(W. M. Cooper, MG)
Elmer Nickels father	Lillian Grice (Groce) (father	24 Jan 1920	W. M. Cooper, MG
R. L. Nickels consented)	Bud Saulsberry consented)	27 Jan 1920 filed	
Dewey DePriest (father	Montie Jordon (father	15 Jan 1920	W. G. DePriest, MG
R. L. DePriest consented)	Marion Jordon consented)	27 Jan 1920 filed	
Leonard Washington	Lucy Rogers	28 Jan 1920	Jos. M. Brasher,
			Judge of Probate
Joe Hill	Maggie Mardley	26 Jan 1920	T. Brevard, MG
		02 Feb 1920 filed	
Louis Parchman	Harriet Martin	29 Nov 1919	T. Brevard, MG
		02 Feb 1920 filed	
John Jones	Pearl Woolingham	22 Nov 1919	T. Brevard, MG
		02 Feb 1920 filed	
Allen Brooks	Leta Scott	06 Jan 1920	T. Brevard, MG
Mississippi Co. Ark	Mississippi Co. Ark	02 Feb 1920 filed	
John Halley	Lizzie Lee	09 Jan 1920	T. Brevard, MG
Mississippi Co. Ark	Mississippi Co. Ark	02 Feb 1920 filed	
F. M. Gwin	Nora Craig	31 Jan 1920	T. Brevard, MG
		02 Feb 1920 filed	
		31 Jan 1920	J. M. Argo, JP
Will Curry	Annie Stewart	02 Feb 1920 filed	W. W. Corbett, JP
Mississippi Co. Ark	Mississippi Co. Ark		
Ernest Tyler	Willie May Anderson	03 Feb 1920	W. W. Corbett, JP
Mississippi Co. Ark	Shelby Co. TN		

GROOM	BRIDE	DATE	SOLEMNIZED BY
A. Gibson	T. C. Tidwell	31 Jan 1920 03 Feb 1920 filed	J. W. Williams, MG
Hugh P. Harbert	Floss Lutes	04 Feb 1920	F. M. Gwin, JP
James Mitchell	May McKinney	04 Feb 1920	Jos. M. Brasher, Judge of Probate
Gabe Fry	Mrytle Emery	03 Feb 1920 04 Feb 1920 filed	J. M. Argo, JP

Hayes Ford
  Mississippi Co. Ark
	Willie Lassey
	  Mississippi Co. Ark
		06 Jan 1920
		05 Feb 1920 filed
			Geo. W. Watkins, JP

Lexie Burris	Hettie Orton	10 Jan 1920 05 Feb 1920 filed	Geo. W. Watkins, JP
Ed Spencer	Mandy Barnes	26 Jan 1920 05 Feb 1920 filed	Geo. W. Watkins, JP

James P. Ellis
  New Madrid Co. MO
	Ruby Cummings
	  New Madrid Co. MO
		26 Jan 1920
		05 Feb 1920 filed
			Geo. W. Watkins, JP

Willie Mays	Misery Barnum	31 Jan 1920 05 Feb 1920 filed	Geo. W. Watkins, JP
William F. Tuberville	Minnie L. Tinsley	08 Jan 1920 06 Feb 1920 filed	S. E. Redman, JP
Luther Wilson	Ellen Murry	27 Sep 1919 07 Feb 1920 filed	S. H. Morris
James Lee	Francis Dale	07 Feb 1920	Jos. M. Brasher, Judge of Probate
G. W. Jones	Annie Robinson	07 Feb 1920	Jos. M. Brasher Judge of Probate
M. H. Spencer	Dessie May Crites	09 Feb 1920	Jos. M. Brasher Judge of Probate
J. N. Newman	Mrs. J. W. Road	30 Jan 1920 07 Feb 1920 filed	F.J. Mispagel, Cath. Priest

GROOM	BRIDE	DATE	SOLEMNIZED BY
G. B. Herring	Annie Maud Wilson	06 Feb 1920	S. W. Mainard, MG
		09 Feb 1920 filed	
H. R. Sanford	Myrtle Osborne	26 Jan 1920	Wm. H. Setzer, MG
Jackson Co. MI	Mississippi Co. Ark	10 Feb 1920 filed	
Dwight Weeks	Mary Lesierer	18 Jan 1920	Wm. H. Setzer, MG
New Madrid Co. MO	New Madrid Co. MO	10 Feb 1920 filed	
E. F. Paul (father	Edna M. Laster	17 Jan 1920	Wm. H. Setzer, MG
D. W. Paul consented)	True Robinson (father	10 Feb 1920 filed	
Guy Sandage (mother	Will Robinson consented)	08 Feb 1920	
Lue Sandage consented)	Fannie Young	10 Feb 1920 filed	R. C. Burnt, JP
O. Hanks	Mary Maxie	02 Feb 1920	
Mississippi Co. Ark		10 Feb 1920 filed	Wm. H. Setzer, MG
Henry Gettings	Vera McConnell	09 Feb 1920	F. W. Gwin, JP
C. W. Hendrix		10 Feb 1920 filed	Jos. M. Brasher,
		10 Feb 1920	Judge of Probate
Mat Lumbly	Mary Miles (father	20 Jan 1920	L. A. Hopper, JP
	J. W. Miles consented)	11 Feb 1920 filed	
David Downing	Myrtle Ward	08 Feb 1920	
	New Madrid Co. MO	11 Feb 1920 filed	W. J. Ward, MG
Rockie L. Curtis (father	Married in New Madrid Co. MO		
S. N. Curtis consented)	Minnie M. Crodesier	08 Feb 1920	
	New Madrid Co. MO	11 Feb 1920 filed	W. J. Ward, MG
Charlie Jackson	Josie B. Scott	06 Feb 1920	
Crittenden Co. Ark	Crittenden Co. Ark	11 Feb 1920 filed	W. W. Corbett, JP
Guy Carleton	Vadie Hicks	07 Feb 1920	
Sal Harage	Nazaline Wilbrooks	11 Feb 1920 filed	W. W. Corbett, JP
Lake Co. TN	Lake Co. TN	11 Feb 1920	Jos. M. Brasher,
			Judge of Probate

GROOM	BRIDE	DATE	SOLEMNIZED BY
James Thomas	Minnie Hides	11 Feb 1920	J. C. Burrus, JP
Pleas Hickman	Augusta Tucker	24 Jan 1920	
		14 Feb 1920 filed	Samuel Piggee, MG
Joe Smith	Ophelia Wallace	07 Feb 1920	
		14 Feb 1920 filed	G. W. McNeal, MG
Walter P. Bumpas	Narzel Northern	11 Feb 1920	
		14 Feb 1920 filed	R. E. Burnt, JP
Frank Wright	Mrs. Mary Nichols	12 Feb 1920	
		14 Feb 1920 filed	W. M. Cooper, MG
Wesley Shelby	Annie Lee Lucas	16 Feb 1920	
Mississippi Co. Ark	Mississippi Co. Ark		W. W. Corbett, JP
A. P. Wiseman	Josephine Stewart	16 Feb 1920	Jos. M. Brasher,
Mississippi Co. Ark.	Shelby Co. TN		Judge of Probate
Tom Martin	Katie Norman	16 Feb 1920	
Shelby Co. TN	Shelby Co. TN		W. W. Corbett, JP
Ira W. Ball	Clara B. Tate (stepfather	08 Feb 1920	
New Madrid Co. MO	Joe Jackson consented)	17 Feb 1920 filed	J. J. Wilson, MG
Willie Watkins	Josie Darnall	06 Feb 1920	
		17 Feb 1920 filed	Geo. W. Watkins, JP
Arthur Patterson	Eva Shields	10 Feb 1920	
Crittenden Co. Ark	Crittenden Co. Ark	17 Feb 1920 filed	Geo. W. Watkins, JP
Euel Rawhauf	Lexie Calvert (mother	21 Feb 1920	
	Icey Sanders consented)		J. C. Burrus, JP
A. D. Abernathy	Connie M. Michie	21 Feb 1920	
		23 Feb 1920 filed	G. G. Bowen, JP
Roy Morrow (father	Jessie Skinner	23 Feb 1920	
W. A. Morrow consented)			J. C. Burrus, JP
James Williams	Catherine Lee	25 Jan 1920	
		24 Feb 1920 filed	J. Leo. Shaffer

GROOM	BRIDE	DATE	SOLEMNIZED BY
John Ellison	Maude Simpson (father Levi Simpson consented)	26 Jan 1920 24 Feb 1920 filed	J. Leo Shaffer,
George Sims (stepfather Albert Turner consented) Wester Rhodes	Eva Forthman (father H. W. Forthman consented) Annie Hazzard	22 Feb 1920 24 Feb 1920 filed 23 Feb 1920 24 Feb 1920 filed	John H. Fisher, JP W. W. Corbett, JP
George F. Connell	Jennie Scott	22 Feb 1920 25 Feb 1920 filed	J. W. Heathcock, JP
A. E. Smith	Jessie Carr	24 Feb 1920 26 Feb 1920 filed	W. W. Corbett, JP
Herbie Halloman Mississippi Co. Ark	Catherine Chapman	21 Feb 1920 27 Feb 1920 filed	R. W. Critz, MG
Herman Kirk	Willie Burnsides	23 Feb 1920 27 Feb 1920 filed	R. W. Critz, MG
John W. Metzger	Nellie E. Mullins	24 Feb 1920 27 Feb 1920 filed	J. J. Wilson, MG
Wade Whitaker	Ella Westberry	01 Mar 1920	J. C. Burrus, JP
William A. Johnson Dunklin Co. MO	May Strawn Dunklin Co. MO	28 Feb 1920 02 Mar 1920 filed	W. W. Corbett, JP
Daniel Dyson Mississippi Co. Ark	Clara Dotson Mississippi Co. Ark	05 Mar 1920	J. C. Burrus, JP
Harman White	May Dell Wright	05 Mar 1920	
L. G. Goode	Birdie White	06 Mar 1920 08 Mar 1920 filed	G. G. Bowen, JP
Will Long	Margie Sirty (mother Mrs. Lizzy Ruddle consented)	06 Mar 1920 08 Mar 1920 filed	W. W. Corbett, JP
Glen Leddell	India Jennings	08 Mar 1920	W. W. Corbett, JP J. C. Burrus, JP

GROOM	BRIDE	DATE	SOLEMNIZED BY
J. R. Tucker	Rosa Lee	08 Mar 1920	
Mississippi Co. Ark	Mississippi Co. Ark	09 Mar 1920 filed	W. W. Corbett, JP
James Andrew Tippy	Carey Thacker	08 Mar 1920	
Dunklin Co. MO		09 Mar 1920 filed	W. W. Corbett, JP
Alva Gould	Esnal Broadway (mother Rilla Broadway consented)	07 Mar 1920	
	New Madrid Co. MO	09 Mar 1920 filed	R. R. Warren, MG
Lloyd Prater	Nell Hartwell (father H. E. Hartwell consented)	07 Mar 1920 09 Mar 1920 filed	A. R. Ready, MG
R. L. James	Fannie Smith	12 Mar 1920	
Mississippi Co. Ark	Mississippi Co. Ark	13 Mar 1920 filed	W. W. Corbett, JP
Winfield S. White	Ora Mann	13 Mar 1920	W. W. Corbett, JP
Ivie D. Hallis	Sadie Walls	13 Mar 1920	W. W. Corbett, JP
Arthur B. Kinley	Ludie A. Wilson	14 Mar 1920	
		15 Mar 1920 filed	S. E. Redman, JP
James Flennoy	Mary Williams	15 Mar 1920	J. C. Burrus, JP
George W. Hale	Emma Hale	13 Mar 1920	
Cape Girardeau Co. MO	Cape Girardeau Co. MO	16 Mar 1920 filed	C. M. Gilbert, JP
E. B. Chitwood	Elma Parnett	15 Mar 1920	
Mississippi Co. Ark		16 Mar 1920 filed	Elmer Peal, MG
Louis Allen Durham	Sadie Beatrice Askue	29 Feb 1920	F. J. Mispagel,
Mississippi Co. Ark		17 Mar 1920 filed	Cath. Priest
J. E. Moleete	Annie Majors	16 Mar 1920	
		18 Mar 1920 filed	W. W. Corbett, JP
Marcellus Wiley	Leona Robbs	18 Mar 1920	W. W. Corbett, JP
Cesar Jones	Rosa McGlassin	18 Mar 1920	W. W. Corbett, JP
T. C. Davis	Birdie Cecil	19 Mar 1920	Jos. M. Brasher, Judge of Probate

End of Book 9

Beginning of Book 10

Beginning with this book, there is change in the format of the book itself even though the information is still the same. Spelling of some of the Justices of the Peace changes early in the book due to who is actually doing the recording in the Office of the Recorder of Deeds. The old spelling shows up later in the book.

GROOM	BRIDE	DATE	SOLEMNIZED BY
W. M. Freel Mississippi Co. Ark	May Pierce Mississippi Co. Ark	15 Mar 1920	Jos. M. Brasher Judge of Probate
Jeff Adams Dunklin Co. MO	Mamie Ragsdel (father J. T. Ragsdel consented)	20 Mar 1920	J. C. Burris, JP
John Biter	Jannie Dyens	25 Mar 1920 26 Mar 1920 filed	J. C. Burris, JP
Walter Collins	Sallie Bowman	20 Mar 1920 24 Mar 1920 filed	A. Y. Goodman, JP
Frank Clark	Alice M. Brotherton	25 Mar 1920 26 Mar 1920 filed	W. W. Corbett, JP
Roy Chancellor	Euretta Reed	27 Mar 1920 29 Mar 1920 filed	Geo. W. Watkins, JP
Amos J. Fisher	Mattie M. Walker	22 Mar 1920 29 Mar 1920 filed	Geo. W. Watkins, JP
George H. Howard	Johnie Sanders (mother Mrs. B. P. Drewry consented)	14 Feb 1920 29 Feb 1920 filed	Geo. W. Watkins, JP
Pete James Mississippi Co. Ark	Roberta Johnson Mississippi Co. Ark	29 Mar 1920	W. W. Corbett, JP
Van Koonce Mississippi Co. Ark.	Ophelia Richardson Mississippi Co. Ark	27 Mar 1920 29 Mar 1920 filed	W. W. Corbett, JP
Andrew Martin	Emma Russell	28 Feb 1920 29 Mar 1920 filed	Geo. W. Watkins, JP

See affidavit Book 226 pg. 433 Name shall be Daniel Martin

242

GROOM	BRIDE	DATE	SOLEMNIZED BY
John McNeeley	Salina Johnson	18 Feb 1920	
Blytheville Mississippi Co. Ark(shows MO)	Blytheville Mississippi Co. Ark (shows Mo)	29 Mar 1920 filed	Geo. W. Watkins, JP
Joseph Pepple	Mary Barry (father	22 Mar 1920	
	William Barry consented)	29 Mar 1920 filed	J. C. Burris, JP
Sam Powell	Rosa Northern	20 Mar 1920	
Mississippi Co. Ark	Mississippi Co. Ark	29 Mar 1920 filed	Geo. W. Watkins, JP
F. Rogers	Maggie Stephens	25 Mar 1920	
St. Clair Co. IL	St. Clair Co. IL	26 Mar 1920 filed	W. W. Corbett, JP
John Salty	Serena Williams	18 Feb 1920	
		29 Mar 1920 filed	Geo. W. Watkins, JP
Tom Smith	Willie Stallings	24 Mar 1920	
		25 Mar 1920 filed	F. M. Gwin, JP
Lee Stanfield	Allie Cross	22 Mar 1920	
		26 Mar 1920 filed	B. F. Palmer, JP
Charlie Strong	Ella King	28 Feb 1920	
		29 Mar 1920 filed	Geo. W. Watkins, JP
J. M. Dheadora	Eunice Bynum	04 Mar 1920	
		29 Mar 1920 filed	Geo. W. Watkins, JP
John Thompson	Alberta Lumpkin	20 Mar 1920	
Mississippi Co. Ark	Mississippi Co. Ark	22 Mar 1920 filed	W. W. Corbett, JP
B. P. White	Leanna Kennell	24 Mar 1920	
		27 Mar 1920 filed	R. W. Critz, MG
Arthur Williams	Pearl Casey	27 Mar 1920	
		29 Mar 1920 filed	J. M. Argo, JP
W. N. Cross	Mary Goe	30 Mar 1920	
		01 Apr 1920 filed	J. J. Wilson, MG
Albert Thomas	Mrs. Emma Stulls	01 Apr 1920	
		03 Apr 1920 filed	Floyd Hogan, JP

GROOM	BRIDE	DATE	SOLEMNIZED BY
W. R. Jobes	Agnes Jospehine Schott Scott Co. MO	11 Apr 1920 (?) 04 Apr 1920 filed	J. M. Argo, JP
Johnie Vaughn(father T. V. Vaughn consented)	Bessie Thomas	03 Apr 1920 05 Apr 1920 filed	W. W. Corbett, JP
W. J. Lovett	Cora Barnes	03 Apr 1920 06 Apr 1920 filed	S. H. White, JP
M. P. Green	Georgia Whitehead	05 Apr 1920 06 Apr 1920 filed	J. C. Burris, JP
John Woody Mississippi Co. Ark	Mozetta Brown Mississippi Co. Ark Mrs. Nannie Dickerson	07 Apr 1920 05 Apr 1920	J. W. McCullough, Judge County Court
J. E. Davis Stone(?) Co. Ark	Fannie Burton	08 Apr 1920 filed 08 Apr 1920	S. H. White
Walter Blaylock			Jos. M. Brasher, Judge of Probate
Hally Johnson	Nellie Freeman	04 Feb 1920 10 Apr 1920 filed	N. M. Moore, JP
Oliver Fisher	Aggie Miller	10 Apr 1920	W. W. Corbett, JP
M. O. Hickerson	Beulah Linder	25 Mar 1920 10 Apr 1920 filed	M. M. Moore, JP
George Turner	Mrs. Nellie Bailey	02 Feb 1920 10 Apr 1920 filed	M. M. Moore, JP
Sidney Robertson	Elsie Turner (father Aaron Turner consented)	11 Apr 1920 13 Apr 1920 filed	R. W. Critz, MG
Tim Ingram Sun Flower Co. MS	Leona Gibson	10 Apr 1920 13 Apr 1920 filed	W. W. Corbett, JP
Alfred McGinthy	Beas Pendergrass	12 apr 1920 13 Apr 1920 filed	J. C. Burris, JP
Nide Mosby Mississippi Co. Ark	Lillie Washington Mississippi Co. Ark	13 Apr 1920	W. W. Corbett, JP

GROOM	BRIDE	DATE	SOLEMNIZED BY
Frank Wilson	Cleota Freeman	13 Apr 1920	J. C. Burris, JP
James Huck	Alassie Moon	06 Apr 1920	
		14 Apr 1920 filed	R. L. Wyatt, MG
Walter Williams	Dinnie Chapel	14 Apr 1920	
Mississippi Co. Ark	Mississippi Co. Ark	15 Apr 1920 filed	W. W. Corbett, JP
Frank Braswell	Ina Woodworth	15 Apr 1920	
		16 Apr 1920 filed	J. C. Burris, JP
Sam Smith	Evalena Lloyd	16 Apr 1920	J. C. Burris, JP
Eddie C. Parson	Sadie Davis	16 Apr 1920	J. C. Burris, JP
James Cole	Ludie Perry	11 Apr 1920	
		17 Apr 1920 filed	M. Freeman, MG
Alvin Riggs	Sudie Glass	17 Apr 1920	W. W. Corbett, JP
Cirel Gillis	Grace Crocker	17 Apr 1920	W. W. Corbett, JP
Allen Billington	Virgie Schoonover	19 Apr 1920	J. C. Burris, JP
Sam Wilson	Dora Duncan	21 Apr 1920	Jos. M. Brasher.
Mississippi Co. Ark	Mississippi Co. Ark		Judge of Probate
J. S. Sorrds	Delia Morris	24 Apr 1920	
Woodruff Co. Ark			W. W. Corbett, JP
Eph Brown	Pearl Tidwell (stepfather J. R. Mathenia consented)	24 Apr 1920	W. W. Corbett, JP
Nath Hughes	Lou Perkins	24 Apr 1920	W. W. Corbett, JP
James Hayes	Mary Hurt	25 Apr 1920	
		26 Apr 1920 filed	M. Freeman, MG
Will Rogers	Lizzie Foster	26 Apr 1920	
		28 Apr 1920 filed	W. W. Corbett, JP
Fate Tuberville	Earl Hatley	28 Apr 1920	W. W. Corbett, JP
Dock Frazier	Leona Cankston	24 Apr 1920	
New Madrid Co. MO	New Madrid Co. MO	29 Apr 1920 filed	Jas. Holland
Married in New Madrid Co. MO			

GROOM	BRIDE	DATE	SOLEMNIZED BY
Leo Chaney	Ethel Alexander	26 Apr 1920 29 Apr 1920 filed	Wm. H. Setzer, MG
A. Robinson	Laura G. Jennings	30 Mar 1920 29 Apr 1920 filed	Wm. H. Setzer, MG
J. H. Douglass	Almer Pierce Sharp Co. Ark	29 Apr 1920 01 May 1920 filed	W. F. Hudson, MG
Charles Medlock	Gertrude Doggent (Doggert)	05 Apr 1920 03 May 1920 filed	C. S. Caberly, MG
I. A. Tohill	Nannie Mitchell	02 May 1920 03 May 1920 filed	F. M. Gwin, JP
Thomas Luther Curtner	Mary M. Lewis	02 May 1920 04 May 1920 filed	S. H. White, JP
Will Donaldson	Virginia Jordon	07 Apr 1920 06 May 1920 filed	W. D. Hudgens, Judge County Court
Freeman Adams	Fannie Jarrett	19 Apr 1920 06 May 1920 filed	J. A. Hardman, MG
Henry Gaines	Louvenia Winters	02 May 1920 08 May 1920 filed	L. Cotton, MG
Earl Jennings	Annie Brown	01 May 1920 06 May 1920 filed	W. W. Corbett, JP
John Hodge	Vesta Smith Dunklin Co. MO	08 May 1920	W. W. Corbett, JP
J. S. Cecil	Claudia Holmes	10 Apr 1920 10 May 1920 filed	Geo. W. Watkins, JP
C. M. Partin	Ida Grace	24 Apr 1920 10 May 1920 filed	Geo. W. Watkins, JP
Thomas A. Walters	Anna Greenwalt Orange Co. IN	26 Apr 1920 10 May 1920 filed	Geo. W. Watkins, JP

GROOM	BRIDE	DATE	SOLEMNIZED BY

J. R. Rogers
  Mississippi Co. Ark
	Nannie Bagby
	  Mississippi Co. Ark
		27 Apr 1920
		10 May 1920 filed
			Geo. W. Watkins, JP

Fred M. Thornell	Effie May Laws	01 May 1920 10 May 1920 filed	Jas. S. Newbern, MG
George V. Orey	Sadie M. Hobday	01 May 1920 10 May 1920 filed	Jas. S. Newbern, MG
Nathaniel Richardson	Sarah J. Long	07 May 1920 10 May 1920 filed	Geo. W. Watkins, JP
Dassie Ward	Minnie Reed	10 May 1920	Geo. W. Watkins, JP
Charles E. Harkshire Boone Co. MO	Frances Reynolds	11 May 1920	H. V. McColloch, MG
Ambrose Wilson	Matilda Ross	02 May 1920 12 May 1920 filed	J. R. Hopkins, MG
Robert Shultz	Polly Nunnery	12 May 1920	Jos. M. Brasher, Judge of Probate
James A. Urquhart	Mrs. Rosa George	01 May 1920 12 May 1920 filed	S. E. Redman, JP
Francis Toton	Wilmena Brasher	11 May 1920 13 May 1920 filed	J. S. Stanfield, JP
J. T. Neal	Charlsie Pitts	11 May 1920 15 May 1920 filed	B. F. Palmer, JP
James Johnson	Julia Taylor	12 May 1920 15 May 1920 filed	B. E. Williams, MG
Sterling Whitfield	Katie Stokes	08 May 1920 12 May 1920 filed	J. A. Hardman, MG
Darsey Taylor	Lucile Wilson	11 May 1920 17 May 1920 filed	J. A. Hardman, MG
James B. Battles	Effie Lee Crews	09 Apr 1920 18 May 1920 filed	H. M. Turnbown, JP

GROOM	BRIDE	DATE	SOLEMNIZED BY
D. M. Busby	Emma Lovin	16 May 1920 18 May 1920 filed	S. E. Redman, JP
Walter Taylor St. Louis MO	Marie Kellerman St. Louis MO	19 May 1920 21 May 1920 filed	W. W. Corbett, JP
Walter Waldrop	Catherine Downing	15 May 1920 21 May 1920 filed	Geo. W. Watkins, JP
J. W. Baynes	Hattie Snow	14 May 1920 21 May 1920 filed	Geo. W. Watkins, JP
Frank Long	Palistine Abrams	17 May 1920 21 May 1920 filed	Geo. W. Watkins, JP
Laney Smith	Bennie Jefferson	05 May 1920	T. Brevard, MG
Ed Miller	Verna May	08 May 1920 24 May 1920 filed	T. Brevard, MG
Robert Lee Washington	Nannie Blair	10 May 1920 24 May 1920 filed	T. Brevard, MG
Raymond Birthright	May Cockran	15 May 1920 24 May 1920 filed	T. Brevard, MG
Itale Fanfani	Mary Fisher	23 May 1920 24 May 1920 filed	T. Brevard, MG
John Jones Mississippi Co. Ark	Opel Woodworth Dunklin Co. MO	26 May 1920 24 May 1920 filed	Wm. H. Setzer, MG
Johnie Stallions	Josie Northcut	23 May 1920	W. W. Corbett, JP
Virgil Baldwin	Edna Scabey (father William E. Scabey consented)	29 May 1920 28 May 1920 filed	A. Y. Goodman, JP
Fred W. Carlock New Madrid Co. MO	Gussie May Bennett New Madrid Co. MO	02 Jun 1920 filed 03 Jun 1920 05 Jun 1920 filed	F. A. Hearn, MG Wm. H. Setzer, MG

GROOM	BRIDE	DATE	SOLEMNIZED BY
Joe McGhee	Odessa Reed	16 May 1920	
		05 Jun 1920 filed	Elmer Peal, MG
J. W. Stewart	Cordelia Spencer	03 May 1920	
		07 Jun 1920 filed	R. W. Critz, MG
A. A. Smith	Mattie Stapleton (father	29 May 1920	
Lawrence Co. TN	Sterling Stapleton)	07 Jun 1920 filed	Geo. W. Watkins, JP
Claude Ward	Lula Boyer	01 Jun 1920	
Wayne Co. MO	Wayne Co. MO	08 Jun 1920 filed	B. F. Palmer, JP
T. L. Watkins	Jessie A. Reno (mother	08 Jun 1920	
	Mrs. Cora Reno consented)	09 Jun 1920 filed	Jas. S. Newson, MG
W. H. Reinhard	Emma Hazel Shepard	01 Jun 1920	
		09 Jun 1920 filed	Jas. S. Newson, MG
Alex Robinson	Martha Smith	09 Jun 1920	
Mississippi Co. Ark	Mississippi Co. Ark		W. W. Corbett, JP
Jeff Dobins	Maggie Garner	12 Jun 1920	W. W. Corbett, JP
Jack H. McCutchen	Jessie Lee Nichols	11 Jun 1920	
		14 Jun 1920 filed	Wm. H. Setzer, MG
Cressie Dockery	Clois Billetdeaux (father	13 Jun 1920	
	J. S. Billetdeaux consented)	14 Jun 1920 filed	J. M. Argo, JP
T. H. Hughlett	Blanche Adkin	15 Jun 1920	
		17 Jun 1920 filed	J. Leo Shaffer, JP
Harry Cartner	Nannie Chilton	05 Jun 1920	
		19 Jun 1920 filed	Jas. S. Newson, MG
Charlie Thomas	Lena Ray	19 Jun 1920	
		21 Jun 1920 filed	W. W. Corbett, JP
Hale Edington	Bobbie Cagle (mother	19 Jun 1920	
	S. A. Narrid consented)	21 Jun 1920 filed	W. W. Corbett, JP
J. R. Terrell	Ida Barnes	22 Jun 1920	
Dyer Co. TN	Fulton Co. KY		M. M. Moore, JP

GROOM	BRIDE	DATE	SOLEMNIZED BY
Sam Didens	Dilie May Fuwell (father W. H. Fuwell consented)	16 Jun 1920 28 Jun 1920 filed	A. Y. Goodman, JP
Lewis Ellis	Sarah Candy	22 May 1920 28 Jun 1920 filed	J. A. Farris, MG
Achillis Hodges	Annie Bell Bernard	26 Jun 1920 29 Jun 1920 filed	W. W. Corbett, JP
Arthur Ledbetter	Dixie Gatewood	28 Jun 1920 29 Jun 1920 filed	W. W. Corbett, JP
Clarence Moran	Cassie Patterson Mississippi Co. Ark	26 Jun 1920 29 Jun 1920 filed	W. W. Corbett, JP
Thomas J. Weaver Mississippi Co. Ark	Felmor Williams (father W. J. C. Williams consented)	27 Jun 1920 30 Jun 1920 filed	L. A. Hopper, JP
John Williams	Mollie Hodges	10 Jun 1920 2 Jul 1920 filed	W. C. Gregory, MG
O. W. Cole	Leslie Snow	28 Jun 1920 03 Jul 1920 filed	Wm. H. Setzer, MG
Frank Cotham	Edith Williams	01 Jul 1920 03 Jul 1920 filed	W. H. Setzer, MG
Luther Young	Anna Ora (father Geo. B. Ora consented)	05 Jul 1920	C. C. Sillards, MG
P. J. Grant	Ethel Cox	04 Jul 1920 05 Jul 1920 filed	Frank J. Secoy, JP
H. S. Taylor	Anna Layden	03 Jul 1920 06 Jul 1920 filed	W. W. Corbett, JP
Roy Masterman	Arista Jenkins	03 Jul 1920 06 Jul 1920 filed	W. W. Corbett, JP
Dewey Phillips	Essie Moore (mother Anie Moore consented)	04 Jul 1920 06 Jul 1920 filed	A. R. Redy, LMG

GROOM	BRIDE	DATE	SOLEMNIZED BY
W. A. Whitfield (father J. L. Whitfield consented)	Arah Warren	03 Jul 1920 06 Jul 1920 filed	W. W. Corbett, JP
Thew Hawk	Miami Lee	06 Jul 1920	W. W. Corbett, JP
Hawkins Gaty Martin	Mrs. Mary Parker	12 Jul 1920	Wm. H. Setzer, MG
H. F. Spry	Lizzie Gray	05 Jul 1920 13 Jul 1920 filed	R. E. Burnt, JP
John Nelson	Ollie Guill	28 Jun 1920 13 Jul 1920 filed	Jas. S. Newson, MG
James Garland	Martha E. Lineback (father A. E. Lineback consented)	14 Jul 1920	H. V. McColloch, MG
Jink Watts	Susie White	14 Jul 1920 15 Jul 1920 filed	J. R. Hopkins, MG
J. C. Lender Dunklin Co. MO	Burganey _____ Dunklin Co. MO	16 Jul 1920	W. W. Corbett, JP
T. J. Baker	Pearlie May Johnson	11 Jul 1920 17 Jul 1920	A. R. White, MG
Bernie Dickey	Opal Johnson (mother consented)	_____ 17 Jul 1920 filed	A. R. Ready, MG
Bud Simons Mississippi Co. Ark	Lula Hodge Mississippi Co. Ark	17 Jul 1920	R. R. Ring
Handy White	Willie May Wright	17 Jul 1920	W. W. Corbett, JP
G. W. Estes	Hattie Meatte	14 Jul 1920 19 Jul 1920 filed	W. H. Cranford, MG
John Niersthemier Craighead Co. Ark	Zura M. Jones Craighead Co. Ark	15 Jul 1920 19 Jul 1920 filed	Wm. H. Setzer, MG
William Motley	Jennie Wilson	11 Jul 1920 22 Jul 1920 filed	J. A. Hardman, MG
James Washington	Mollie Shelton	21 Jul 1920 22 Jul 1920 filed	J. A. Hardman, MG

GROOM	BRIDE	DATE	SOLEMNIZED BY
Walter Hoage	Shirley Moore	21 Jul 1920 22 Jul 1920 filed	J. A. Hardman, MG
Jerro House	Grazillia Dancil	24 Jul 1920	W. W. Corbett, JP
Charley Johnson Mississippi Co. Ark	Blanche Smith Mississippi Co. Ark	24 Jul 1920	W. W. Corbett, JP
Millige Lyman	Laura Wheeler	24 Jul 1920	R. R. Ring, JP
Nicholas Dolan (father W. E. Dolan consented)	Freddie Aaron (father Wren Aaron consented)	22 Jul 1920 26 Jul 1920 filed	Joseph A. McMahon, Cath. Priest
Floyd McArthur	Esther Berryman	23 Jul 1920 26 Jul 1920 filed	W. M. Cooper, MG
Charles Greer	Ida Howard	25 Jul 1920 26 Jul 1920 filed	J. M. Argo, JP
Robert Henderson New Madrid Co. MO	Laura Thomas	26 Jul 1920	J. M. Argo, JP
Sam Smith	Gypsy Johnson	25 Jul 1920 27 Jul 1920 filed	J. B. Copeland, MG
Clifford Wicker	Minta McIntire New Madrid Co. MO	25 Jul 1920 28 Jul 1920 filed	C. F. Cozine, MG
H. A. Young	Bonnie Lee Cypert	07 Jun 1920 30 Jul 1920 filed	Geo. W. Watkins, JP
Jack Key	Ophelia Overtuff	12 Jun 1920 30 Jul 1920 filed	Geo. W. Watkins, JP
A. M. McFarland New Madrid Co. MO	Luie E. Shell New Madrid Co. MO	14 Jun 1920 30 Jul 1920 filed	Geo. W. Watkins, JP
John Baker	Eva May Garner (mother Floridy Glass consented) Ola Paul	19 Jun 1920 30 Jul 1920 filed	Geo. W. Watkins, JP
Sidney Kelley Crittenden Co. Ark		19 Jun 1920 30 Jul 1920 filed	Geo. W. Watkins, JP

GROOM	BRIDE	DATE	SOLEMNIZED BY
James Henry Wilson	Mary Myers	26 Jun 1920	
		30 Jul 1920 filed	Geo. W. Watkins, JP
Fred Bell	Ida Davis	28 Jun 1920	
		30 Jul 1920 filed	Geo. W. Watkins, JP
Geo. A. Brown Jr, (father	Nellie A. Ford	10 Jul 1920	
Geo A. Brown consented)	Alexander Co. IL	30 Jul 1920 filed	Geo. W. Watkins, JP
Will Riley	Emma Phillips	15 Jul 1920	
Crittenden Co. Ark	Crittenden Co. Ark	30 Jul 1920 filed	Geo. W. Watkins, JP
Claud Hamilton	Bertha Creech	17 Jul 1920	
		30 Jul 1920 filed	Geo. W. Watkins, JP
Dan Potts	Edna Bess	24 Jul 1920	
		30 Jul 1920 filed	Geo. W. Watkins, JP
Henry Cunningham	Mrs. Gladys Thurmond	28 Jul 1920	
		30 Jul 1920 filed	C. S. Caberly, MG
C. A. Dukes	A. E. J. Reagan	31 Jul 1920	
Shelby Co. TN	Shelby Co. TN		W. W. Corbett, JP
Robert Lee Harrington	Emily Lee Taylor	31 May 1920	
Mississippi Co. Ark	Mississippi Co. Ark	30 Jul 1920 filed	Geo. W. Watkins, JP
Davie Thurman	Lila Gaston	04 Jul 1920	
		02 Aug 1920 filed	M. C. Preston, MG
J. A. Morgan	Josie Pickett	01 Aug 1920	
		03 Aug 1920 filed	T. E. Willard, MG
Willie Brooks	Alma Stallon	03 Aug 1920	Jos. M. Brasher,
Cook Co. IL			Judge of Probate
Johnnie Jackson	Ada Buchanan	04 Aug 1920	Jos. M. Brasher,
			Judge of Probate
Henry Warren	Nora Watkins	31 Jul 1920	
		04 Aug 1920 filed	J. W. Heathcock, JP

GROOM	BRIDE	DATE	SOLEMNIZED BY
Jack Hacklet	Carrie Haney	06 Aug 1920 07 Aug 1920 filed	Jos. M. Brasher, Judge of Probate
R. A. Pattillo New Madrid Co. MO	Susie Harris	09 Aug 1920	Elmer Peal, MG
Fred C. Larson	Bessie May Millsap	05 Aug 1920 09 Aug 1920 filed	Elmer Peal, MG
Frank Condrey	Hazel Pope	01 Aug 1920 09 Aug 1920 filed	Elmer Peal, MG
P. F. Payne Mississippi Co. Ark	Nanie Wyatt Mississippi Co. Ark	06 Aug 1920 10 Aug 1920 filed	J. S. Stanfield, JP
Oner (Omer) Bumpas	Bessie Bell	07 Aug 1920 10 Aug 1920 filed	J. S. Stanfield, JP
Henry Myers	Daisy Neblet	08 Aug 1920 10 Aug 1920 filed	L. Cotton, MG
Owen Harris	Clara Williams	07 Aug 1920 10 Aug 1920 filed	J. S. Stanfield, JP
Hiram E. Strode	Sallie Rummer	09 Aug 1920 10 Aug 1920 filed	Floyd Hogan, JP
Jim Green Mississippi Co. Ark	Lena Wilson Mississippi Co. Ark	10 Aug 1920	Jos. M. Brasher, Judge of Probate
John Ransom	Willie Smith	11 Aug 1920	Jos. M. Brasher, Judge of Probate
Ira E. Debez	Birdie E. Smith (mother Lena E. Cawthen consented)	11 Jul 1920 11 Aug 1920 filed	H. M. Turnbow, JP
Mattie McCoy	Irena Miller	11 Aug 1920 12 Aug 1920 filed	J. M. Argo, JP
E. E. Stiles	Ina Hart Dunklin Co. MO	22 May 1920 13 Aug 1920 filed	M. O. Morris, MG

GROOM	BRIDE	DATE	SOLEMNIZED BY
Marvin W. Morris	Edith Faris (father J. J. Faris consented)	04 Jul 1920 13 Aug 1920 filed	M. O. Morris, MG
B. B. Smith Lonoke Co. Ark	Della Fowler	13 Aug 1920 14 Aug 1920 filed	T. A. Covington, MG
James W. Queen	Madge Davidson	15 Aug 1920 16 Aug 1920 filed	W. A. Setzer, MG
Floyd Hall	Gerald Clark	12 Aug 1920 17 Aug 1920 filed	G. G. Bowen, JP
Jim Stokes	Mart Smith	10 Aug 1920 17 Aug 1920 filed	L. Cotton, MG

Willie Ross
  Mississippi Co. Ark
	Allie Strong
	  Mississippi Co. Ark
		16 Aug 1920
		17 Aug 1920 filed
			B. F. Allen, JP

Virgil Greenwell	Blanche Green	17 Aug 1920	J. W. McCullough, Judge County Court
Tom Edwards	Maggie Walker	07 Aug 1920 14 Aug 1920 filed	J. A. Hardmoen, MG

Mack Wortham
  Mississippi Co. Ark
	Mary Fowler
	  Mississippi Co. Ark
		21 Aug 1920	S. H. White, JP

Matthew Steuart
  Mississippi Co. Ark
	Charlotte Isabel Hallman
	  Mississippi Co. Ark
		23 Aug 1920	Elmer Peal, MG

Clarence Oliver	Francis Collins	06 Aug 1920 24 Aug 1920 filed	M. C. Preston, MG
J. W. Bruce	Mattie Lou Brake (father R. B. Brake consented)	18 Aug 1920 24 Aug 1920 filed	W. M. Cooper, MG

Thomas Hill
  Stoddard Co. MO
	Mattie M. Miller
	  Stoddard Co. MO
		24 Aug 1920	Jos. M. Brasher,
			  Judge of Probate

E. L. Aldridge	Dorothy McIntosh	25 Aug 1920	Jos. M. Brasher, Judge of Probate

GROOM	BRIDE	DATE	SOLEMNIZED BY
Brown Lowenhaupt	Lois Miles	25 Aug 1920	
Tipton Co. TN	Tipton Co. TN	26 Aug 1920 filed	J. E. Miles, MG
Herbert H. Hardesty (father	Zanie A. Smith (father	21 Aug 1920	F. J. Mispagel,
T. L. Hardesty consented)	W. E. Smith consented)	30 Aug 1920 filed	Cath. Priest
O. B. Cratty	Henryett Behrens	28 Aug 1920	F. J. Mispagel,
	St. Louis MO	30 Aug 1920 filed	Cath. Priest
Rallo M. Scott (father	Mary E. Kullman	03 Aug 1920	F. J. Mispagel,
John Scott consented)		30 Aug 1920 filed	Cath. Priest
Bud Cash	Mary Fuller	02 Aug 1920	
		01 Sep 1920 filed	R. W. Critz, MG
W. T. Stafford	Mary Davis	21 Aug 1920	
		04 Sep 1920 filed	A. Y. Goodman, JP
Jesse Cheatham (father	Ethel Derusse (mother	22 Aug 1920	
Rone Wade consented)	Mattie Derusse consented)	04 Sep 1920 filed	J. S. Stanfield, JP
George Purtle	Mary Partee	28 Aug 1920	
		07 Sep 1920 filed	R. W. Critz, MG
Frank Rainwater (guardian	Carrie Wheeler (father	05 Sep 1920	
J. W. Wheeler consented)	J. W. Wheeler consented)	07 Sep 1920 filed	T. E. Wilard, MG
Hugh Perl Davis	Lessie Elizabeth Gregory	04 Sep 1920	
		07 Sep 1920 filed	F. M. Gwin, JP
Clarence Shaw	Sadie Staten	09 Aug 1920	
		08 Sep 1920 filed	W. J. Gray, MG
G. W. Warhurst	Lula Feggins	16 Aug 1920	
		08 Sep 1920 filed	F. J. Secoy, JP
Jim Baker	Mary Cain	20 Aug 1920	
Mississippi Co. Ark	Mississippi Co. Ark	09 Sep 1920 filed	Frank J. Secoy, JP
Joe R. Moore	Edna Mae Cauble	24 Jul 1920	
Cape Girardeau Co. MO	Cape Girardeau Co. MO	11 Sep 1920 filed	Chas. H. Swift, MG
	Married in Cape Girardeau Co. MO		

GROOM	BRIDE	DATE	SOLEMNIZED BY
Samuel King	Mamie E. Straub	01 Sep 1920	
		11 Sep 1920 filed	Elmer Peal, MG
John Blair Buckley	Bonnie Selene Hart	08 Sep 1920	
		11 Sep 1920 filed	Elmer Peal, MG
Edward Johnson	Catherine Lee	12 Sep 1920	
Mississippi Co. Ark	Mississippi Co. Ark	14 Sep 1920 filed	W. C. Howard, MG
Arvee I. Cook (guardian	Lula Wyatt	11 Sep 1920	
Jno. C. Steuart consented)		14 Sep 1920 filed	J. S. Stanfield, JP
Clarence Simmons	Josie Powers	01 Sep 1920	
Mississippi Co. Ark	Mississippi Co. Ark	15 Sep 1920 filed	W. W. Corbett, JP
Oscar Currin	Rosa Hudson	11 Sep 1920	
		15 Sep 1920 filed	W. W. Corbett, JP
Lawrence King	Mary Jones	11 Sep 1920	
		15 Sep 1920 filed	W. W. Corbett, JP
John E. Poe	Fannie Hux	26 Jan 1920	
New Madrid Co. MO	New Madrid Co. MO	15 Sep 1920 filed	C. E. Stauffer, JP
Hubert M. Koerper	Hazel Vineyard	14 Sep 1920	
Warren Co. MS	Dunklin Co. MO	16 Sep 1920 filed	W. W. Corbett, JP
Toy Robertson	Lucindie Williams	15 Sep 1920	
		16 Sep 1920 filed	G. G. Bowen, JP
Wallace Lucas	Mary Brooks	16 Sep 1920	
	Mississippi Co. Ark		W. W. Corbett, JP
Jefferson C. Payne	Eueleena Lee	10 Sep 1920	
		17 Sep 1920 filed	J. R. Hopkins, MG
Garland Wade	Zeltie Hankins (mother	14 Sep 1920	
	Laney Stallings consented)	20 Sep 1920 filed	Joel Adams, MG
H. A. Blair	Tinnie Hungerford	14 Sep 1920	
		21 Sep 1920 filed	W. F. Hudson, MG

GROOM	BRIDE	DATE	SOLEMNIZED BY
E. __ Qualls	Josie Williams	20 Sep 1920
21 Sep 1920 filed	V. M.(?) Preston, MG
Charley Brown
Mississippi Co. Ark	Dacia Shaw	20 Sep 1920
21 Sep 1920 filed	W. W. Corbett, JP
R. C. Cole	Essie Jenkins	21 Sep 1920	W. W. Corbett, JP
Albert Jones	Sylvia Savage	25 Sep 1920	Elmer Peal, MG
Harry Thomas (guardian
Monroe Hollis consented)
New Madrid Co. MO	Ireore (Irene) Hollis	25 Sep 1920	Elmer Peal, MG
Coy Downs	Freda Webb	04 Sep 1920
29 Sep 1920 filed	Wm. H. Setzer, MG
Algin Ferguson	Alice Smith	28 Sep 1920
29 Sep 1920 filed	R. K. Miller, JP
John Alexander	Ethel Looney	28 Sep 1920
29 Sep 1920 filed	W. W. Corbett, JP
Will Roberson
Mississippi Co. Ark	Dora Hamilton	02 Oct 1920	Jos. M. Brasher,
Judge of Probate
John Bonner	Azalea Trice	27 Sep 1920
04 Oct 1920 filed	M.C. Preston, MG
Coy Stephens
Fulton Co. Ark (KY?)
Timothy Grimes	Ora Dabree
Fulton Co. Ark (KY?)
P. A. Byles	05 Oct 1920
30 Sep 1920	Jos. M. Brasher,
Judge of Probate
J. A. Faris, MG
Levi Birgenheimer	Mabel Denton	03 Oct 1920
06 Oct 1920 filed	M. L. Hinchey, MG
Harrison Newhouse	Ada Diggs	04 Oct 1920
06 Oct 1920 filed	H. E. Shepherd, MG
S. T. Ross
Mississippi Co. Ark	Henrietta Lee
Mississippi Co. Ark	04 Oct 1920
06 Oct 1920 filed	H. J. Woolverton, JP

GROOM	BRIDE	DATE	SOLEMNIZED BY
W. T. Champion	Clara Hepler	09 Oct 1920	M. O. Morris, MG
D. G. Keys	Dixie Lamont	12 Oct 1920	Jos. M. Brasher, Judge of Probate
Marcus Latham	Pearl Thomas	09 Oct 1920 13 Oct 1920 filed	H. J. Woolverton, JP
Charlie Gilbo (mother Mrs. L. A. Gilbo consented)	Dollie (Pollie) May Thomas	10 Oct 1920 13 Oct 1920 filed	H. J. Woolverton, JP
James R. Hatley	Nannie Culp	12 Oct 1920 13 Oct 1920 filed	F. J. Mispagel, Cath. Priest
Otto Coleman (guardian Martha Brooks consented)	Gertrude Massey (father W. E. Massey consented)	14 Oct 1920	Jos. M. Brasher, Judge of Probate
Prince Williams	Rosa Laster	08 Oct 1920 14 Oct 1920 filed	J. A. Faris, MG
Luther Sanford	Mattie Holling	15 Oct 1920	Jos. M. Brasher, Judge of Probate
Logan Dixon	Mary E. Mayfield Scott Co. MO	16 Oct 1920 18 Oct 1920 filed	J. S. Leseter JP
Clyde Sandefur	Pearl Mills (father J. T. Mills consented)	18 Oct 1920	E. C. Speer, Judge County Court
Jeff Coats	Mary Zolicopper	04 Oct 1920 18 Oct 1920 filed	B. E. Williams, MG
Will Permenter	Pharalee Estes	23 Jul 1920 22 Oct 1920 filed	N. M. Moore, JP
Webster Wallace	Miss Grady Smith	15 Oct 1920 22 Oct 1920 filed	N. M. Moore, JP
Bernard Grady	Fannie May Fisher	14 Oct 1920 22 Oct 1920 filed	Elmer Peal, MG
A. B. Williamson St. Louis MO	Dena Bryant	22 Oct 1920	Elmer Peal, MG

GROOM	BRIDE	DATE	SOLEMNIZED BY
A. O. Tillman	Jeanette Powell	17 Oct 1920 22 Oct 1920 filed	Elmer Peal, MG
Wallace McNeely Wayne Co. MO	Sarah Riley New Madrid Co. MO	21 Oct 1920 23 Oct 1920 filed	R. K. Miller, JP
Willie Kendrick	Cordie Warde	23 Oct 1920	Jos. M. Brasher, Judge of Probate
I. D. Davis	Cora Walker	23 Oct 1920 23 Oct 1920 filed	R. R. Ring, JP
James T. Henry	Jenette B. Mitchell	22 Oct 1920 23 Oct 1920 filed	H. V. McColloch, MG
Clay Alexander Simers	Lena Fay Hurley	03 Oct 1920 23 Oct 1920 filed	H. V. McColloch, MG
Frank Duncan Mississippi Co. Ark	Edith Hastings (father W. A. Hastings consented)	24 Oct 1920 25 Oct 1920 filed	J. E. Miles, MG
Alfred Ayers	Sarah Hall	23 Oct 1920 26 Oct 1920 filed	W. F. Hudson, MG
Geo. Caney	Gladys Stegall New Madrid Co. MO	23 Oct 1920 27 Oct 1920 filed	J. S. Stanfield, JP
B. B. Berthall	Clara White	24 Oct 1920 28 Oct 1920 filed	Frank J. Secoy, JP
Earl Moore	Ella Caseman	28 Oct 1920 29 Oct 1920 filed	Elmer Peal, MG
Ruben Connor	Lora Clemens	14 Oct 1920 02 Nov 1920 filed	J. A. Hardman, MG
George Carter	Ruth Meatte (mother Estelle Stewart consented)	30 Oct 1920 02 Nov 1920 filed	W. H. Crawford, MG
Robert Gentry	Pearl Goodman	31 Oct 1920 02 Nov 1920 filed	J. A. Hardmen, MG
R. W. Brown	Lucille Wilson	02 Nov 1920 03 Nov 1920 filed	J. M. Argo, JP

GROOM	BRIDE	DATE	SOLEMNIZED BY
R. B. Drake	Annie Bryant	04 Nov 1920	
		06 Nov 1920 filed	Elmer Peal, lMG
Herbert Miller	Laura Milan	08 Nov 1920	Jos. M. Brasher, Judge of Probate
Howard P. Cunningham	Lorene Walker Ellis	07 Nov 1920	
	Cape Girardeau Co. MO	09 Nov 1920 filed	Augustine B. Carson, MG
	Married in Cape Girardeau Co. MO		
Lee Mayfield	Nancy Lou Clay (father A. C. Clay consented)	06 Nov 1920 09 Nov 1920 filed	Elmer Peal, MG
J. J. Goodin	Clara Russell	NOT FILLED IN	
		9 Nov 1920	Not Filled In
Walton M. Collins Jr.	Anna L. Collins	10 Nov 1920 11 Nov 1920 filed	F. J. Mispagel, Cath. Priest
James Alexander	Malissa Crockett	10 Nov 1920 12 Nov 1920 filed	R. W. Critz, MG
Louis H. Schurt	Helen A. Jacobs	08 Nov 1920 16 Nov 1920 filed	F. J. Mispagel, Cath. Priest
Frank J. Evans Mississippi Co. Ark	Eliza Mattox Mississippi Co. Ark	15 Nov 1920 18 Nov 1920 filed	R. R. Ring, JP
John Beck Cape Girardeau Co. MO	Cora E. Hancock Cape Girardeau Co. MO	17 Nov 1920 19 Nov 1920 filed	C. M. Gilbert, JP
	Married in Cape Girardeau Co. MO		
Thomas T. Macklin (father W. D. Macklin consented)	Geraldine Criddle	14 Nov 1920 20 Nov 1920 filed	F. J. Mispagel, Cath. Priest
Ed Mayes	Lenna Bennett	17 Nov 1920 22 Nov 1920 filed	Pearl C. Holt, JP
James W. Adams Cape Girardeau Co. MO	Ida Hinkle Cape Girardeau Co. MO	23 Nov 1920 24 Nov 1920 filed	C. M. Gilbert, JP
	Married in Cape Girardeau Co. MO		

GROOM	BRIDE	DATE	SOLEMNIZED BY
Kelley Marshall	Rosie Lee Back (mother Phoeba Back consented)	24 Nov 1920	F. Klingensmith, JP
Wright Crafton	Freda Bryan	21 Nov 1920 26 Nov 1920 filed	Elmer Peal, MG
Riley Jackson	Zelia Sanders	24 Nov 1920 30 Nov 1920 filed	J. W. Gatlin, MG
Dave Settles	Ophelia Battles	27 Nov 1920 01 Dec 1920 filed	Lee Cotton, MG
Charlie Jones	Pearl Milstead	02 Dec 1920	F. Klingensmith, JP
Rufus Jordan	Ellen Briggs	30 Nov 1920	
Dunklin Co. MO	Dunklin Co. MO	02 Dec 1920 filed	R. C. Boone, MG
Married in Kennett (which is in Dunklin Co. and not Pemiscot Co. MO)			
John F. Bay	Catherine Jewell	30 Nov 1920 03 Dec 1920 filed	H. V. McColloch, MG
Dotie Suggs	Alma Spencer	02 Dec 1920 03 Dec 1920 filed	F. Klingensmith, JP
Freeman Hampton	Evelyn Wallace (father Will Wallace consented)	07 Nov 1920 06 Dec 1920 filed	I. C. Cooper, MG
S. F. Hill	Myres Finley Scott Co. MO	05 Dec 1920 06 Dec 1920 filed	L. D. Nichol, MG
Winfred Ramsey	Allie Engo	06 Dec 1920	F. Klingensmith, JP
James Everett	Susie Terry	04 Dec 1920 07 Dec 1920 filed	G. G. Bowen, JP
A. H. Dace Union Co. IL	Mattie L. O'Connor	04 Dec 1920 07 Dec 1920 filed	W. F. Hudson, MG
Frank Thomas	Ida Hughes	07 Dec 1920	F. Klingensmith, JP
W. H. Ellis New Madrid Co. MO	Mrs. Cora Dibbles	28 Nov 1920 08 Dec 1920 filed	Joel Adams, MG

GROOM	BRIDE	DATE	SOLEMNIZED BY

Perry Bradley
   Mississippi Co. Ark
	Laura Berry
	   Mississippi Co. Ark
		28 Nov 1920
		08 Dec 1920 filed
			J. A. Hardmen, MG

Earl Morgan (mother Sarah Morgan consented)	Eunice Larue	05 Dec 1920 08 Dec 1920 filed	Pearl C. Holt, JP
John Barnes	Mattie Willis	06 Nov 1920 08 Dec 1920 filed	W. D. Hudgens, Judge County Court

H. D. McLeod
   Mississippi Co. Ark
	Beulah Cheatham
	   Mississippi Co. Ark
		19 Nov 1920
		08 Dec 1920 filed
			W. D. Hudgens, Judge
			County Court

Ira Redman Shelby Co. TN	Ora Weathers	06 Dec 1920 08 Dec 1920 filed	W. D. Hudgens, Judge County Court
Wren Aaron	Omega Hughes	10 Dec 1920	R. J. Ford, JP
Ernest Raymond	Etta Jones	10 Dec 1920 11 Dec 1920 filed	S. E. Mainard, MG

Glen F. Dubois
   Cape Girardeau Co. MO
Married in Cape Girardeau Co. MO
	Emma Wiggins
	   Cape Girardeau Co. MO
		11 Dec 1920
		13 Dec 1920 filed
			C. M. Gilbert, JP

William Cask	Emma Manning (father Ben Manning consented)	12 Dec 1920 13 Dec 1920 filed	M. Freeman, MG
N. M. Moore	Mrs. Cora L. Russell	12 Dec 1920 15 Dec 1920 filed	M. G. Ward, MG

Ross Young
   Cape Girardeau Co. MO
Married in Cape Girardeau Co. MO
	Hildegard Marie Cambron
	   Cape Girardeau Co. MO
		14 Dec 1920
		16 Dec 1920 filed
			C. M. Gilbert, JP

Tom Oats	Cleo Hollis	06 Dec 1920 14 Dec 1920 filed	R. P. Williams
Luther Ruddle	Bertha Lee Flaron (Flarow) (father T. F. Flaron (Flarow) consented)	12 Dec 1920 17 Dec 1920 filed	R. F. Ford, JP
L. Lewis LaForge	Elizabeth Phillips	15 Dec 1920 18 Dec 1920 filed	F. J. Mispagel, Cath Priest

264

GROOM	BRIDE	DATE	SOLEMNIZED BY
Frank H. Rushing	Cora Wilson	18 Dec 1920	Jos. M. Brasher, Judge of Probate
W. S. Turnipseed	Lula B. Thompkins	18 Dec 1920	
Barney Jackson	Thelma Buckner	20 Dec 1920 filed 19 Dec 1920	F. Klingensmith, JP
Hilary Lewis	Myrtle Saulock	20 Dec 1920 filed 12 Dec 1920	F. Klingensmith, JP
Oscar M. Vaughn	Ethel B. Hamlett	20 Dec 1920 filed 18 Dec 1920	J. W. Saffold, MG
L. B. Haas	Nellie Loy	19 Dec 1920 filed 20 Dec 1920	Pearl C. Holt, JP
Marvel McGath (father G. F. McGath consented) Dunklin Co. MO	Clara White Dunklin Co. MO	19 Dec 1920	Elmer Peal, MG
Allen Taylor	Josie Wilburn	21 Dec 1920 filed 16 Dec 1920	Joel Adams, MG
Hershell Travis Hailey (father J. R. Hailey consented)	Ruby Gladys McKinney (father R. McKinney consented)	21 Dec 1920 filed 14 Dec 1920	Joel Adams, MG
Arthur Harris Whitley Co. KY	Mattie Fowler (father G. W. Fowler consented) Bonnie Vannoy	22 Dec 1920 filed 18 Dec 1920	W. F. Hudson, MG
Elbert Bedwell Shelby Co. TN		20 Dec 1920	F. M. Gwin, JP
	Edna Sanders	22 Dec 1920 filed 19 Dec 1920	
Phoeme Jackson			H. E. Shepard, MG
A. C. Campbell	Miranda Hickman	23 Dec 1920 filed 19 Dec 1920	H. F. McAdams, MG
William F. Cahoon	Floy E. Wilson	23 Dec 1920 filed 19 Dec 1920	S. E. Redman, JP

GROOM	BRIDE	DATE	SOLEMNIZED BY
Mirvel Asher (father H. C. Asher consented)	Grace Vinson (father W. J. Vinson consented)	23 Dec 1920 27 Dec 1920 filed	W. F. Hudson, MG
Hubert Davis Mississippi Co. Ark	May Bettis Mississippi Co. Ark	24 Dec 1920 27 Dec 1920 filed	Jos. M. Brasher, Judge of Probate
Russell B. Stout Mississippi Co. Ark	Dorothy V. Pate	24 Dec 1920 27 Dec 1920 filed	J. Murrey Taylor
James Jones Scott Co. MO	Edna Robbins Scott Co. MO	26 Dec 1920 27 Dec 1920 filed	J. M. Argo, JP
Clellie Green	Lottie Williams	26 Dec 1920 28 Dec 1920 filed	J. W. Heathcock, JP
Fred Tucker	Nellie Gilliland	26 Dec 1920 28 Dec 1920 filed	S. W. Mainard, MG
Ike Finley Dyer Co. TN	Ruby Watkins Dyer Co. TN	27 Dec 1920 28 Dec 1920 filed	F. Klingensmith, JP
William Green	Mary Ann Office	31 Jul 1920 29 Dec 1920 filed	Geo. W. Watkins, JP
C. J. Adams	Clara Martin	04 Aug 1920 29 Dec 1920 filed	Geo. W. Watkins, JP
Max Dickson	Pearl Cable	04 Aug 1920 22 Dec 1920 filed	Geo. W. Watkins, JP
Wesley Robinson	Fannie McClennen	07 Aug 1920 29 Dec 1920 filed	Geo. W. Watkins, JP
Dee Johnson	Roberta Barns	16 Aug 1920 29 Dec 1920 filed	Geo. W. Watkins, JP
John Hammond	May Davis	16 Aug 1920 29 Dec 1920 filed	Geo. W.Watkins, JP
James Brayden	Annie Pierce	23 Aug 1920 29 Dec 1920 filed	Geo. W.Watkins, JP

GROOM	BRIDE	DATE	SOLEMNIZED BY
Milton Wallace	Maude Perkins	23 Aug 1920	
Mississippi Co. Ark	Mississippi Co. Ark	29 Dec 1920 filed	Geo. W. Watkins, JP
Otto Wilbanks	Gertie Carter	26 Aug 1920	
Dunklin Co. MO	Dunklin Co. MO	29 Dec 1920 filed	Geo. W. Watkins, JP
Houston Sanders	Lizzie Caples	30 Aug 1920	
		29 Dec 1920 filed	Geo. W. Watkins, JP
Will Jackson	Lillie Bills	01 Sep 1920	
		29 Dec 1920 filed	Geo. W. Watkins, JP
Claud Towns	Minnie Johnson	06 Sep 1920	
		29 Dec 1920 filed	Geo. W. Watkins, JP
Luther J. Thompson	Mattie M. Narrid	06 Sep 1920	
		29 Dec 1920 filed	Geo. W. Watkins, JP
D. C. Evans	Adeline Shipley	08 Sep 1920	
		29 Dec 1920 filed	Geo. W. Watkins, JP
Jesse O. Bridge	Maybelle Lawless	09 Sep 1920	
		29 Dec 1920 filed	Geo. W. Watkins, JP
Will Johnson	Janie May Smith	08 Sep 1920	
		29 Dec 1920 filed	Geo. W. Watkins, JP
Bonnie(Bennie) Ivory	Nettie Edwards	13 Sep 1920	
		29 Dec 1920 filed	Geo. W. Watkins, JP
William Grant	Fannie P. Cooper (father	14 Sep 1920	
	W. S. Cooper consented)	29 Dec 1920 filed	Geo. W. Watkins, JP
James Shannon	Lizzie Williams	14 Sep 1920	
		29 Dec 1920 filed	Geo. W. Watkins, JP
H. B. Kinley	Malissa Tolar	15 Sep 1920	
	Pulaski IL	29 Dec 1920 filed	Geo. W. Watkins, JP
Manuel Williams	Fannie Harris	16 Sep 1920	
		29 Dec 1920 filed	Geo. W. Watkins, JP

GROOM	BRIDE	DATE	SOLEMNIZED BY
Alfred McClary	Lule Hammond	18 Sep 1920	
		29 Dec 1920 filed	Geo. W. Watkins, JP
Washington James	Emma Shaw	18 Sep 1920	
		29 Dec 1920 filed	Geo. W. Watkins, JP
John Nowling	Anna Hall	21 Sep 1920	
		29 Dec 1920 filed	Geo. W. Watkins, JP
William A. James	Mary Barley	25 Sep 1920	
		29 Dec 1920 filed	Geo. W. Watkins, JP
J. T. Stuart	Katie Rhodes	27 Sep 1920	
		29 Dec 1920 filed	Geo. W. Watkins, JP
Harold Willaby	Lela McGee	27 Sep 1920	
		29 Dec 1920 filed	Geo. W. Watkins, JP
Richard Ayers	Mary Sergent (father W. O. Sergent consented)	02 Oct 1920 29 Dec 1920 filed	Geo. W. Watkins, JP
J. D. Hamilton Obion Co. TN	Auis Chilton Obion Co. TN	09 Oct 1920 29 Dec 1920 filed	Geo. W. Watkins, JP
Wade Crecelius	Ola Greenwell	09 Oct 1920	
		29 Dec 1920 filed	Geo. W. Watkins, JP
V. C. Hawkins	Margaret Palmer	06 Oct 1920	
		29 Dec 1920 filed	Geo. W. Watkins, JP
Jack Alsup (father E. Alsup consented)	Edna Bearury (father E. Beaury consented)	11 Oct 1920 29 Dec 1920 filed	Geo. W. Watkins, JP
T. W. Johnson Mississippi Co. Ark	Martha Kerkendall Mississippi Co. Ark	14 Oct 1920 29 Dec 1920 filed	Geo. W. Watkins, JP
Richard Elam	Janie Rose	16 Oct 1920	
		29 Dec 1920 filed	Geo. W. Watkins, JP
Tommie Vance	Fannie Bishop	16 Oct 1920	
		29 Dec 1920 filed	Geo. W. Watkins, JP

GROOM	BRIDE	DATE	SOLEMNIZED BY
John Sanford (father J. W. Sanford consented)	Vera Haskins	16 Oct 1920 29 Dec 1920 filed	Geo. W. Watkins, JP
James Arthur Shaffer	Janie Mills	18 Oct 1920 29 Dec 1920 filed	Geo. W. Watkins, JP
Will Butler Mississippi Co. Ark	Annie Carter Mississippi Co. Ark	18 Oct 1920 29 Dec 1920 filed	Geo. W. Watkins, JP
Will Morgan	Geneva Parker (mother Ida Holmes consented)	19 Oct 1920 29 Dec 1920 filed	Geo. W. Watkins, JP
Alfred Blankenship	Etta Smith	23 Oct 1920 29 Dec 1920 filed	Geo. W. Watkins, JP
Luther Pasley Mississippi Co. Ark	Lula Davis (father John R. Davis consented) Dunklin Co. MO	03 Nov 1920 29 Dec 1920 filed	Geo. W. Watkins, JP
Zack Gose (Goss) Mississippi Co. Ark	Elizabeth Smith Mississippi Co. Ark	06 Nov 1920 29 Dec 1920 filed	Geo. W. Watkins, JP
Loren Underwood	Etta Nunn	06 Nov 1920 29 Dec 1920 filed	Geo. W. Watkins, JP
H. C. Lack	Cora Bracey	12 Nov 1920 29 Dec 1920 filed	Geo. W. Watkins, JP
Fred Nichols (father R. L. Nichols consented)	Mora Lee Simpson	18 Nov 1920 29 Dec 1920 filed	Geo. W. Watkins, JP
Will Dixon Mississippi Co. Ark	Johnie Caruthers Mississippi Co. Ark	18 Nov 1920 29 Dec 1920 filed	Geo. W. Watkins, JP
Leroy Hamilton	Lilliam Parrott	19 Nov 1920 29 Dec 1920 filed	Geo. W. Watkins, JP
Tossie Mullins	Minnie Keys	19 Nov 1920 29 Nov (?) 1920 filed	Geo. W. Watkins, JP
Willie Broaden	Estella Coppage	20 Nov 1920 29 Dec 1920 filed	Geo. W. Watkins, JP

GROOM	BRIDE	DATE	SOLEMNIZED BY
David Marrs	Lula Bolen	20 Nov 1920	
		29 Dec 1920 filed	Geo. W. Watkins, JP
Alonzo Walton	Lula Hill	20 Nov 1920	
		29 Dec 1920 filed	Geo. W. Watkins, JP
Will Stine	Minnie Hammonds (father Frank Hammonds consented)	20 Nov 1920 29 Dec 1920 filed	Geo. W. Watkins, JP
O. J. Boyer New Madrid Co. MO	May Lavalle New Madrid Co. MO	22 Nov 1920 29 Dec 1920 filed	Geo. W. Watkins, JP
Harold Bryant (father C. H. Bryant consented)	Evelyn W. Pope (father H. M. Pope consented) Mississippi Co. Ark	23 Nov 1920 29 Dec 1920 filed	Geo. W. Watkins, JP
Hezzie Key	Mrs. Addie Barnett	27 Nov 1920 29 Dec 1920 filed	Geo. W. Watkins, JP
Louie Horn	Mattie Ward	12 Dec 1920 29 Dec 1920 filed	Geo. W. Watkins, JP
Lee Jelly (mother Mattie Jelly consented)	Ethel Eaves (father M. J. Eaves consented)	11 Dec 1920 29 Dec 1920 filed	Geo. W. Watkins, JP
George B. Gruenvald	May Bennett	12 Dec 1920 29 Dec 1920 filed	Geo. W. Watkins, JP
C. B. Carroll	Isabel Henderson	14 Dec 1920 29 Dec 1920 filed	Geo. W. Watkins, JP
Ray McKeever Mississippi Co. Ark	Laura Collins Mississippi Co. Ark	14 Dec 1920 29 Dec 1920 filed	Geo. W. Watkins, JP
Bennie Faris	Phoebe Juda	15 Dec 1920 29 Dec 1920 filed	Geo. W. Watkins, JP
Harvey Cheshire (father S. W. Cheshire consented)	Rosa Arentsbary	16 Dec 1920 29 Dec 1920 filed	Geo. W. Watkins, JP
Thomas T. New (father S. V. New consented)	Clara Massey	24 Dec 1920 29 Dec 1920	J. J. Wilson, MG

GROOM	BRIDE	DATE	SOLEMNIZED BY
Geo. W. Patterson (father James Patterson consented)	Zora Blanchard (father Robert Blanchard consented)	23 Dec 1920 29 Dec 1920 filed	Geo. W. Watkins, JP
Berry Hoover	Johnnie Johnson	24 Dec 1920 29 Dec 1920 filed	Geo. W. Watkins, JP
Clarence Miller	Chloe Miller	27 Dec 1920 29 Dec 1920 filed	Geo. W. Watkins, JP
Phillip Phelps (father G. W. Phelps consented)	Nora Queen	29 Dec 1920	Geo. W. Watkins, JP
Walter Tremble Mississippi Co. Ark	Eliza Harper Mississippi Co. Ark	30 Dec 1920	J. W. McCullough, Judge County Court
J. W. Pate	Flossie Holt	24 Dec 1920 31 Dec 1920 filed	H. M. Turnbow, JP
James Alexander	Elizabeth Young	05 Jan 1921 06 Jan 1921 filed	Joel Adams, MG
Henry Dearing	Maggie Cross (father A. J. Cross consented)	22 Jan 1921	R. R. Ring, JP
J. B. Taweny	Rosie Whitset	01 Jan 1921	R. R. Ring, JP
Ernest Highens	Alma Sevieerford	10 Jan 1921 12 Jan 1921 filed	J. M. Argo, JP
Evans Watson	Emma Mack	01 Jan 1921 03 Jan 1921 filed	E. E. Cain, MG
John Graham Polk Co. IL	Mamie Jainer Polk Co. IL	02 Jan 1921 03 Jan 1921 filed	F. Klingensmith, JP
Elgin Neely	Ruth Sessett	24 Dec 1920 03 Jan 1921 filed	R. R. Ring, JP
Clarence Hagen Scott Co. MO	Cara A. Doyle Scott Co. MO	02 Jan 1921 04 Jan 1921 filed	C. E. Mattocks, JP
C. L. Fisher	Hazel Marie Workman New Madrid Co. MO	24 Dec 1920 06 Jan 1921 filed	Joel Adams, MG

GROOM	BRIDE	DATE	SOLEMNIZED BY
James Stone	Maysell Funderburk	02 Jan 1921	
		11 Jan 1921 filed	R. E. Barns, JP
Lois Palm	Alma Ashfort	09 Jan 1921	
		12 Jan 1921 filed	J. R. Hopkins, MG
Don Parnell	Elizabeth Smith	12 Jan 1921	
		13 Jan 1921 filed	G. G. Bowen, JP
W. C. Howard	Mary Wells	17 Jan 1921	S. E. Juden
Mississippi Co. Ark	Mississippi Co. Ark		Judge County Court
Edward White	Pearl Hubbert	15 Jan 1921	
		19 Jan 1921 filed	Elmer Peal, MG
J. P. Knight	Velma Robertson	18 Jan 1921	
		20 Jan 1921 filed	J. L. Woolverton, MG
J. T. Goodson	Florence Hill	26 Aug 1920	
		24 Jan 1921 filed	J. Leo Shaffer, JP
George Smith	Della Kelley	02 Jul 1920	
		24 Jan 1921 filed	J. Leo Shaffer, JP
Jim Melvin	Birdie Smith	04 Oct 1920	
		24 Jan 1921 filed	J. Leo Shaffer, JP
Bolden Davis	Fannie Bell	19 Nov 1920	
		24 Jan 1921 filed	J. A. Farris, MG
Freeman W. Sorrell	Bessie Powell	24 Jan 1921	
Stoddard Co. MO			Elmer Peal, MG
S. V. New	Esther Johnson	21 Jan 1921	
	Mississippi Co. Ark	26 Jan 1921 filed	J. J. Wilson, MG
Thomas Dunnivan	Mattie Holland	22 Jan 1921	
		24 Jan 1921 filed	R. P. Williams
Jafers Savage	Ella Hawkins	27 Jan 1921	F. Klingensmith, JP
Clifton Scott	Mary McGee	15 Jan 1921	
		28 Jan 1921 filed	G. W. McNeal, MG

GROOM	BRIDE	DATE	SOLEMNIZED BY
John H. Williams	Mrs. Rena Adkins	18 Dec 1920 31 Jan 1921 filed	Sam Piggee, MG
C. H. Hanks Craighead Co. Ark	Ida Smith Mississippi Co. Ark	29 Jan 1921 31 Jan 1921 filed	F. Klingensmith, JP
Johnnie Bethel	Pearl Muse (father Frank Muse consented)	30 Jan 1921 02 Feb 1921 filed	W. H. Crawford, MG
James Johnson	Sarah Ward	28 Jan 1921 04 Feb 1921 filed	Lee Cotton, MG
Arthur Grew	Mary Dodson	05 Feb 1921	R. R. Ring, JP
Geo. M. Ellis	Irena Spearman	05 Feb 1921	Jos. M. Brasher, Judge of Probate
Joe Cox	Mrs. Pearl Pattersonni	07 Feb 1921	F. Klingensmith, JP
Emmett Katon	Lacy Vincent	06 Feb 1921 07 Feb 1921 filed	Joel Adams, MG
John C. Yarbro	Jewell Hodge	05 Feb 1921 07 Feb 1921 filed	R. L. Story, MG
Lonnie Resien Mississippi Co. Ark	Emma Young	08 Feb 1921	Jos. M. Brasher, Judge of Probate

Last Name Index
Books 7, 8, 9, & 10

Aaron, 203, 252, 263
Abbott, 56, 80, 154, 204
Abernathy, 130239
Abrams, 248
Abshire, 210
Acklin, 34
Acors, 193
Acres, 36, 127
Acvane, 214
Adair, 63, 148
Adams, 14, 21, 31-32, 36-38, 46-47, 65, 103, 105, 108, 119, 128, 137-138, 146, 148, 167, 172, 175, 180, 205, 217, 222, 227, 230, 233, 242, 246, 265
Adamson, 117
Adcock, 10, 82, 100
Adestch, 124
Adkin, 249
Adkins, 10, 77, 112, 119, 122, 140, 159, 193, 272
Aford, 65
Akers, 77, 137
Akres, 182
Albin, 32
Albridge, 127
Alden, 228
Aldridge, 19, 65, 123, 127, 255
Aldridges, 3
Alexander, 21, 31, 47, 113, 119, 133, 143, 148, 177, 189, 197, 215, 228, 231, 233, 246, 258, 261, 270
Aliston, 226

Allen, 7, 26, 30, 36, 45, 64, 66, 76, 87, 96, 99, 102-103, 109, 118-119, 151, 165, 177, 180, 185, 206, 210, 217, 225, 227, 235
Allingsworth, 76, 140
Allison, 26, 57, 200
Allman, 60
Allsup, 86, 158
Alsup, 35, 157, 218, 267
Alvey, 115, 222, 230
Anderson, 2, 32, 35, 65, 83, 85, 94, 119, 133, 142-143, 154, 159, 162, 174, 176, 186, 197, 206, 207, 232, 234, 236
Andrews, 53, 151, 193
Angeline, 193
Angle, 107
Anglin, 64, 118, 186
Ankton, 192
Antesion, 96
Appleton, 208
Arbuckle, 183
Archer, 10
Archibald, 234
Archie, 107
Areah, 199
Arendell, 149
Arenstbary, 269
Argo, 66
Armstrong, 55, 69, 82, 123, 222
Armsur, 150
Arnold, 16, 65, 94, 154, 187, 205-206, 223, 229, 231
Arrige, 216
Arterberry, 34, 225

Arton, 232
Ash, 58, 66, 81-82, 93, 188, 207
Ashbury, 67
Asher, 176, 265
Ashford, 88, 271
Ashley, 60
Ashmore, 89-90
Ashville, 158
Askew, 180
Askue, 241
Asvane, 214
Atkins, 64
Atwood, 16, 135
Aubuchon, 35
Aurth, 217
Austin, 10, 29, 50, 75, 85, 106, 120, 137, 146, 158, 166, 182
Autrey, 154
Autry, 7, 92, 99, 189
Averill, 156
Avery, 163
Ayers, 16, 77, 137, 198, 267
Azee, 218
Babb, 13, 71, 109
Babcock, 121
Bachaus, 25
Back, 28, 91, 138, 262
Bader, 63
Bady, 63, 159
Bagby, 222, 247
Bailey, 60, 91, 151, 180, 185, 189, 190, 229, 244
Bain, 46
Baird, 59, 94, 101, 172, 219

Baity, 19
Baker, 9, 12-13, 24, 60, 62, 86, 90, 99, 135, 147, 168, 179, 206, 212, 220, 251-252, 256
Baldridge, 6
Baldwin, 122, 248
Balen, 25
Balentine, 230
Bales, 213
Ball, 71, 113, 151, 168, 173, 239
Ballard, 28, 75, 117, 188, 204
Ballenbeck, 216
Ballentine, 124
Banks, 27, 51, 189, 223
Bantes, 60
Barbee, 212
Barber, 39, 163, 188
Barden, 106
Bardwell, 150
Barger, 24, 30, 43, 47, 59
Barham, 23, 32, 72
Barker, 142
Barkevitz, 54
Barksdale, 65, 99, 172, 183
Barley, 267
Barnard, 154
Barnes, 25, 51, 60, 75, 113, 123, 131, 133, 137, 143, 148, 182, 185, 208, 212, 219, 237, 244, 249, 263
Barnett, 36, 40, 51, 73, 104-105, 149, 169, 182-183, 219, 269
Barnhart, 11, 63,
Barns, 265
Barnum, 237
Barnwell, 70
Barron, 48, 181
Barry, 217, 243

Bartlett, 176
Bartley, 139
Barton, 41, 223, 230
Barume, 83
Barus, 134
Bashen, 148
Baskin, 207
Bass, 63
Batchelder, 58
Bates, 39, 61-62, 126, , 164, 214
Batner, 120
Battie, 150
Battles, 81, 86, 189, 247, 262
Batts, 164
Bauer, 34
Bauerschmidt, 46
Baugh, 13, 147
Baxter, 199
Bay, 262
Bayer, 131
Bayne, 141
Baynes, 19, 32, 34, 74, 81, 102, 130, 137, 216, 248
Beachom, 157
Beal, 118
Beale, 170
Beard, 16, 49, 55, 169, 177
Beasley, 9, 17, 209
Beaurury, 267
Bebsub, 53
Beck, 261
Beck, 7, 10, 157
Beckam, 86
Bedwell, 264
Beeching, 20
Beezley, 183
Behrens, 17, 256

Beinhard, 249
Belch, 56
Belcher, 83
Belchie, 191
Belford, 59, 66
Belknap, 134
Bell, 5, 15, 25, 27, 75, 77, 83, 96, 109, 117, 120, 141, 169, 190-191, 198, 201, 220, 223, 227, 253-253, 271
Belt, 191
Benhan, 223
Bennett, 1, 25, 42, 52, 131, 210, 229, 248, 261, 269
Benthal, 48
Bentley, 120, 125
Berkshire, 215
Bernard, 250
Berry, 16, 169, 203, 263
Berryman, 150, 203, 252
Berthelanny, 113
Bescher, 95
Bess, 253
Bethel, 210, 272
Bettis, 62, 265
Betts, 138
Bevel, 142
Bibbs, 54, 110
Biggart, 34
Biggs, 15, 19, 53-54, 108, 209
Bigham, 74, 82, 84
Bilbney, 207
Bilbrey, 55
Bilderback, 145
Billetdeaux, 249
Billington, 245
Bills, 23, 266
Bindon, 5

Binkley, 218
Bird, 26, 104
Birdrow, 85
Birgenheimer, 258
Birmingham, 9, 88
Birthright, 129, 248
Bishop, 90, 96-97, 176, 212, 218, 267
Bissell, 88
Biter, 242
Bittle, 37
Bivens, 90, 96, 205
Bivins, 187
Bizzell, 57, 191, 222
Black, 148, 159, 233
Blackwater, 134
Blackwell, 45, 48, 92, 117
Blagg, 153
Blair, 165, 248, 257
Blake, 167, 226
Blanch, 35
Blanchard, 223, 270
Blanche, 133
Bland, 108
Blankenship, 10, 73, 268
Blaylock, 244
Blevins, 71
Bloomer, 58
Blythe, 46
Bobo, 71, 208
Bogard, 197
Boh___, 28
Bolen, 117, 186, 269
Bolens, 25
Bolton, 153
Boman, 217
Bomes, 41
Bond, 127

Bonds, 46, 90
Bondurant, 187
Boner, 228
Bonham, 32
Bonner, 225, 258
Bono, 184
Booce, 73
Booker, 4, 97, 171, 187
Boon, 109, 230
Boone, 214
Booten, 95
Booze, 186, 211
Boshear, 171
Boss, 174, 204
Bostec, 75
Boswell, 28, 87
Bounds, 122
Bowden, 231
Bowen, 26, 55, 204
Bowens, 48, 225
Bowls, 8
Bowman, 32, 82, 187, 218, 242
Boyd, 89, 124
Boyer, 249, 269
Boyle, 101, 131
Boze, 126
Bracey, 19, 90, 222, 268
Bracy, 165, 174
Braden, 132
Brader, 65
Bradford, 27, 47, 61-62, 82, 95, 141, 150, 163-164
Bradley, 81, 109, 137, 216, 263
Bradshaw, 12, 16, 22, 61
Brady, 104
Bragdon, 112
Brake, 255

Bramblett, 5
Branch, 45, 68, 83, 116
Brandon, 38, 112, 130, 174
Branson, 108
Brantley, 1, 56
Branum, 83
Brasher, 91, 95, 118, 135, 162, 247
Brassfield, 155
Braswell, 5, 26, 245
Bratcher, 117
Bray, 19, 21, 27, 51, 111, 124, 230
Brayden, 265
Brazel, 77
Brazier, 78, 159, 195
Breeze, 232
Brewer, 10, 38, 70, 78, 112, 116, 143, 150, 156, 175, 181
Brials, 132
Briant, 210
Bricken, 101
Bridge, 266
Bridges, 30
Bridgewater, 174
Bridgwood, 57
Brigance, 31, 39, 202
Bright, 191, 262
Brim, 67
Britten, 2
Britton, 13
Broaden, 268
Broadway, 241
Broakens, 225
Brock, 54, 78, 170, 183
Brockwell, 86, 94, 104
Brodie, 170
Brogden, 16
Broglin, 169

Bronson, 125
Brookers, 225
Brookmeyer, 98
Brooks, 9, 28, 33, 54, 73, 76, 86, 93, 109, 116, 125, 141, 194, 211, 236, 253, 257
Broom, 58
Brotherton, 242
Broughton, 141
Brown, 3, 4, 20, 24-25, 28, 35-36, 39, 55-59, 67, 78, 84, 86-88, 97, 102, 105-106, 121, 127, 132, 135, 141, 149, 161, 168, 173-174, 176, 178, 191-192, 197-198, 205, 210, 212-214, 216 218-219, 222, 226, 234-235, 244-246, 258
Brownfield, 72
Browning, 92
Bruce, 7, 22, 64, 87, 91, 135, 194, 255
Brumley, 69, 87, 188, 203
Brummett, 7, 217
Brunston, 76
Bryan, 222, 262
Bryant, 3, 42, 83, 95, 121, 123, 186, 259, 261, 269
Buch___, 65
Buchanan, 9, 49, 92, 121, 228, 253
Buchannon, 174
Buck, 20
Buckhead, 184
Buckingham, 137
Buckley, 8, 38, 147, 257
Buckner, 142, 264
Bufford, 204
Bugg, 203
Bulla, 167
Bullington, 123, 204
Bullock, 145
Bulloen, 107

Bumb, 163
Bumpas, 239
Bumpass, 254
Bunch, 78, 187
Bunting, 63
Burch, 28, 54, 103, 228
Burcher, 123
Burchett, 24
Bures, 65
Burganey, 251
Burk, 101
Burkeen, 223
Burkstaller, 10
Burnett, 38, 85, 147, 169
Burns, 10, 13, 111, 203
Burnsides, 240
Burres, 65
Burris, 41, 67, 214, 227, 237
Burrows, 230
Burrus, 30
Burt, 109
Burtley, 190
Burton, 7, 16-17, 19, 40, 50, 67, 84, 97, 104, 114, 119, 146, 168, 204, 208, 216, 229, 244
Burus, 141
Busby, 36, 94, 248
Bush, 45, 68, 127, 141, 7171, 196, 224, 233
Bushe, 113
Bushy, 207
Butcher, 74
Buthey, 59
Butler, 34, 87, 95, 102, 140, 188, 222, 268
Butts, 104
Byars, 98

Byers, 41, 184, 193
Byles, 258
Bynum, 220, 243
Byons, 128
Byrd, 11
Byrm, 121
Byrn, 127
Byru___, 127
Byrum, 87
Cabbins, 213
Cable, 86, 113, 177, 221, 249, 265
Cagle, 67, 118
Cahoon, 264
Cain, 127, 184-185, 208, 217, 256
Caldwell, 35, 44, 51, 96, 135, 213
Calern, 163
Callahan, 16
Callis, 85, 145
Caloway, 61
Calton, 136
Calvert, 223, 239
Calvin, 8, 196, 228
Calwell, 12
Cambern, 133
Cambron, 263
Cameron, 120, 130
Campbell, 33, 60, 85, 96, 104-105, 108, 150, 156, 183, 194, 226, 264
Camper, 182
Canady, 13, 199
Candy, 250
Cankston, 245
Cannady, 126
Cannon, 131, 195
Cantley, 32
Cantrell, 12, 111, 121, 187, 222
Caotes, 224

Capell, 12
Caple, 224
Caples, 266
Capshaw, 3
Caraway, 21
Cardel, 235
Carey, 8, 15
Carker, 233
Carlders, 196
Carlen, 67
Carleton, 217, 238
Carlock, 248
Carmack, 173
Carman, 69
Carmean, 184
Carmicle, 125
Carner, 235
Carnes, 82
Carney, 86
Caroway, 60
Carpenter, 162
Carr, 4, 60, 64, 74, 86, 98, 214, 228, 240
Carrell, 76
Carroll, 14-15, 17, 113, 167, 188, 269
Carter, 12, 40, 47, 85, 95, 97, 99-100, 105, 107-108, 114, 123, 127-128, 132, 163, 173, 183, 185, 197, 229, 233, 266, 268
Cartner, 249
Caruthers, 122, 222, 268
Casey, 41, 158, 211, 215, 243
Cash, 256
Cask, 263
Casky, 193
Cassidy, 93, 103, 143, 206
Castleberry, 116
Catching, 92

Cates, 28, 144, 148, 224
Cathey, 135, 139, 222
Cauble, 256
Cavender, 90
Cawthon, 134, 148
Cayton, 164, 198
Cecil, 20, 29, 74, 192, 241, 246
Cendenen, 233
Certain, 31
Cettus, 129
Chaffin, 5, 150
Chains, 48
Chamberlain, 56
Chamberlin, 32
Chambers, 58, 192, 198, 204
Champ, 18
Champion, 259
Chancellar, 107
Chancellor, 242
Chandler, 7, 14, 34, 43, 69, 137
Chaney, 158, 161, 246
Channell, 162, 233
Chapel, 245
Chapman, 9, 54, 105, 128, 240
Chappel, 58, 95
Chappell, 177
Chappels, 146
Charleton, 120
Chatman, 40
Chatterton, 119
Chavers, 88
Cheatham, 90, 99, 256, 263
Cheek, 16
Chenoweth, 16
Cherry, 119, 122
Cheshire, 200, 268
Chesshire, 224

Chetham, 86
Childers, 38, 100
Chilton, 208, 249, 267
Chinchie, 198
Chinn, 25
Chism, 49, 54, 81, 145, 153, 168, 181, 214, 219
Chitwood, 241
Christian, 72, 158
Christopher, 4, 39, 49, 235
Church, 128
Churchwell, 163
Citius, 77, 97, 113
Clanton, 30
Clare, 135
Clark, 2, 17, 40, 43, 45, 51, 60, 70, 72, 75, 92, 94-95, 99, 111, 114, 140, 159, 166, 168-179, 185, 204, 208, 242, 255
Clarkson, 67
Claxton, 91
Clay, 103, 140, 149, 152, 261
Claybrooks, 25, 225
Clayton, 70, 72, 94, 107, 111, 117, 143-144, 158, 167, 177, 200, 224, 230
Clemmons, 131
Clendenen, 201
Cleviclence, 193
Clifton, 70, 72, 185, 189
Clind___, 101
Clinton, 66
Clover, 219
Coates, 224, 259
Cobb, 6, 151
Coburn, 209
Cochran, 76, 86, 165, 226
Cockran, 226, 248
Coffie, 73

Cogwell, 201
Cohon, 15
Coker, 125, 148, 222
Colbert, 53, 228
Colders, 196
Cole, 9, 11, 13-14, 26-27, 31, 41, 52, 54, 64, 77, 94, 105-106, 136, 139, 146, 163, 166, 196, 213, 235, 245, 250, 258
Coleman, 3, 7, 21, 54, 56, 140, 163, 259
Coller, 212
Collier, 187, 212
Collins, 22, 30-31, 36, 59, 71, 104, 110, 115, 122-123, 130, 146, 148, 173, 177, 193, 202-204, 222, 242, 255, 261, 269
Colton, 153
Comins, 66
Common, 149
Compton, 212
Condrey, 254
Conell, 27
Conerly, 195
Conerson, 7
Conley, 45, 191, 215, 226, 235
Conn, 109
Connell, 103, 141, 240
Conner, 92, 165, 227
Connover, 13
Conoy, 157
Conrad, 17
Constance, 55
Conway, 221
Conwell, 87
Cook, 6, 13, 42, 55, 120, 152, 164, 205, 226
Cook___, 126
Cooksey, 179
Coon, 14, 31

Cooper, 40, 48, 56, 72, 84, 90-91, 123, 130, 149, 157-158, 212, 215, 266
Copeland, 190
Copland, 72
Coppade, 13
Coppage, 30, 268
Cops, 110
Copus, 59
Coram, 202
Corb___, 91
Corbett, 62
Corbin, 98, 100, 139, 170, 179, 219
Corder, 162
Cordesier, 238
Corgan, 44
Corlen, 67
Corley, 45
Corn, 39
Cornell, 179
Corness, 71
Correll, 112
Cosky, 193
Coteur, 42
Cotham, 139, 250
Cother, 173
Cotton, 170
Coulter, 157
Courtney, 7
Coushenaule, 54
Covington, 32
Covness, 71
Cowan, 176
Cowart, 65
Cowell, 23
Cowen, 11
Cowley, 221
Cowman, 149

Cowthan, 201
Cox, 37, 52, 58, 61, 73, 81, 87, 92, 116, 156, 205, 250, 272
Crabtree, 102
Craft, 226
Crafton, 197, 262
Craig, 17, 35, 85, 93, 107, 121, 163, 225, 234, 236
Craign, 163
Crain, 165
Crane, 111
Cranford, 205
Cratty, 122, 256
Cravens, 201
Crawford, 34, 58, 95, 146, 158, 169, 211-212, 221, 227
Crayton, 190
Creasy, 169, 183
Crecelius, 3, 40, 59, 81, 125, 137, 267
Creech, 91, 253
Cremens, 134, 136
Crenshaw, 62, 129, 142, 172
Cressey, 231
Crest, 126
Crevisour, 71
Crevoisier, 73
Crews, 3, 115, 247
Cribbs, 45, 228
Criddle, 261
Crider, 46
Crim, 17
Crippin, 181
Criss, 170
Crite, 237
Critz, 101
Crocker, 245
Crockett, 61, 141, 183, 261

Cromeans, 126
Cromwell, 121
Croney, 217
Croos, 130
Cross, 3, 117-118, 201, 206, 223, 227, 243, 270
Crosser, 202
Crow, 210
Crowder, 62
Crowell, 56, 67, 219
Crower, 3
Crump, 212
Culbertson, 36
Cullum, 63
Culp, 83, 96, 177, 259
Cummings, 54, 89, 147, 237
Cummins, 133
Cunard, 165
Cunningham, 3, 22, 50, 55, 59, 73, 75-77, 99, 104, 143, 168, 179, 190, 198, 204, 233, 253, 261
Curperton, 166
Currin, 164, 257
Curry, 13, 64, 85, 136, 236
Curteur, 66
Curtis, 19, 24, 33, 35, 110, 129, 140, 152, 229, 238
Curtner, 13, 246
Cushman, 52
Cypert, 252
Dabree, 258
Dace, 262
Dacus, 63
Daggs, 117
Dailey, 214
Dakey, 153
Dale, 237

Daley, 67, 225
Dalton, 125, 195
Damon, 184
Dancil, 252
Daniel, 218
Daniels, 128, 211
Danwood, 27
Darby, 97
Dark, 213
Darnall, 28, 41, 67, 81, 94, 100, 109, 112, 118, 239
Darnold, 69
Darsey, 171
Dase, 151
Daugherty, 5, 63, 80, 106
Davenport, 71, 145, 154, 158
Davidson, 33, 116, 202, 205, 227, 255
Davie, 179
Davis, 3-4, 9, 12-15, 20, 29, 31-33, 43-44, 54, 56, 58, 65, 71, 84-85, 87-88, 92, 99, 115, 136, 144-146, 151-152, 155-157, 162, 167, 177, 184, 195, 199, 203, 209, 214-215, 224-225, 227, 241, 244-245, 253, 256, 265, 268, 271
Dawes, 33
Dawning, 26
Daws, 33
Deal, 38, 139
Dean, 7, 22, 37, 140, 145, 165, 178, 189, 207, 224
Dearing, 270
Deaton, 209
Debez, 93, 254
Deen, 118
Delashmutt, 46
DeLisle, 152, 235
Dell, 181

Dellender, 133
Dellihood, 182
Demar, 185
Dempsey, 82, 84, 149
Denbow, 111
Denison, 133
Denning, 64, 67
Dennis, 51-52
Denson, 32
Denton, 12, 110, 258
DePriest, 71, 88, 128, 147, 236
Derman, 221
Derusse, 256
Dervose, 110
Devine, 11, 175
Dewey, 204
Dheadora, 243
Dial, 202, 212
Dibbles, 262
Dickerson, 107, 112, 172, 244
Dickey, 251
Dickoff, 234
Dickson, 195, 215, 265
Diggs, 258
Dikes, 110
Dildens, 250
Dillard, 11, 47, 174, 234
Dilldine, 160, 165
Dillender, 63, 133, 233
Dinsmore, 119
Disbennett, 216
Dishennett, 157
Dismore, 31, 99
Disparnett, 97
Diviney, 41
Dixon, 20, 49, 53, 259, 268
Doan, 186

Dobbins, 82
Dobbs, 177, 231
Dobins, 249
Dockery, 71, 87, 123, 165, 182, 231, 249
Dodd, 20
Dodson, 63, 207, 272
Doggent, 246
Doggert, 246
Dokes, 120
Dolan, 252
Donald, 177
Donaldson, 166, 246
Donalson, 56
Done, 11
Dones, 83
Donley, 57
Donnell, 23
Dooley, 74, 163
Dorris, 76, 113, 146
Dorrity, 84
Dotson, 23, 240
Douglass, 28, 90, 103, 178, 246
Dover, 209, 227
Dovis, 124
Dowd, 118
Dowdy, 167, 189
Dowell, 6, 230
Downing, 37, 71, 77, 92, 114, 128, 145, 152, 234, 238, 248
Downs, 36, 208, 258
Doyle, 270
Dozier, 27
Drain, 173
Drake, 4, 43, 47, 61, 84, 205, 261
Draper, 171
Drayden, 234
Drewry, 226

Drinkwater, 150
Driver, 43
Dross, 23
Drum, 97, 134
Drummonds, 231
Drzier, 16
Dubois, 263
Duckuart, 231
Duckworth, 71, 86, 232
Dudley, 188, 207
Dudney, 209
Duffey, 71, 84
Duke, 64, 133
Dukes, 93, 154, 225, 253
Dukey, 153
Dunavan, 68
Dunavant, 116
Dunbar, 140
Duncan, 10, 29, 37, 62, 78, 97, 144, 149, 169, 177, 196, 209, 221, 245
Dunceath, 195
Dunevant, 207
Dunkley, 234
Dunklin, 130
Dunlap, 22
Dunmire, 22
Dunn, 56, 72, 107, 121, 154, 158
Dunnavant, 106
Dunning, 79, 133
Dunnivan, 217, 224, 271
Durden, 183
Durham, 85, 88, 101, 126, 207, 241
Durtin, 235
Duval, 72
Duvall, 26, 124, 132
Dycus, 97
Dye, 75, 77, 157, 165, 176

Dyens, 242
Dyer, 40, 213
Dyers, 227
Dyson, 57, 240
Eachus, 63
Eares, 82
Earl, 131
Earls, 30, 89
Early, 154
Earnhart, 72
Earnheart, 173
Earp, 162
Easley, 226
Eason, 57
Easterwood, 14
Eastman, 169, 191, 224
Easton, 108, 208
Eastwood, 10, 20, 218
Eatman, 224
Eaton, 159
Eavens, 15
Eaves, 192, 269
Echols, 186
Eddington, 9, 65, 101, 108
Edell, 154
Edington, 249
Edmaiston, 182
Edmunds, 110
Edrington, 54, 157
Edsalle, 18
Edwards, 17, 59, 63, 63, 65, 68, 82, 88, 108, 113, 118, 121, 123, 128-129, 133, 137, 139, 142, 148, 169, 172, 191, 194, 202, 219-220, 255, 266
Eison, 14, 88
Elam, 105, 267
Elder, 52, 81, 85

Eldridge, 13
Elen, 49
Elew, 49
Elkins, 149, 151
Elledge, 63
Elliot, 20
Elliott, 186, 197
Ellis, 15, 20, 28, 50, 57, 94, 115, 122, 158-160, 162, 179, 183, 237, 250, 262, 272
Ellison, 38, 67, 89, 240
Elmo, 63
Emerson, 55, 130, 133
Emery, 108, 237
Emmons, 198
Emory, 66
Endsley, 97
Engo, 262
Engram, 149
Enix, 215
Enlow, 225
Ennis, 204
Entwood, 74
Erdsley, 230
Erwin, 166
Essig, 115
Esters, 25, 123
Estes, 81, 119, 164, 184, 204, 226, 251, 259
Estridge, 37
Etherly, 168
Ethridge, 143
Euwins, 188
Evans, 6, 58, 63, 111, 125, 143, 160, 170, 201, 225, 229, 261, 266
Everett, 24, 60, 189, 262
Everright, 188

Everwright, 31
Ewing, 5
Ezell, 37, 45, 198
Faircloth, 21
Fakes, 232
Falkner, 18, 182
Fallowell, 215
Famwell, 48
Fancher, 210
Fanfani, 248
Fanzer, 234
Fard, 20
Faris, 29, 96, 98, 183, 255, 269
Farley, 220
Farmer, 8, 40, 51, 198
Farr, 177
Farrell, 55
Farris, 8, 20, 51, 80, 158, 205, 212
Farrow, 184
Faught, 60
Faulkner, 10
Feagan, 123
Fedder, 61
Feggins, 256
Fehley, 14
Felton, 203
Felts, 151
Fensil, 106
Fentman, 57
Ferguson, 69, 71, 88-89, 122, 143, 168, 193, 196, 211, 214, 221, 258
Ferrell, 134, 163
Ferry, 80, 214
Feuoil, 106
Fiderick, 27
Fields, 9, 172, 200, 210, 235
Figgins, 27

Fincher, 91
Finley, 7, 77, 113-114, 262, 265
Finner, 154
Finney, 16
Finnigan, 65
Fins, 61
Firmbanks, 224
Firoy, 44
Fishback, 59, 151
Fisher, 4, 7-9, 12, 24, 39, 50, 58, 61, 70, 91-92, 94, 100, 104, 108, 111, 118, 120, 145, 149, 158, 181, 187, 195, 199, 203, 205, 242, 244, 248, 259, 270
Fisk, 90, 164
Fite, 9, 35, 47, 209
Fitzgerald, 49, 101
Fitzhugh, 110, 126
Fitzmaurice 62
Fizer, 185, 215
Flanagan, 178
Flanders, 222
Flanigan, 15
Flannery, 108
Flaron, 263
Flarow, 263
Fleming, 38, 191
Flennoy, 241
Fletcher, 155
Flietz, 47
Flippo, 8, 68, 167
Flowers, 5, 92, 114
Floyd, 150
Fly, 191
Fobb, 192
Foe, 153
Folks, 53

Ford, 20, 51, 75, 120, 122, 153, 206, 237, 253
Forest, 17
Fortenberry, 132
Forthman, 240
Fortner, 207
Fortune, 116
Foster, 6, 10, 30, 32-33, 43, 73, 82, 106, 164, 166, 171-172, 182, 188, 220, 232, 245
Fountain, 1
Foust, 112, 173, 225
Fowler, 11, 24, 42, 91, 93, 126, 129, 176, 202, 217, 232, 255, 264
Fowlkes, 155, 207
Fowlks, 56
Fox, 89, 231
Foy, 126, 152
Frakes, 26, 29, 68
Frambo, 161
Frame, 174, 230
Frank, 17
Frankems, 152
Franklin, 74, 82, 88, 181, 186
Franks, 46, 59, 82, 121, 147, 156, 162-163
Franzmann, 189
Frayser, 59
Frazer, 62, 74
Frazier, 21, 46, 81, 94, 208, 245
Frazille, 214
Frederick, 178
Freece, 62, 70
Freel, 242
Freeman, 8, 27, 66, 75, 135, 137, 206, 213, 217, 224, 244-245
Freemer, 213

French, 86, 208
Friend, 8, 69
Fritzgerald, 49
Frizzell, 129
Fry, 139, 223, 236-237
Frye, 96
Fulgham, 185
Fuller, 53, 65, 184, 186
Fulton, 180
Fulwood, 194, 208
Funderburk, 17, 50, 78, 93, 271
Fuqua, 190
Furr, 61
Fuwell, 250
Gaines, 28, 90, 134, 202, 246
Gains, 49
Gaither, 53, 61, 189
Galbreth, 88
Gales, 90
Gallaher, 29, 70, 111
Gallian, 178, 225
Galloway, 161, 182
Gambill, 222
Gammons, 149
Ganes, 198
Gann, 175
Garden, 131
Gardner, 6, 34, 87, 144, 189, 196
Garfield, 175
Garland, 233, 251
Garner, 7, 15, 82, 85, 101, 110, 220, 249, 252
Garrett, 43, 65-66, 100-101, 199, 209, 216
Garrigus, 175
Garver, 115
Garvin, 124

Gary, 35, 83, 136
Gaskins, 99
Gaston, 39, 156, 253
Gates, 185
Gatewood, 12, 78, 250
Gatlin, 76
Gattis, 220
Gaylord, 128
Gazell, 234
Geary, 63
Geff, 50
Gell, 231
Genische, 162
Gentry, 18
George, 49, 112, 141, 207, 247
Gerring, 153
Gestrig, 59
Gestring, 71
Gettings, 10, 94, 204, 238
Gibbs, 68
Gibson, 17, 33, 74, 125, 172, 226, 237, 244
Gifford, 202
Gilbert, 34, 132, 139
Gilbo, 259
Gilbon, 30
Gilbow, 30
Gill, 13, 50, 84
Gillen, 20
Gillett, 215
Gilliland, 20, 34, 39, 265
Gillis, 245
Gines, 4
Glasco, 105
Glass, 20, 70, 90, 124, 164, 201, 220, 245
Glasscock, 54
Glassglow, 169

Glassper, 96
Glen, 70
Glenn, 100, 223
Glidewell, 107, 156
Glidwell, 123
Glode, 14
Glore, 111
Glover, 151
Goad, 203
Goble, 155
Godair, 69, 72
Goe, 243
Goff, 78, 201
Goins, 21
Golden, 75
Gooch, 33
Good, 203, 234
Good___, 100
Goode, 240
Goodin, 261
Goodman, 4, 26, 46, 123, 139
Goodrich, 165
Goodrum, 143
Goodson, 194, 271
Gool, 235
Gorden, 164, 174
Gordon, 58, 61, 69, 130, 149, 155, 185, 231
Gore, 23
Gorsby, 188
Gose, 268
Goss, 268
Gossett, 134
Gotcher, 173
Gould, 241
Gounillion, 132
Gourley, 219

Gowen, 51, 194
Goza, 209
Grace, 12, 80, 184, 246
Grady, 52, 259
Graham, 7, 13, 65, 67, 70, 84, 96, 101, 104-105, 125, 150, 226, 270
Grambling, 18
Granaman, 9
Granger, 138
Grant, 43, 153, 207, 209, 211, 250, 266
Grantham, 166
Grass, 200
Graves, 109
Gray, 172, 184, 197, 199, 218, 220, 251
Gray, 7, 45, 81, 83, 89, 102, 104, 172, 184, 197, 199, 218, 220, 251
Grayate, 100
Grean, 144
Greef, 117
Green, 165, 167, 172, 174, 178, 187, 197, 219, 228, 244, 254-255, 265
Green, 4, 16, 27, 32, 40, 49, 57, 59, 62, 74-75, 77, 84, 101, 103, 105-106, 108, 124, 142, 150, 155, 165, 167, 172, 174, 178, 187, 197, 219, 228, 244, 254-255, 265
Greene, 155
Greenwalt, 246
Greenway, 26
Greenwell, 11, 45, 101, 109, 126, 255, 267
Greer, 32, 75, 100, 214, 232
Greggory, 16
Gregory, 4, 33, 73, 256
Gremand, 164, 167
Grew, 272
Grey, 191

Grice, 236
Grief, 117
Griffin, 30, 72, 111, 198, 233
Griffith, 9, 35, 149, 168, 178
Griggs, 2, 93, 142, 219-220
Grimes, 75, 133, 191, 258
Grinstead, 103
Grisham, 103
Groce, 236
Gross, 215
Grove, 28
Groves, 148
Gruenvald, 269
Gry, 218
Guiden, 227
Guill, 229, 251
Gullian, 183
Gunion, 79
Gunn, 102
Gunter, 83
Gurlin, 183, 189
Gurnow, 114
Guthery, 191
Guy, 24, 120
Gwaltney, 180
Gwin, 236
Haas, 264
Habauk, 16
Hacklet, 254
Hackney, 142
Hafford, 95, 103
Hagan, 201
Hagans, 189
Hagemann, 195
Hagen, 270
Hager, 158
Haggard, 72, 129, 216

Hail, 18
Haile, 39
Hailey, 38, 264
Haird, 179
Haislip, 179
Hale, 2, 87, 92, 114, 152, 162, 184, 241
Haley, 26, 140
Halford, 139
Haliburton, 218
Hall, 1, 8, 10, 21, 25, 35, 40, 44, 50, 57, 64, 68, 81-82, 105, 107, 115-116, 127, 135, 137, 146-147, 150, 154, 177, 187, 297, 212, 214, 255, 267
Halley, 229, 236
Hallis, 97, 241
Hallman, 255
Halloman, 240
Hamblen, 22
Hamell, 172
Hamilton, 31, 56, 73, 104, 131, 144, 186, 201, 253, 258, 267-268
Hamlett, 170, 186, 264
Hamlin, 136
Hammerslip, 209
Hammond, 47, 265, 267
Hammonds, 96, 269
Hammontree, 201
Hamon, 102
Hampton, 6-7, 27, 44, 63, 63, 66, 100, 262
Hanbold, 166
Hancock, 261
Handley, 232
Haney, 254
Hankins, 51, 134, 152, 159, 216, 257
Hanks, 9, 53, 105, 108, 156, 272
Hanley, 152

Hannons, 200
Hannrihan, 107
Hanry, 126
Hansk, 238
Hanson, 138
Harage, 238
Harber, 135
Harbert, 237
Hardeman, 51
Hardesty, 18, 115, 256
Hardin, 137, 181, 197, 228
Harding, 21
Hardison, 24
Hargett, 29
Hargrove, 7, 125
Haris, 123
Harkey, 48, 59
Harkshire, 247
Harmon, 159
Harper, 81, 135, 163, 167, 170, 177, 214, 216, 270
Harralson, 16, 45, 83
Harrington, 168, 184-185, 213, 253
Harris, 6, 8, 11, 21, 24, 39-40, 43, 49, 52, 62, 68, 70, 73, 87, 90, 103, 107, 113, 115, 124, 131-132, 137, 144, 158, 221-222, 224, 230, 234, 254, 264, 266
Harrison, 45, 47, 87, 97
Hart, 52, 76, 113, 118, 124, 182, 184, 211, 254, 257
Hartsfield, 16
Hartwell, 104-105, 241
Harvell, 77
Harvey, 60, 152
Haskins, 268
Hasley, 192
Hassell, 104, 126

Hasting, 186
Hastings, 60, 126, 166, 213, 225
Hatch, 112
Hatchel, 116
Hatcher, 5, 45
Hatley, 57, 101, 108, 157, 193, 201, 222, 245, 259
Hawk, 251
Hawkins, 80, 107, 151, 166, 173, 204, 208, 235, 267, 271
Hawks, 21, 149
Hawthorne, 181
Hayes, 11-12, 25, 29, 77-78, 81, 83, 87, 95, 101, 112, 115, 118, 127, 137, 147, 163, 171, 180, 190, 205, 226, 236, 245
Haynes, 105, 117, 150
Haynie, 56
Haywood, 220
Hazel, 155, 168
Hazzard, 240
Head, 175
Headden, 197
Heard, 19, 71
Hearn, 30, 213
Hearst, 125
Heath, 1, 133
Heathcock, 1, 51
Hedge, 4
Hedges, 204
Heflier, 5
Heflin, 145
Heidelberg, 199
Heiffen, 174
Heinrichan, 147
Heins, 69
Helder, 92
Helm, 13, 95, 115, 189

Helms, 102
Hemphill, 130, 149
Hence, 122
Henderson, 50, 53, 56, 98, 108, 148, 150-151, 218, 252, 269
Hendricks, 33
Hendrix, 87, 149, 172, 205, 238
Hengel, 85
Henley, 137, 211
Hennenhoefer, 119
Henning, 17, 34
Henningen, 32
Henry, 6, 36, 109, 113, 154, 188, 204
Hensey, 165
Henshaw, 84, 105
Hensley, 222
Henson, 50, 60, 95, 102, 138
Hepler, 185, 259
Herman, 13
Herrell, 216
Herring, 238
Herron, 181, 223
Hess, 152, 197
Hester, 50, 55
Heum, 115
Heywood, 180
Hickerson, 21, 98, 123, 134, 154, 244
Hickman, 86, 239, 264
Hicks, 2, 24, 30, 44, 57, 60, 70, 77, 79, 86, 113, 117, 131, 161, 200, 238-239
Higdon, 93
Higgins, 59, 76, 157
High, 206
Highball, 96
Highens, 270
Higher, 25
Hightower, 179

Hilbert, 131
Hiles, 175
Hill, 15, 17, 33, 37, 39, 46, 64, 84, 105, 114, 122, 141, 167-168, 218, 223, 236, 255, 262, 269, 271
Hillan, 211
Hillinghurst, 148
Hills, 164
Hilton, 185
Hindershot, 98
Hines, 20
Hinkle, 36, 206, 261
Hinshaw, 145
Hinson, 9, 42
Hitchcock, 126
Hiwliard, 194
Hoage, 78, 252
Hobbs, 58, 64, 109
Hobday, 247
Hobson, 22, 52, 155, 219
Hodge, 168, 171, 199, 228, 246, 251, 272
Hodges, 40, 250
Hoffman, 132
Hogan, 21, 66, 112, 221
Hogue, 6, 85, 181
Holcomb, 116
Holden, 206
Holder, 195, 206
Holdman, 40, 74, 77, 92, 98, 114, 134, 184
Holeman, 128
Holland, 128, 185, 219, 271
Hollier, 187
Hollind, 106
Holling, 259
Hollingshead, 73, 75
Hollingsworth, 12

Hollis, 23, 31, 258, 263
Holloman, 157, 188
Holloway, 6
Holly, 58, 95
Holman, 155, 194
Holmes, 5, 48, 85, 89, 178, 201, 225, 246, 268
Holms, 219
Holoman, 168
Holt, 44, 52, 155, 270
Hood, 70, 95, 111
Hooker, 44, 82, 117, 179, 194, 211, 221
Hooper, 210
Hoover, 270
Hope, 19, 50
Hopgood, 161
Hopkins, 48, 75, 77, 80, 87, 97, 115, 145
Hopper, 52, 149
Horn, 131, 142, 180, 185, 269
Hornberger, 103
Horner, 28, 204
Horton, 13, 29-31, 116, 140
Hose, 66
Hossick, 38
Houle, 117
Houlks, 196
House, 173, 252
Houston, 37, 108, 198, 202
Howard, 46, 48, 53, 74, 109, 115, 142, 153, 196, 225, 242, 252, 271
Howe, 10, 166
Howell, 78, 105, 141
Howington, 88, 92
Howman, 49
Hubbard, 23, 36, 110, 113, 164, 176
Hubbert, 271
Huck, 245

Huckaba, 3, 14, 24, 30, 34, 40, 139, 166
Huckabee, 161
Huckalberry, 96
Hucks, 206
Huckstep, 80
Huddleston, 2, 28
Hudgens, 98
Hudson, 96, 257
Hudspeth, 130
Hues, 116
Huey, 47
Huff, 45
Huffman, 7
Hufstedler, 147
Huggins, 48
Hughes, 31, 41, 52, 125, 166, 169, 206, 219, 245, 262-263
Hughlett, 249
Hugueley, 94
Hull, 127
Humes, 26
Humphrey, 59, 111, 225
Humphreys, 31
Hundhaus, 51
Hungerford, 257
Hunt, 37, 102, 157, 175
Hunter, 3, 166
Huntley, 111
Hurley, 152, 159, 202
Hurst, 30, 70, 122, 141
Hurt, 157, 182, 209, 245
Husband, 196
Huston, 146
Husttedde, 180
Hutchen, 178
Hutchinson, 190
Hutchman, 77

Hutson, 40, 90, 149, 184, 198
Hutton, 81
Hux, 257
Hyatt, 226
Ingle, 57
Ingram, 125, 244
Insel, 221
Irons, 206
Irvin, 118
Irwin, 92, 176, 189
Isachson, 147
Isate, 124
Isler, 38
Isoms, 106
Issac, 230
Ivory, 33, 89, 266
Ivy, 147, 234
Jackson, 2, 17-18, 28-29, 32, 38, 40, 42-43, 49, 54, 59, 72, 84, 89, 104-106, 113, 118, 139-140, 147, 154-155, 161, 169, 173, 175, 179-180, 185, 209, 223, 232, 238, 253, 262, 264, 266
Jacobs, 38, 261
Jainer, 270
Jamerson, 132
James, 48, 51, 56-57, 69, 83, 100-101, 105, 110, 116, 129, 138, 156, 197, 215, 222, 231, 235, 241-242, 246, 267
Jameson, 88-89
Jardon, 132, 149
Jarred, 55
Jarrett, 45, 86
Jeas, 94
Jeffers, 26
Jefferson, 248
Jeffres, 54
Jelly, 269

Jenkins, 4, 18, 64, 78, 167, 189, 216, 232, 250, 258
Jennings, 15, 35, 51, 68, 98, 220, 240, 246
Jennins, 84
Jensius, 84
Jester, 95
Jeter, 201
Jewell, 262
Jobe, 167
Jobes, 244
Joblin, 24
Joe, 26, 42, 53
Johnson, 2, 9, 13, 16, 20, 22, 24-25, 28-29, 31, 34, 36, 38, 40, 46, 48-49, 55, 58, 61, 69, 73, 76-77, 84-85, 87, 89, 92, 97, 104, 107, 109, 111-113, 115, 117, 119, 121-122, 124-125, 127, 130-131, 135, 137-138, 143-144, 149, 152-154, 156, 159, 167, 171-172, 181, 184, 186-187, 190-191, 193-194, 200, 203, 205-206, 210-211, 215, 217, , 222, 235, 240, 242-244, 247, 251-252, 257, 265-267, 270-272
Johnston, 66, 70, 176
Joiner, 32
Jolley, 9, 34
Jolliff, 220
Jolly, 98, 211

Jones, 2-3, 5, 18, 19, 21, 25, 27, 33, 36, 38, 43, 46-47, 50-51, 55-56, 64-66, 68, 71-72, 74, 78, 84, 91, 97, 103, 109, 111, 114, 121-123, 134, 137-138, 140, 144, 146-151, 159-161, 163-164, 166, 171, 173, 177, 179, 186, 188-189, 192, 197-198, 202, 207-208, 212, 215-218, 225-226, 228-229, 234, 236-237, 241, 248, 251, 257-258, 262-263, 265
Jonson, 53
Joplin, 86
Jordan, 164, 169, 187, 223
Jordan, 17, 28, 32, 46, 51, 64, 135, 154, 164, 169, 187, 223, 262
Jorden, 224, 236, 246
Jordon, 65, 80
Joslin, 64
Juda, 269
Juden, 13
Jurden, 190
Jurey, 142
Kamp, 43
Kane, 234
Kasinger, 132
Kaskey, 199
Kates, 134
Katon, 272
Keaton, 205
Keeling, 197, 223
Keen, 58
Keener, 73
Keenes, 99
Keirsey, 144
Kellems, 93
Keller, 85
Kellerman, 248
Kelleson, 90

Kelley, 1-2, 26, 58, 63, 83, 86, 111, 116, 142, 163, 179, 221, 228, 230, 252, 271
Kellon, 64
Kellums, 127
Kelly, 17
Kelsey, 13
Kelson, 57
Kemper, 60
Kemphill, 105
Kendall, 87, 122
Kendig, 153
Kendrick, 132, 260
Kenley, 94
Kennedy, 138, 173
Kennell, 243
Kenney, 124
Kerkendall, 267
Kersey, 113
Kesner, 145
Ketcham, 212
Ketchener, 146
Ketchum, 5
Key, 104, 125, 133, 202, 252, 269
Keys, 178, 200, 259, 268
Kieley, 164
Kiertz, 35
Kilgore, 39
Kimble, 190
Kimbrough, 34, 189
King, 8, 42, 74, 94, 129, 135, 174, 177, 195, 205, 214, 218, 243, 257
Kingston, 115
Kinley, 10, 80, 202, 241, 266
Kinnamon, 195, 212
Kinney, 136-137, 221
Kirk, 10, 48, 65, 127, 180, 215, 240
Kirkland, 62

Kirkman, 14, 23
Kirkpatrick, 50, 171
Kirksey, 21, 67, 73, 166
Kitchen, 118, 139
Klingensmith, 73, 81, 111
Klinkardt, 64
Knapp, 37
Knight, 16, 29, 44, 55, 84, 92, 150, 213, 271
Knighton, 147
Knobblock, 100
Knott, 18, 116, 151
Knox, 121, 180, 194
Koerper, 257
Kohn, 54
Koonce, 242
Kratzmeyer, 80
Kreitner, 10,
Krines, 100
Kullman, 22, 256
Kuykendall, 48
Kyle, 12
Lacewell, 52
Lack, 268
Lackand, 46
Lackey, 12, 14, 146
Lackwell, 190
Lacy, 111, 208
Lafferty, 52, 190
LaFoe, 233
LaForge, 136, 263
LaGrand, 206
Lair, 12, 26, 64
Lake, 50
Lamar, 15
Lamb, 87, 145, 221
Lamont, 259

Lamp, 69, 124
Lancaster, 61
Lander, 32
Landers, 83
Lane, 12, 14, 133, 155, 194, 200, 208, 228
Lang, 228
Langdon, 112
Langford, 6
Langston, 130
Lankford, 11
Lape, 182
Largent, 183
Larie, 153
Larson, 254
LaRue, 68, 77, 263
Lashley, 210
Lashot, 72, 203
Lasley, 41
Lassey, 237
Laster, 47, 68, 96, 210, 238, 259
Latham, 100, 157
Lathan, 259
Lavalle, 269
Law, 143
Lawless, 266
Lawrence, 23, 47, 62, 114, 148, 179, 225, 233
Laws, 247
Lawson, 20, 119, 225
Lay, 110
Layden, 250
Le___, 27
Leach, 112, 147
Leanrue, 51
Leaon, 93
Leasure, 121

Ledbetter, 10, 32, 42, 171, 191, 250
Leddell, 240
Ledwedge, 22
Lee, 11, 11, 89, 95, 100, 103-104, 115, 122-125, 142, 158-159, 167, 170-171, 182, 199, 236-237, 239, 241, 251, 257-258
Leek, 59, 117, 158
Leeke, 203
Leester, 31
Lemar, 235
Lemiex, 205
Lemmons, 76
Lemon, 22
Lemond, 69, 131
Lemore, 22
Lender, 251
Lenti, 235
Leonberger, 206
Lesierer, 238
Lesley, 7, 81, 170
Lester, 10, 23, 27, 49, 53, 56, 61, 69-70, 191
Letgrate, 48
Lett, 30, 36, 116
Leurllson, 49
Levrit, 181
Lewis, 2, 8, 20, 33, 45, 69, 80, 110, 112, 118-120, 131, 140, 143, 167, 182, 190, 200, 205, 210, 227, 246, 264
Lews, 193
Light, 68, 133, 151
Ligon, 134
Liles, 74, 128
Limbaugh, 2, 32, 56
Linder, 244
Lindsey, 62, 168, 201, 221

Lindsley, 196
Lineback, 251
Lingeman, 166
Lingle, 126
Linley, 110, 128
Linsey, 159
Lipscomb, 34, 62, 221, 224
Litchfield, 213
Little, 18, 20, 54, 73-74, 91, 149, 155, 175, 219, 235
Littrell, 93
Lloyd, 47, 206, 245
Lock, 29, 203
Lockabell, 27
Lockard, 44
Locke, 28
Lockett, 112, 202
Lockley, 181
Lomax, 34
Lon, 124
London, 56
Lone, 180
Long, 13, 19, 29, 39, 47, 59, 70, 91, 99-100, 104, 110, 115, 119, 130, 144, 169, 173, 235, 240, 247-248
Lonon, 126
Looney, 170, 258
Lorance, 5
Lorius, 67
Loscing, 116
Love, 2, 14, 49, 123, 180, 228
Lovelace, 129
Lovell, 201
Loves, 169
Lovett, 7, 29, 93, 244
Lovewell, 155
Lovin, 37, 248

Lovins, 177
Lovitt, 48
Lovius, 67
Low, 69, 124, 152
Lowenhaupt, 256
Lowenstein, 122, 129
Lowery, 1, 34, 39, 64
Lowry, 50
Lows, 103
Loy, 264
Loyd, 60
Lucan, 186
Lucas, 138, 222, 235, 239, 257
Lucy, 131
Luk, 59
Luke, 222
Lumbeck, 139
Lumbly, 238
Lumby, 165
Lumley, 134, 165
Lumpkin, 243
Lumpkins, 10
Lunsford, 78, 178
Luter, 163
Lutes, 237
Lyde, 131
Lyle, 14
Lyles, 55
Lyman, 252
Lynch, 97, 192
Lynn, 17, 38, 65, 85, 107
Lyon, 55, 62, 164
Lyons, 76, 236
Lytle, 170
M___, 119
Mabins, 163
Mabry, 157, 190

Mack, 34, 121, 270
Macklin, 52, 142, 198, 261
Madden, 37, 77, 92
Maddex, 54
Madtzker, 227
Magee, 54
Magers, 43, 95, 146
Mahame, 230
Mahan, 227
Maher, 174
Maier, 106
Mainard, 196
Maize, 113
Majors, 241
Maledia, 98
Malin, 220
Malloy, 217
Malone, 32, 66
Malugen, 159, 196
Mample, 136
Manest, 124
Mangram, 149
Mangrum, 202
Mann, 113, 210, 241
Manness, 42
Manney, 51
Manning, 9, 151, 228, 233, 263
Mannings, 146
Mans, 193
Mansfield, 89, 219
Mansil, 181
Manville, 120
Maple, 17
Maples, 41, 222
Marcus, 202
Mardley, 236
Mark, 233

Markel, 35
Market, 217
Markham, 225
Markin, 11
Marley, 3, 201, 218
Marlow, 67
Marrs, 15, 201, 206, 269
Marshall, 28, 60, 117, 134, 138, 163, 262
Martin, 4, 6, 9, 16, 21, 23, 27, 34, 36-38, 72-73, 82, 129, 140, 144, 161, 175, 185-186, 194, 196, 217, 220, 233, 236, 239, 242, 251, 265
Mason, 35, 70, 95, 132, 144, 153, 207, 218
Massey, 8, 80, 85, 88, 170, 214, 259, 269
Massie, 89
Masterman, 250
Masterson, 12
Maten, 4
Mathenia, 35, 71, 89, 135, 165, 188, 211
Matheny, 55
Mathews, 64, 88, 100, 104, 192
Mathias, 124
Mathis, 30, 59, 99, 153, 198
Matthews, 66
Mattox, 261
Maul, 130
Mauller, 162
Mauncy, 44
Maus, 193
Maxed, 128
Maxey, 227
Maxie, 238
Maxwell, 148, 154, 202, 212
May, 45, 50, 162, 248
Mayes, 15, 23, 29, 83, 154, 162, 261
Mayfield, 166, 189, 259, 261

Mayner, 26, 155
Maynord, 197
Mayo, 27, 158, 199
Mays, 16, 237
McAdao, 109
McAllister, 54
McAnaley, 23, 39
McAnally, 68
McAnley, 121
McArthur, 26, 229, 252
McBride 146
McBroom, 158
McCadden, 216
McCage, 148
McCaleb, 74
McCall, 135, 227
McCallu, 190
McCallum, 27
McCamble, 223
McCann, 116, 130
McCants, 28-29, 65, 150
McCarter, 130
McCary, 92
McCaulley, 96
McCawley, 62
McClanahan, 113, 147, 219
McCland, 120
McClary, 267
McClaughy, 166
McCleat, 121
McClenden, 91
McClendon, 197
McClennan, 99
McClennen, 265
McClintock, 77, 144
McClish, 100
McClure, 42, 117, 143, 211

McCollough, 182
McCollum, 158
McConnell, 238
McCord, 183
McCormick, 104
McCory, 58
McCoy, 140, 192, 197, 254
McCuiston, 184
McCulby, 171
McCulley, 93
McCurry, 6
McCutchen, 249
McCuthen, 30
McDamon, 23
McDane, 22
McDaniel, 11, 30, 42, 47, 110, 155
McDaniels, 215
McDonald, 2, 52, 82, 190
McDonaugh, 63
McDougal, 157
McDowell, 4-5, 25
McElheney, 106
McElvain, 17, 42, 218
McElvoy, 216
McElyea, 29
McFadden, 99
McFall, 47, 56
McFarland, 48, 93, 117, 184, 213, 252
McGath, 264
McGee, 6, 78, 147, 155, 200, 228, 267, 271
McGhee, 249
McGinley, 220
McGinthey, 82
McGinthy, 119, 159, 244
McGinty, 146, 200
McGlassin, 241

McGleeson, 90
McGoy, 57
McGrath, 156
McGraw, 12, 148
McGriery, 53
McGruder, 115
McHall, 114
McIlvey, 37
McIntire, 21, 40, 252
McIntosh, 56, 230, 255
McIntyre, 140
McKay, 169
McKeever, 269
McKinney, 91, 151, 184, 237, 264
McKinnon, 213
McKnight, 39, 204
McLain, 40, 92
McLarty, 134
McLemore, 47
McLeod, 263
McLlroy, 224
McMahan, 199
McMinn, 94
McMullen, 26
McMullens, 57
McNeal, 117
McNeeley, 243
McNeely, 260
McNell, 227
McPherson, 125, 129, 135
McQuery, 221
McRae, 53
McRee, 107
McRill, 156
McSparllin, 122
McThaney, 53
McTheurey, 53

Mead, 62
Meadows, 60
Meals, 124
Meatte, 18, 95, 143, 187, 213, 217, 251
Medlin, 75
Medlock, 246
Meek, 98
Meese, 71
Meller, 203
Melstino, 203
Melvin, 271
Mendenhall, 189
Mereck, 50
Meredith, 60
Merick, 59
Merk, 98
Merrick, 99, 106, 145
Merrill, 216
Merritt, 70
Meshears, 181
Messer, 229
Metcalf, 44-45
Methehuson, 146
Metzger, 133, 240
Michael, 1
Michell, 18, 156
Michie, 2, 208, 239
Mick, 87
Middleton, 65, 121, 234
Midgett, 38
Milan, 261
Milenourth, 63
Miles, 27, 71, 128, 221, 238, 256
Millekan, 85
Miller, 12, 19, 25-26, 61, 74, 78, 87, 90, 103, 106, 110, 142, 156, 162, 183, 186,
193-194, 209, 244, 248, 254-255, 261, 270
Milligan, 44
Millikan, 98
Mills, 31, 259, 268
Millsap, 254
Milstead, 262
Milton, 121
Minger, 61
Minner, 204
Minor, 25
Mitchell, 12, 25, 27, 35, 37, 42, 44, 53, 61, 66, 84, 114, 162, 168, 171, 177-178, 182, 201, 206, 214-215, 219, 237, 246
Mizell, 2, 40, 102
Mizzell, 112
Moffatt, 10
Mohnerdro, 3, 16, 89
Mohr, 35
Mokes, 94
Moleete, 241
Mollett, 145
Moman, 3
Moneyham, 98
Monroe, 192
Montgomery, 5, 102, 168, 183, 196, 229
Moody, 25, 178
Moon, 112, 212, 245
Mooney, 99
Moore, 2, 4, 9, 16, 23, 27, 31, 34, 36, 44, 49, 37, 73, 75-76, 83, 85, 89, 97, 99, 102, 110, 118, 126, 138-139, 142, 144, 157-159, 163, 171, 179, 184, 187, 192-193, 196, 206, 215, 217, 231, 233, 250, 252, 256, , 263
Moran, 96, 219, 250
Morder, 92
Morefield, 30, 51, 53, 212, 216, 235
Morgan, 1, 7-8, 22, 25, 36, 47, 52-53, 64, 66, 69, 71-72, 93, 96, 110, 116, 123, 138, 140-142, 151, 157,232, 253, 263, 268
Morley, 190
Morris, 15, 24, 61, 82, 90, 97-98, 100, 122, 178, 207, 214, 218, 224, 245, 255
Morrison, 126, 173
Morrow, 18, 184, 239
Morse, 155
Morton, 169, 169, 196, 216-217
Morton, 46, 92, 112, 139, 169, 169, 196, 216-217
Mosby, 244
Moseley, 44, 91
Mosher, 141
Mosier, 45, 234
Mosley, 83, 207
Moss, 10, 142, 164, 182, 227
Mosse, 131
Motley, 4, 33, 251
Moton, 210
Mott, 6, 114
Mounts, 224
Moyers, 201
Moyes, 124
Muese, 186
Mullen, 132, 181
Mullens, 137
Mullins, 225, 240, 268
Munday, 111
Mungle, 217
Murphey, 14, 33, 47, 76, 86, 140, 198
Murphy, 161, 174, 210, 232
Murray, 49, 124, 153, 184
Murry, 38, 50, 237
Muse, 39, 71, 272

Myers, 26, 34, 83, 87, 129, 147, 185, 189, 253-254
Myres, 51
Myrick, 105
Nail, 13
Nailor, 173
Nails, 165
Nalden, 217
Nall, 6
Nance, 22
Nanney, 139
Napier, 52
Narrid, 266
Nash, 37
Nations, 151
Neal, 4, 11, 21, 43, 52, 108, 138, 147, 149-150, 179, 199, 214, 247
Nealy, 193
Nearings, 145
Nearn, 213
Neblet, 254
Nebughrs, 68
Nedrey, 124
Needam, 222
Needham, 102
Needruff, 102
Neeley, 139, 141, 152
Neely, 39, 45, 270
Neiduss, 22
Nellion, 46
Nelson, 27, 43, 45, 52, 120, 122, 172, 186, 251
Nerson, 93
Nervill, 49
Nesbbitt, 150
Nesbit, 154
Nesby, 188

Netheny, 129
Nethery, 70
Nevels, 63, 211
Nevil, 70
New, 176-177, 269, 271
Newbern, 161
Newberry, 173
Newborn, 232
Newcomb, 48, 157
Newcombs, 62
Newell, 71, 151
Newhouse, 258
Newman, 237
Newport, 141
Newson, 3, 198
Newton, 70, 205
Neyman, 24
Nichels, 114
Nicholas, 37, 119
Nichols, 3, 39, 80, 151, 194, 214, 239, 249, 268
Nicholson, 56, 176
Nickels, 99, 236
Niedeman, 81
Niersthemier, 251
Nimmo, 94
Nix, 209, 212, 158
Nixon, 176
Noble, 138
Nodine, 4
Nokes, 142
Nolan, 200
Nolden, 217
Nolen, 123
Norman, 12, 79, 83, 102, 110, 120, 144, 173, 193, 208, 239
Norment, 203, 220

Norri___, 126
Norris, 204
North, 131
Northan, 24
Northcut, 59, 186, 188, 196, 248
Northcutt, 103
Northern, 78, 162, 173, 220, 139, 243
Norton, 53
Norvell, 49, 71, 136
Norwood, 100, 157
Nose, 61
Nowlen, 107
Nowling, 267
Nueen, 73
Nunn, 109, 191, 268
Nunnery, 11, 25, 36, 42, 117, 170, 176, 227, 247
O'Conner, 140, 148
O'Connor, 262
O'Daniel, 30
O'Donnell, 141
O'Kean, 25
O'Neal, 129, 173
O'Quinn, 108
Oakley, 7, 93
Oates, 85, 263
Odel, 172
Odell, 87, 170, 185
Odle, 114
Odum, 2, 104, 132
Office, 265
Oldham, 162
Oliver, 107, 117, 129, 135, 181, 255
Olree, 10
Ora, 250
Orey, 247
Orice, 89

Oron, 118
Oror, 114
Orton, 199, 216, 237
Osborne, 238
Osdell, 171
Osier, 154
Osvane, 214
Ourus, 66
Overall, 179
Overton, 35, 170, 187
Overturf, 36, 104
Owen, 119
Owens, 3, 15, 24, 38, 98, 107, 188, 209, 221
Owings, 90
Owr, 114
Oxford, 41, 150
Pace, 165
Page, 21, 43, 140, 171
Pairda, 45
Paisley, 61
Palm, 271
Palmer, 14, 115, 172, 174, 207, 267
Pankey, 21, 159
Parchman, 236
Parham, 150, 200
Parish, 139, 194, 213
Park, 75
Parker, 5, 40, 48, 59, 78, 80, 109, 114, 124, 136, 142, 166, 168, 170, 175, 177, 215-216, 251, 268
Parkham, 172
Parkhurst, 167
Parkins, 195
Parmenter, 107
Parnall, 142
Parnell, 72, 271

Parnett, 241
Parr, 122, 162, 207
Parrett, 148
Parrott, 268
Parson, 119, 245
Partee, 89, 178, 256
Partin, 235, 246
Partwood, 128
Pasley, 268
Passert, 24
Pate, 25, 91, 117, 127, 199, 202-203, 265, 270
Patrick, 41, 58, 167, 199
Patten, 114
Patterson, 16, 64, 84, 117, 135, 183, 208, 211, 218, 239, 250, 270
Pattersonni, 272
Pattillo, 254
Patton, 47, 189
Paul, 12, 82, 162, 215, 238, 252
Paxton, 70
Payne, 36, 46, 105, 232, 254, 257
Peace, 213
Peal, 45
Pear, 100
Pearson, 67, 93, 96, 108, 156, 177, 209, 215
Peay, 221
Peek, 72
Peirce, 57
Pelha__, 88
Pelts, 37
Pemberton, 8
Pender, 39
Pendergraf, 175
Pendergrass, 106, 175, 199, 208, 244
Penfip, 145

Penley, 133
Penninger, 220
Penny, 173
Penrod, 37, 183, 200, 224
Pensip, 145
Pentacuff, 5
Pepple, 243
Pepples, 226
Perdue, 65
Perkins, 85, 132, 153, 181, 209, 245, 266
Perman, 74
Permenter, 55, 95, 259
Perrigan, 92
Perrin, 234
Perry, 41, 107, 121, 131, 176, 188, 204, 207, 245
Person, 40
Peston, 56
Peters, 168
Peterson, 36, 66, 91, 161
Petty, 29, 95, 230
Pfeffer, 97
Pflueger, 86
Phelps, 18, 178, 270
Phillips, 17, 44, 46, 71, 83, 98, 108, 110, 141, 143, 169, 175, 188, 210, 250, 253, 263
Phipps, 50
Phoenix, 58
Pickerill, 147
Pickerson, 148
Pickett, 253
Pierce, 15, 43, 65, 85, 141, 153, 196, 219, 242, 246, 265
Pierson, 31
Pigg, 128
Piggee, 191, 216

Pike, 145
Pikey, 152
Piland, 3, 7, 98
Piles, 136
Pillar, 122
Pillis, 173
Pillon, 144
Piney, 144
Ping, 144
Pinkston, 73, 86
Pinnon, 169
Pipes, 17, 88
Pitman, 202
Pitts, 32, 45, 176, 247
Platt, 68, 124
Pleasant, 41
Plumble, 63
Plumlee, 63
Poe, 21, 187, 212, 219, 257
Poke, 208
Polen, 230
Polk, 95, 234
Pollard, 40, 134, 136, 233
Ponder, 60
Pool, 1, 21, 165, 197, 231,
Pope, 254, 269
Popham, 188
Poplin, 40, 61, 72, 74, 149
Porter, 10, 20, 27, 54, 57, 177, 198, 217, 224
Porterfield, 215
Posey, 39, 116, 119
Poston, 121
Potter, 32, 218
Potts, 32, 38, 45, 48, 88, 146, 253
Pounds, 18, 20, 68, 88, 93, 108, 129, 162, 198, 224

Powel, 96
Powell, 1, 24, 26, 28, 30-31, 33, 50, 59, 82, 88, 109, 112-113, 118, 121, 133, 178, 195, 205, 209, 243, 260, 271
Powers, 105, 147, 228, 257
Prairie, 190
Prater, 172, 241
Prather, 91
Presnell, 101
Pressley, 110, 123
Pressy, 148
Prewitt, 55, 156, 161, 225-226
Price, 103, 132, 155, 167, 175, 185, 196, 229
Pride, 103, 207
Priest, 220
Prim, 50, 95, 98, 100
Prince, 1, 16, 23, 27, 87, 159
Prinson, 55
Proctor, 114, 129
Proffill, 3
Provence, 221
Pruett, 62, 170
Pruice, 103
Puckett, 169, 199, 207
Pugh, 136, 180
Pullam, 18, 25, 28, 86, 116, 181, 218
Pullem, 3, 75
Pullems, 18
Pullen, 17
Pulley, 13, 173, 193
Pullian, 213
Pullman, 47
Pullun, 37
Pully, 130, 179, 188, 190
Purcell, 123
Purtle, 256

Putman, 41, 107, 171, 197
Pyle, 7
Pyles, 42
Qualls, 258
Quartermous, 22
Queen, 171, 219, 255, 270
Queens, 52
Quick, 67, 162, 223
Quinlan, 146
Quinn, 30, 118
Quinsey, 82
Rachels, 19
Ragan, 194
Ragsdale, 176
Ragsdel, 242
Raidt, 169
Rainbalt, 32
Rainey, 89
Rains, 14, 114
Rainwater, 256
Ralston, 89
Rambo, 89, 119
Ramsay, 173, 221
Ramsey, 107, 143, 156-157, 262
Randall, 174
Randell, 35
Rankins, 19
Ransom, 191, 254
Ratcliffe, 230
Ratliff, 50, 185
Raudebush, 203
Ravenat, 89
Rawhauf, 239
Rawlston, 43
Ray, 29, 42, 47, 68, 85, 103, 135, 139-140, 143-144, 156, 194, 249
Raymond, 88, 263

Reagan, 253
Reardon, 77
Rearson, 96
Reaves, 166, 172, 213
Reavis, 139
Red, 76
Redman, 184, 263
Reece, 117
Reed, 50, 68, 159, 164, 179, 192, 220-221, 233, 242, 247, 249
Reeder, 52
Reese, 215
Reeves, 6, 22, 36, 38, 48, 61, 112, 117, 189, 222, 228, 231
Regan, 6
Reid, 19
Reinig, 108
Reno, 127, 233, 249
Resien, 272
Resper, 178
Revelle, 24
Reynolds, 78, 86, 102, 152, 161, 191, 247
Rhine, 91
Rhoads, 67
Rhodes, 73, 118, 169, 187, 193, 240, 267
Rhone, 86, 89
Rice, 1-2, 62, 69, 76, 112, 120
Richard, 41, 94
Richards, 56
Richardson, 2, 17, 36, 56, 58, 131, 135, 141, 154, 156, 176, 180, 184, 195, 203, 212, 214, 222, 242, 247
Richie, 222
Rickens, 128
Riddle, 174
Ridley, 201
Riggins, 144

Riggs, 91, 138
Right, 42
Rigs, 245
Riles, 29, 145
Riley, 93, 138, 141, 163, 180, 197, 253, 260
Rimer, 88
Rinehart, 141
Ring, 5, 9, 23, 172
Rister, 143
Ritchie, 212
River, 212
Rivers, 17, 217
Roach, 43, 131
Road, 237
Roark, 19
Robb, 192
Robbins, 9, 49, 114, 179, 219, 265
Robbs, 241
Roberson, 258
Roberts, 39, 42, 91, 111, 138, 154, 183, 192, 198, 233
Robertson, 5, 19, 24, 38, 54, 56, 63, 86, 102, 118, 124, 129, 132, 152, 170, 178, 188, 191, 201, 225, 227, 229, 244, 257, 271
Robinson, 9, 28, 37, 59, 62, 65, 91, 94, 106, 137, 147, 154, 164, 166, 198, 215, 220, 223, 230, 233, 237-238, 246, 249, 265
Robison, 65, 87, 152, 219
Robson, 131
Rocha, 179
Roddy, 25
Rogers, 15, 23, 52, 81, 168, 172, 174, 194, 207, 209, 212, 236, 243, 245, 247
Rohen, 33

Rolan, 41, 158
Rone, 94, 226
Rooker, 66, 80, 112, 171
Roper, 1
Rorer, 5, 153
Rose, 30, 42, 62, 64, 67, 73, 129, 136, 142, 267
Ross, 102, 120, 149, 152, 165, 185, 207, 226, 234, 247, 255, 258
Roston, 81
Roundtree, 56
Rouselhoff, 127
Row, 68
Rowan, 65
Rowe, 10, 75
Rowell, 182
Rowen, 22
Rowland, 212
Rowser, 181
Roy, 5, 190
Royal, 203
Rozell, 52
Rualls, 101
Ruby, 47, 74, 148
Rucher, 99
Rucker, 15, 171
Ruddle, 90, 120, 165, 263
Rudy, 57
Ruff, 189
Ruffin, 123, 167
Rufus, 22, 89-90, 129, 131, 179
Ruig, 67
Rummer, 254
Runner, 32
Rupple, 60
Rusging, 171
Rushing, 48, 157, 188, 229, 264

Rushmond, 94
Rushton, 22, 145
Rusk, 236
Ruskin, 216
Russell, 9, 16, 19-21, 48, 62, 66, 86, 93, 114, 121, 148, 215, 242, 261, 263
Rutherford, 202
Rutledge, 7, 118, 171, 181, 196
Ryans, 121
Rye, 58
Said, 124
Sales, 89, 192
Salinger, 60
Salty, 243
Sam, 12
Samford, 27, 47, 118, 156, 201
Sample, 86, 96
Sandage, 18, 67, 238
Sandefur, 103, 197, 259
Sanders, 28, 35, 71, 74, 82, 92, 102, 106-107, 132-134, 136-138, 140, 145, 152, 156, 181, 186, 191, 195, 198, 214, 227, 229, 242, 262, 264, 266
Sandifer, 34
Sands, 58
Sane, 142
Sanford, 238, 259, 268
Santhoff, 168
Sarchen, 106
Sargeant, 93
Satterfield, 134
Saulock, 264
Sauls, 203
Saulsberry, 6, 24, 192, 222
Saunders, 164
Saurlaen, 108
Savage, 94, 101-102, 258, 271

Saves, 116
Sawyer, 31, 161, 175
Sawyers, 83, 110, 227
Scabey, 248
Scarbrough, 153
Schenkle, 113
Scheper, 147
Schick, 63
Schoonover, 245
Schott, 244
Schurt, 261
Sciner, 76
Sciver, 46
Scott, 1, 11, 44, 78, 80, 97, 101, 115, 121, 123-124, 132, 173, 176, 183-184, 192, 195, 197, 210, 228, 236, 238, 240, 256, 271
Scowels, 139
Scroggins, 135
Scruggs, 225
Seals, 182
Searinge, 208
Sears, 45
Seats, 156
Seawood, 125
Secoy, 44, 73, 97
Sedgewick, 140
Sehlling, 19
Sellars, 136
Sellers, 197
Selone, 114
Sergent, 267
Sessett, 270
Sessum, 223
Setter, 44
Settle, 4, 49, 85
Settles, 145, 262

Severn, 14
Sevieerford, 270
Sexton, 192, 223
Sexton, 3
Shade, 230
Shadrick, 69
Shaffer, 268
Shahan, 158
Shannon, 145, 266
Sharp, 29, 128, 144, 228, 232
Shaw, 193, 206, 217, 256, 258, 267
Shaw, 32, 61, 65, 126, 126, 144, 193, 206, 217, 256, 258, 267
Shears, 130
Sheckles, 15
Shed, 124
Shekell, 16
Shelby, 46, 153, 239
Shell, 52, 252
Shelton, 46, 67, 112, 171, 182, 251
Shenault, 146
Shepard, 20, 69, 117, 133, 146, 159, 167, 249
Sherrill, 133, 166, 177
Sherron, 164
Sherwood, 66, 118
Shields, 100, 118, 239
Shilkett, 108
Shine, 68, 82
Shinsherg, 66
Shinshers, 66
Shipley, 266
Shipman, 11, 130
Shires, 4, 124-125
Shoemaker, 63
Shook, 132
Shoptaugh, 62

Shoptaw, 218
Shore, 175
Short, 20, 49, 185, 201
Shortridge, 153
Shott, 48
Shower, 41
Showers, 191
Shultz, 247
Shurburn, 6
Sides, 31, 138, 172, 223
Siggers, 194
Sigler, 138
Sikes, 15, 27, 228
Siles, 216
Simer, 19
Simmons, 6, 37, 67, 78, 81, 84, 100, 115, 122, 124, 126, 131, 140, 176, 181, 200, 209, 257
Simons, 52, 70, 78, 103, 150, 251
Simpson, 13, 36, 55, 113, 182, 191, 199, 213, 231, 240, 268
Sims, 40, 58, 137, 154, 196, 240
Sinclair, 232
Single, 166
Sirty, 240
Sisk, 29, 72, 139, 180
Sizemore, 96
Skates, 230
Skelton, 21, 110
Skinner, 110, 232, 239
Skipper, 20
Slaggle, 221
Slagle, 67
Slarings, 58
Slate, 34, 122, 134
Slatten, 234
Slaughter, 14

Slavins, 175
Slay, 193
Slaydon, 212
Slayton, 45, 57
Sledge, 58
Slider, 35
Sloan, 158
Small, 202, 231
Smalley, 187
Smalt, 228
Smart, 149, 220
Smiley, 171
Smith, 4-5, 13, 15-16, 18, 25-27, 32, 36-37, 42, 45, 48, 54, 60, 62, 66, 68, 75, 77, 84, 88, 91, 94-95, 103-104, 107, 113, 116, 119, 122-123, 125-127, 132, 136, 138-139, 141, 151, 154, 158, 162, 168, 170-173, 175-176, 180-181, 186-188, 190, 192-194, 199-200, 202, 205, 208, 213, 217, 225-229, 231, 233, 235, 239-241, 243, 245-246, 248-249, 252, 254-256, 258-259, 266, 268, 271-272
Smoot, 231
Smothers, 48, 87, 109, 211
Snow, 52, 55, 114, 248, 250
Snyder, 81
Sodes, 186
Solomon, 46
Somerall, 166
Sorrds, 245
Sorrell, 159, 176, 271
Southard, 196
Souther, 230
Southern, 186
Sowell, 203
Spare, 231
Sparks, 128, 156, 200, 211, 218, 220

Spaulding, 212
Spear, 82
Spearman, 180, 272
Spears, 146
Speer, 17
Speers, 143
Spellings, 26
Spencer, 75, 116, 127, 188, 192, 210, 237, 249, 262
Spikes, 98
Spires, 8, 29
Spivey, 15
Sprague, 88
Sprayberry, 164
Spring, 5
Springer, 232
Springfield, 81
Sprole, 154
Spry, 173, 251
St. Cin, 2
Stacks, 217
Stafford, 102, 199, 232, 256
Staling, 204
Stallings, 111, 159, 243
Stallion, 12, 106
Stallions, 248
Stallon, 68, 253
Stallons, 1
Stamps, 235
Stanberry, 110
Stancil, 172
Standback, 185
Stanfield, 79, 187, 235, 243
Stanfill, 76
Stanley, 5, 31, 42, 98, 234
Stanton, 11, 178
Stapleton, 98, 249

Staten, 256
Statler, 217
Statts, 139
Staub, 170
Steapherson, 152
Steel, 164
Steele, 3, 42, 68
Stegall, 118, 185, 210
Steinbraker, 73
Stephens, 1, 6, 23, 52, 106, 228, 232, 243, 258
Stephenson, 183
Steuart, 249, 255
Stevenson, 141, 229
Steward, 47
Stewart, 3, 7, 76, 96-97, 105, 127, 131, 143, 148, 155-156, 159, 172, 182, 189, 194, 216, 228, 236, 239
Stiger, 97
Stiles, 24, 92, 134, 254
Stills, 26
Stine, 269
Stines, 95
Stinnett, 65, 69
Stinson, 167
Stivers, 9, 17, 29
Stobbs, 121
Stockard, 147
Stockley, 227
Stokeley, 63
Stokes, 206, 213, 231, 247, 255
Stokes, 23, 41, 43, 97, 99-100, 145, 206, 213, 231, 247, 255
Stoll, 39
Stone, 13, 26, 94, 147, 153, 183, 230, 271
Stonmer, 127
Story, 38, 179

Stotler, 182
Stotter, 122
Stout, 1, 8, 80, 126, 265
Stovall, 171
Stow, 89, 134
Stowe, 18, 20, 30
Strahan, 158
Strand, 169
Strange, 132
Straub, 257
Straud, 26
Strawn, 240
Strickland, 3
Striddin, 192
Strode, 65, 254
Strong, 15, 134, 201, 243, 255
Strothers, 44
Stroud, 70
Struff, 105
Stuart, 267
Stubblefield, 143, 196
Stubbs, 53, 61, 74, 92, 121, 185
Studivant, 101
Stulls, 243
Sturgis, 143
Sturm, 76-77, 234
Suddorth, 88
Suggs, 205, 262
Sullivan, 18, 66, 121, 234
Summers, 51, 65, 68, 135, 147, 155
Sumrall, 170
Suooks, 39
Sutliff, 110
Sutten, 19
Sutton, 178, 218, 223, 226
Sutton, 9, 35, 63, 81, 125, 178, 218, 223, 226

Swain, 43, 128, 200
Swan, 197
Swanagan, 180
Sweet, 22, 212, 222
Swift, 17, 35, 43, 63, 138
Swims, 15, 169
Swinford, 49
Swinger, 219
Swinner, 76
Swinney, 35, 163
Swipes, 69
Swoope, 169
Sykes, 232
Taber, 108
Tackeberry, 119
Tackett, 3
Tailor, 21
Talkington, 75, 150
Tall, 118
Talley, 57, 205
Tankersley, 187, 219
Tanner, 87, 106, 155-156, 187, 216
Tansil, 114
Tant, 22, 31
Tarbutton, 136
Tarkington, 88
Tarleton, 69
Tarpley, 82
Tarver, 204
Tate, 194, 203, 209, 239
Tate, 7, 55-56, 68, 111, 159, 194, 203, 209, 239
Tatum, 105, 167
Taweny, 270
Taylor, 17, 32-34, 37, 40, 46, 57, 61, 69-70, 75-76, 90, 85, 114, 118, 120, 124-125, 128, 131, 136, 140, 142, 144, 153,

170, 175, 180, 189, 191-192, 199, 206, 209, 226, 235-236, 247-248, 250, 253, 264
Teal, 72
Teel, 19, 211
Tennon, 82
Terl, 78, 83
Teroy, 56
Terrell, 11, 35, 249
Terrer, 140
Terret, 191
Terrett, 130, 135, 140
Terror, 180
Terry, 24, 125, 206, 211, 262
Thacker, 74, 91, 241
Thanes, 88
Thickson, 61
Thomas, 8, 18, 21, 31, 39, 49-51, 60, 66, 70, 72, 78, 86, 89, 109, 113, 122, 128, 137, 141-142, 147, 150, 152, 171, 176-178, 180, 182-183, 186, 198, 202, 209, 217, 223, 234, 239, 243-244, 249, 252, 258-259, 262
Thomason, 168
Thompkins, 208, 264
Thompson, 1-2, 5, 17-19, 30-31, 50, 65, 67, 95, 125, 137, 153, 169. 174, 204, 226, 235, 243, 266
Thonan, 191
Thornell, 247
Thornton, 144, 165, 168, 208
Thrasher, 157
Thurman, 81, 253
Thurmond, 253
Thurston, 62, 70
Thweet, 149

Tidwell, 50, 81, 94, 96, 102, 151, 162, 193, 200, 237, 245
Tigirt, 139
Tilcree, 206
Tilman, 161, 260
Tilson, 126
Tines, 235
Tinsley, 22, 111, 140, 237
Tippins, 82
Tippy, 241
Tipton, 31, 97, 126, 162, 165, 195, 230
Tistadt, 227
Titus, 33, 113
Todd, 71
Tohill, 246
Tolar, 266
Tole, 46, 91
Toley, 59
Toliver, 155
Tolliver, 115
Tomkins, 154
Tomlin, 101
Tompson, 5
Toney, 142
Toon, 56, 78, 95
Torbert, 130
Toton, 247
Tourrson, 85
Towns, 266
Townsel, 129
Toy, 126, 152
Tracy, 150
Trainor, 49, 84
Tramble, 198
Trambly, 24
Trantham, 12, 23, 61
Trasper, 213

Traughber, 11
Travis, 13, 166
Treece, 62, 70, 93, 139
Tremble, 270
Trice, 155, 258
Trigs, 227
Tripp, 126
Tromble, 198
Trosper, 106
Trotter, 132
Trout, 127, 141, 143, 165
Truitt, 209
Truss, 15
Tuberville, 43, 233, 237, 245
Tucker, 162, 171, 179, 196, 227, 239, 241
Tucker, 23, 57, 74, 156, 159, 162, 171, 179, 196, 227, 239, 241, 265
Tuckle, 64
Tulas, 126
Tull, 5, 151
Turbas, 125
Turberville, 18
Turman, 102
Turnage, 225
Turnbow, 142, 199
Turner, 3, 9, 11, 13, 18, 28, 33, 74, 99, 107, 109, 134, 139, 143, 151-152, 169, 177, 183-184, 186-187, 201, 244
Turnipseed, 264
Turnow, 153
Tussell, 119
Twitty, 52
Tycie, 3
Tyler, 236
Tynes, 23
Tyree, 167

Tyrus, 16
Underhill, 4
Underwood, 77, 127, 208, 268
Ureseld, 14
Urquhart, 130, 247
Ursery, 26, 152, 157
Userer, 101
Usery, 126, 195
Ussery, 150
Utley, 44
Utson, 209
Vail, 51, 57
Vamil, 221
VanAusdall, 20, 212
Vance, 89, 138, 213, 267
Vancleve, 183
Vanderson, 207
Vandike 120
Vanhook, 126
Vann, 230
Vannoy, 264
VanPelt, 157, 213
Vasterling, 204
Vaughn, 6, 11, 98, 107, 140, 177, 194, 200, 204, 218, 228, 244, 264
Veid, 77, 99, 132
Vestal, 207
Vick, 195
Victory, 54
Vincen, 3
Vincent, 272
Vincient, 217
Vineyard, 257
Vinson, 38, 230, 265
Virgin, 51, 185
Vivrett, 218
Vogel, 174

Vohn, 87
Von Rothberg, 162
Wade, 53, 65, 71, 77, 89, 99, 118, 122, 167, 177, 179, 228, 257
Wadlington, 66
Wagner, 15, 72-73, 144
Wagoner, 49, 175
Wagster, 145
Waits, 114
Walden, 235
Waldrop, 21, 186, 248
Walker, 12, 14-15, 18, 21, 23, 25, 36, 41, 48, 52, 61, 64, 79, 84, 88, 98, 112, 120, 122, 128, 130, 146, 159, 163-164, 178, 180, 194, 198, 205, 210, 213, 226, 229, 231, 233, 242, 255
Wall, 149, 203
Wallace, 6, 11, 29, 35, 58, 113, 162, 168, 171, 195, 205, 209, 219, 224, 239, 259, 262, 266
Wallen, 116
Waller, 88, 116
Wallingford, 189
Wallis, 14
Wallpp, 229
Walls, 241
Walter, 97, 226
Walters, 246
Walthal, 94
Walton, 34, 41, 84, 106, 129, 143, 168, 269
Wammack, 201
Ward, 14, 19, 42, 44-46, 53, 58, 62, 68, 73, 83, 127, 131, 134, 137, 143, 163, 171, 175, 182, 192, 204, 216, 221-222, 229, 232, 238, 247, 249, 269, 272
Warde, 260

Ware, 46, 133, 147
Warhurst, 14, 256
Warner, 2, 190
Warren, 4, 9, 30, 50, 55, 76, 101-102, 117, 125, 128, 167, 192, 199, 210, 211, 251, 253
Washer, 44
Washing, 90
Washington, 12, 97, 103, 125, 138, 145, 148, 156, 188, 193, 205, 208, 211, 231, 236, 244, 248, 251
Washorn, 114
Waters, 34
Watkins, 7, 11, 41, 81-82, 133, 135-136, 239, 249, 253, 265
Watley, 130
Watson, 4, 10, 23, 70, 84, 129, 142, 190, 200, 270
Watt, 232
Watts, 59, 173, 204, 251
Way, 77
Wayen, 150
Wease, 64
Weather, 182
Weathers, 146, 212, 263
Weaver, 14, 25, 28, 180, 195, 209, 250
Web, 143
Webb, 41, 51, 62, 85, 92, 98, 109, 138, 187, 201, 258
Weber, 229
Webster, 10, 133, 155, 180, 231
Weeks, 238
Welborn, 86, 128
Welch, 21, 27, 80, 117, 128, 179
Wells, 11, 37-38, 59, 86, 106, 109, 112, 214, 224, 228, 232, 234, 271
Welsh, 6, 221

Werkman, 92
Wesley, 38, 129, 162
West, 18, 41, 115, 162, 222, 224
Westberry, 240
Westbrook, 48
Westbrooks, 85
Westerneau, 157
Westmoreland, 53
Wheeler, 46, 59, 67, 73, 141, 142, 165, 234,-235, 252, 256
Whimper, 198
Whistle, 107
Whitaker, 15, 32, 41, 135, 176, 240
White, 10, 18, 24, 37, 44-45, 49, 69, 87, 98, 101, 107, 116, 120, 125, 132, 134, 146, 151, 175, 178-181, 183, 200, 226, 229, 233, 240-241, 243, 251, 264, 271
Whitehead, 106, 244
Whitelock, 86, 203
Whitelow, 155, 211
Whitener, 104, 138
Whitenton, 30
Whitesides, 74, 133
Whitfield, 40, 203, 222, 247, 251
Whitley, 231-232
Whitnell, 10
Whitner, 91, 108
Whitney, 128
Whitset, 270
Whitten, 113
Whitwell, 26
Wicker, 27, 83, 252
Wiggins, 11, 225, 263
Wiggs, 19
Wilbanks, 53, 195, 266
Wilbrooks, 238
Wilburn, 111, 192, 264

Wildee, 227
Wilder, 216
Wiley, 111, 241
Wilferd, 202
Wilhelm, 31
Wilkerson, 168
Wilkey, 38
Wilkins, 29, 134, 139
Wilks, 53, 57, 136, 165, 184, 209, 220
Will, 17
Willaby, 267
Willard, 45, 157
Willeford, 124
Willett, 19, 218
William, 8
Williams, 3-4, 8, 12, 18-19, 27, 33, 39, 44, 51, 53, 56, 58, 61, 64, 69, 71-73, 75, 78, 80, 83-84, 89, 93, 103, 108-109, 119-120, 125, 127, 135-138, 143-145, 150-151, 154, 157, 161, 163-165, 167, 171, 173-175, 177, 179-180, 182, 189-190, 193, 196-197, 206, 209-211, 215, 218, 220-221, 223, 226, 231, 239, 241, 243, 245, 250, 254, 257-259, 265-266, 272
Williamson, 53, 146, 181, 207, 233, 259
Willie, 66
Williford, 136-137
Willingham, 23
Willis, 20, 41, 54, 66, 116, 263
Wilmus, 179
Wilson, 4, 15, 18, 23, 30, 39, 42, 48, 52, 64, 66, 69, 74, 76, 93, 96, 103, 110, 112, 115, 120, 122, 129, 131, 141, 149-150, 154, 166, 171, 174, 178, 185, 195, 197, 200, 204-205, 210, 213, 220, 236-238, 241, 245, 247, 251, 253-254, 264
Wilwourth, 40

Wimpee, 187
Winfrey, 12
Wingate, 54
Winn, 44
Winnows, 208
Winslow, 136
Winston, 81, 148
Winters, 121, 178, 193, 246
Wisdone, 2
Wiseman, 126, 239
Wish, 74
Withrow, 229
Wolf, 217
Wolverton, 4, 189
Womack, 186
Wood, 9, 215
Woodard, 184
Woodars, 92
Woodfin, 223
Woodrue, 104
Woodruff, 177
Woods, 68, 93, 102, 136, 175, 183, 194, 196-197, 203, 209, 224-225, 229
Woodside, 107
Woodward, 57, 72, 83, 152, 180
Woodworth, 245, 248
Woody, 1, 30, 49, 93, 139, 244
Woolbright, 232
Woolingham, 236
Wooten, 199
Workman, 270
Worley, 235
Wortham, 255
Worthington, 76
Worthy, 11
Wray, 74, 111

Wright, 16, 36, 40, 47, 50, 59, 85, 97, 99, 106, 112, 115, 153, 157, 171, 176, 211, 214, 219, 230, 230-240, 251
Write, 28
Wyatt, 22, 24, 37, 43, 48, 53, 68, 81, 87, 106, 144, 176, 185, 192, 218, 254, 257
Wysing, 22
Yancey, 95-96, 229
Yarbro, 272
Yarbrough, 20, 223
Yates, 98, 136
Yeargan, 182
Yeates, 55
Yiget, 235
York, 8, 34, 69, 172, 234
Young, 8, 12, 19, 25, 31, 33, 55-56, 66, 72, 74, 111-112, 118, 123, 133, 135-136, 143, 178, 201, 227, 238, 250, 252, 263, 270, 272
Youngblood, 47
Zeno, 78
Zimmerman, 28
Zolicopper, 259

Other Books by Linda L. Green:

Alabama 1850 Agricultural and Manufacturing Census: Volume 1 for Dale, Dallas, Dekalb, Fayette, Franklin, Greene, Hancock, and Henry Counties

Alabama 1850 Agricultural and Manufacturing Census: Volume 2 for Jackson, Jefferson, Lawrence, Limestone, Lowndes, Macon, Madison, and Marengo Counties

Alabama 1860 Agricultural and Manufacturing Census: Volume 1 for Dekalb, Fayette, Franklin, Greene, Henry, Jackson, Jefferson, Lawrence, Lauderdale, and Limestone Counties

Alabama 1860 Agricultural and Manufacturing Census: Volume 2 for Lowndes, Madison, Marengo, Marion, Marshall, Macon, Mobile, Montgomery, Monroe, and Morgan Counties

Dunklin County, Missouri Marriage Records Volume 1: 1903-1916

Dunklin County, Missouri Marriage Records Volume 2: 1916-1927

Florida 1860 Agricultural Census

Georgia 1860 Agricultural Census: Volume 1 and Volume 2

Kentucky 1850 Agricultural Census for Letcher, Lewis, Lincoln, Livingston, Logan, McCracken, Madison, Marion, Marshall, Mason, Meade, Mercer, Monroe, Montgomery, Morgan, Muhlenburg, and Nelson Counties

Kentucky 1860 Agricultural Census Volume 1: for Floyd, Franklin, Fulton, Gallatin, Garrard, Grant, Graves, Grayson, Green, Greenup, Hancock, Hardin, and Harlin Counties

Kentucky 1860 Agricultural Census Volume 2: for Harrison, Hart, Henderson, Henry, Hickman, Hopkins, Jackson, Jefferson, Jessamine, Johnson, Morgan, Muhlenburg, Nelson, and Nicholas Counties

Kentucky 1860 Agricultural Census Volume 3: for Kenton, Knox, LaRue, Laurel, Lawrence, Letcher, Lewis, Lincoln, Livingston, Logan, Lyon, and Madison Counties

Kentucky 1860 Agricultural Census Volume 4: for Mason, Marion, Magoffin, McCracken, McLean, Marshall, Meade, Mercer, Metcalfe, Monroe and Montgomery Counties

Louisiana 1860 Agricultural Census: Volume 1 and Volume 2

Mississippi 1860 Agricultural Census: Volume 1 covers counties: Lowndes, Madison, Marion, Marshall, Monroe, Neshoba, Newton, Noxubee, Oktibbeha, Panola, Perry, Pike, Pontotoc

Mississippi 1860 Agricultural Census: Volume 2 covers counties: Rankin, Scott, Simpson, Smith, Tallahatchie, Tippah, Tishomingo, Tunica, Warren, Wayne, Winston, Yalobusha, Yazoo

Missouri 1890 Special Enumeration Union Veterans Census

New Madrid County, Missouri Marriage Records: 1899-1924

Pemiscot County, Missouri, Marriage Records, January 26, 1898 To September 20, 1912, Volume 1

Pemiscot County, Missouri, Marriage Records, November 1, 1911 To December 6, 1922, Volume 2

Tennessee 1850 Agricultural Census for Montgomery, Morgan, Obion, Overton, Polk, Rhea, and Roane Counties, Volume 1

Tennessee 1850 Agricultural Census for Robertson, Rutherford, Scott, Sevier, Shelby and Smith Counties, Volume 2

Tennessee 1860 Agricultural Census: Volume 1 and Volume 2

Texas 1850 Agricultural Census: Volume 1 and Volume 2

Town Crier: The Jeffreys Clan

1890 Union Veterans Census: Missouri Counties

www.ingramcontent.com/pod-product-compliance
Lightning Source LLC
Chambersburg PA
CBHW080730300426
44114CB00019B/2531